乐游全球

跟团游系列……4

韩国

Korea

实业之日本社海外版编辑部◎编著

黄奕纬　任二青　阎婷婷◎译

潘寿君　陈燕生　张志军◎审订

旅游教育出版社

乐游全球

跟团游系列……4

韩国

Korea

CONTENTS

小知识

小贴士

釜山 155

Busan

小知识

小贴士

济州岛 183

Jejudo

小知识

小贴士

旅行信息 201

Travel Information

●中国篇

●出入境篇

●韩国篇

●参考资料

地图索引

MAP INDEX

※ 正文中的“小知识”、“小贴士”、“摄影秘诀”并未全部登入目录中。

本书的用法

关于本书中的数据

本书中所刊载的费用、营业时间、电话号码、交通工具的运行时间等各种数据，是2011年2月在韩国当地搜集取材的基础上再次确认的数据。

这些数据可能随时间推移而有所变动，难免有所疏漏，希望本书读者能够谅解。关于一些重要信息，建议读者事先多方查询，并随时到宾馆的问讯处或旅游信息中心等地了解、确认。

关于本书中的地图

●地图图例

- H …宾馆
- R …餐馆
- S …商店
- …咖啡馆、茶座
- N …夜总会
- …邮局
- 文 …学校
- …机场
- …医院
- …基督教教堂
- …旅游信息中心（旅游咨询处）
- …公共汽车站
- …警察局
- ……地铁
- 131 …地铁站、地铁站号码
- ——铁路
- …火车站

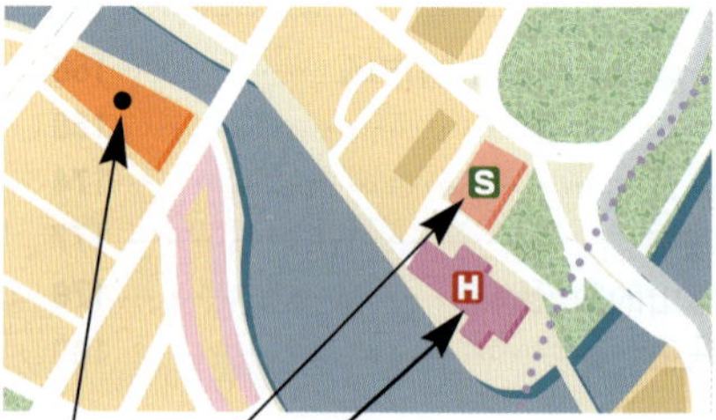

●此颜色标出的建筑物为宾馆
●此颜色标出的建筑物为购物中心
●此颜色标出的建筑物为主要景点

韩国旅行基本信息

国名	大韩民国（Republic of Korea）
首都	首尔（Seoul）
面积	约9.96万平方公里
人口	约5000万人
语言	韩语
国花	木槿花。韩国全国各地都可见到，每年7～10月开花。
时差	与中国时差为1小时。
民族	全国为单一民族。
宗教	佛教与基督教等宗教的信徒占全国人口的50%。
货币	韩元（2011年11月19日汇率：1万韩元=约56元人民币）
国旗	太极旗，表现东方哲学中的阴阳调和。
政治	总统任期为5年，不能连任。国会为一院制。
电压	电压为220V。
物价	麦当劳巨无霸套餐 约34元
	地铁基本车费 约6元
	出租车起步价 约15元
	500ml矿泉水 约5元
	（单位：人民币）
小费	无须支付。

看看 Sightseeing

●서대문형무소역사관
西大门监狱历史馆
必看标志
地图 p.44-F

●地铁3号线326独立门站5号出口步行3分钟
●门票1500韩元 9:30~18:00、11月~2月9:30~17:00 周一闭馆

西大门监狱是日本统治时期逮捕和关押抗日独立运动者的地方，此历史馆为其遗址。被称为韩国的“圣女贞德”的柳宽顺也死在这个监狱中。馆内展示的内容有日本非人道主义行径及为韩国独立而斗争的人们的事迹。除了7栋牢房外，还能参观单身牢房和死刑执行室。

放大镜

柳宽顺
1904—1920。1919年，柳宽顺还是女学生时就参加了三一独立运动，于故乡天安被逮捕。她在京城监狱（西大门监狱）里遭受严刑拷打仍不屈不挠，服刑期间死于狱中，年仅16岁。

正文中用红字标示的词句会在“放大镜”一栏里进行说明。

必看标志…在“看看”一栏介绍的景点中，特别推荐的会附上“”符号。此符号数量越多，表示推荐度越高。
（有、、三种等级。只有首尔王宫有五种等级。）

●其他特别注意的事项
* 餐馆指南中的预算金额以点1～2道主菜及饮料、米饭时的一人份价格为基准。咖啡馆或传统茶馆的预算金额均以饮料的消费为基准。
* 宾馆指南中的各种住宿费是双人房一晚的标准费用，根据季节和预约方式的不同会有很大变动。住宿费中不包括早餐费。同时，除了标明的费用之外，原则上要付10%的服务费。
* 本书中的地名等专有名词，部分使用罗马音标注。

“购物”、“美食”、“住宿”图例代码一览

交 …… 标示的时间，在首尔和釜山，为从地铁出口到目的地所需时间；在其他城市，为从主要观光地或市中心到目的地所需时间。
✉ …… 地址
☎ …… 电话号码
FAX …… 传真号码
营 …… 营业时间。若是剧场则为开演时间。
休 …… 定期休息日。不包括春节、中秋节的休假。
英 …… 有英语菜单
英 …… 基本上能用英语交流
Card …… 可以使用信用卡
₩ …… 餐馆的预算金额、宾馆的住宿费（韩元）
室 …… 可供住宿的房间数量
HP …… 主页地址
★★★★★ 韩国政府根据客房数及各种设备对向外国人开放的住宿设施作出的评价
★★★★★ 特1级、特2级
★★★★ 1级
★★★ 2级

韩国全图
Korea
0 30km
N
朝鲜民主主义人民共和国
Democratic People's Republic of Korea
黄海道
Hwanghae-do
九月山 ▲954
沙里院
松禾
信川
南川
金川
板门店
开城
Gaeseong
瓮津
海州
Haeju
都罗山
临津江
汉江
p.26 江华支石墓遗址
江华岛
Ganghwado
延坪岛
通往白翎岛、大青岛
京畿湾
Gyeonggiman Bay
金浦国际机场
仁川国际机场
仁川广域市
仁川
Incheon
首尔 p.32
Seoul
837▲ 北汉山
议政府
Uijeongbu
京义线
京元线
抱川
Bears Town
P.119
军事分界线
金化
铁原
新炭里
新铁原
白岩山
广州山脉
高城统一展望台
巨津
杆城
雪岳山国立公园
Seoraksan nat'l park
雪岳山 1708▲
束草
Sokcho
尺山温泉
襄阳
襄阳国际机场
春川 p.11
Chuncheon
昭阳湖
南怡岛 p.10
京春线
北汉江
首尔综合电影制片厂
江原道
Gangwon-do
五台山 ▲1563
江陵
Gangneung
正东津
龙平度假村 p.11
(Dragon Valley)
岭东高速公路
日本海
Sea of Japan
通往郁陵岛(韩)
东海
Donghae
三陟
Samcheok
灵隐寺
头陀山 1353▲
Auraji
太白山脉
旌善线
岭东线
舍北
道溪
平昌
雉岳山 ▲1288
原州
Wonju
南汉江
中央线
广州
骊州
p.122 利川
Icheon
p.120 水原
Suwon
京畿道
Gyeonggi-do
韩国民俗村 p.127
西平泽
堤川
Jecheon
太白线
太白
Taebaek
1567▲ 太白山
通往境港
蔚珍
Uljin
忠州
Chungju
忠州湖
月岳山 1097▲
丹阳
▲1439 小白山
中部高速公路
忠北线
忠清北道
Chungcheongbuk-do
安城
唐津
合德
伽倻山 678▲
温阳温泉
圣居
天安
Cheonan
牙山
泰安
瑞山
Seosan
清凉山 870▲
日月山 ▲1219
荣州
Yeongju
平海
白岩温泉
通往郁陵岛
安东湖
闻庆
醴泉
忠清南道
Chungcheongnam-do
安眠岛
长项线
乌致院
京釜线
清州
Cheongju
店村
1058▲ 俗离山
Chomchon
安东 p.152
Andong
p.150 公州
Gongju
大清湖
庆尚北道
Gyeongsangbuk-do
盈德
Yeongdeok
青松
▲721 周王山
大川
Daechon
p.147 扶余
Buyeo
845▲ 鸡龙山
大田 p.151
Daejeon
京釜高速公路
尚州
Sangju
洛东江
普贤山 ▲1124
黄海
Yellow Sea
锦江
论山
湖南高速公路
铁路
永同
庆北线
军威
长项
群山
益山
金泉
Gimcheon
龟尾
Gumi
八公山 ▲1193
大邱广域市
永川
Yeongcheon
p.141 良洞村
浦项
Pohang
A
B
C
D
E
F

大韩民国
Republic of Korea
日本
Japan
全州
Jeonju
全罗北道
Jeollabuk-do
全罗南道
Jeollanam-do
庆尚南道
Gyeongsangnam-do
光州广域市
光州
Gwangju
罗州
Naju
木浦
Mokpo
务安
务安国际机场
p.26 和顺支石墓遗址
p.26 高敞支石墓遗址
高敞
扶安
灵光
淳昌
内藏山
763
南原
Namwon
智异山
1915
华严寺
求礼
晋州
Jinju
泗川
顺天
Suncheon
光阳
Gwang-yang
丽川
Yeocheon
丽水
Yeosu
突山
突山岛
宝城
高兴
道阳
康津
灵岩
月出山
809
莞岛
珍岛
箕佐岛
荏子岛
智岛
猬岛
红岛
大黑山岛
小黑山岛
青山岛
金鳌岛
巨文岛
楸子岛
多岛海海上国立公园
统营
Tongyeong
（闲丽海上国立公园）
闲丽海上国立公园
南海岛
梧桐岛
巨济岛
长承浦
Jangseungpo
镇海
Jinhae
昌原
Changwon
金海国际机场
釜山 p.162
Busan
釜山广域市
机张
三浪津
密阳
通度寺 p.169
迦智山
1240
蔚山广域市
蔚山
Ulsan
庆州 p.132
Gyeongju
东海南部线
华阳
Daegu
Gyeongsan
新庆州
高灵
伽倻山国立公园
p.151 海印寺
1430
1614
白云山
1279
咸阳
88年奥运会高速公路
马耳山
673
湖南高速铁道
湖南线
全罗线
庆全线
南海高速公路
中部高速公路
南江
济州海峡
Jeju Haehyeob
济州特别自治道
Jeju Special Self Governing Province
济州国际机场
济州
Jeju
城山
汉拿山
1950
济州岛 p.186
西归浦
Seogwipo
朝鲜海峡
Korea Strait
对马海峡
Tsushima Strait
快船
比田胜
严原
乡之浦
壹岐
唐津
平户
通往大阪
通往下关
通往博多
通往博多
朝鲜
平壤
首尔
仁川
韩国
釜山
济州岛
郁陵岛（韩）
日本海
黄海
西朝鲜湾
东朝鲜湾
朝鲜海峡
注：本书中所有地图均系原版日文图书中原插图
G
H
I
J
K
L

这些小知识你不可不知道

韩国基础知识

韩国国旗（太极旗）

通过世界杯和韩流热潮，邻国韩国如今已为我们所熟悉。然而在中国，真正了解韩国这个国家的人并不多。韩国看上去在很多方面与中国有相似之处，但它仍然是与中国有着文化差异的另一个国家。在去首尔之前，关于韩国这个国家，以下这些小知识你不可不知道。

国 名

正式名称为大韩民国 (Republic of Korea)，简称“韩国”。

国 旗

韩国的国旗是太极旗。中间为太极两仪，上红下蓝，分别代表阳和阴，象征宇宙。四角有黑色四卦。整体上体现了东方哲学思想。

面积、人口

位于亚洲大陆东北朝鲜半岛南部，面积为9.96万平方公里。人口约5000万。

首 都

首都为首尔 (Seoul)，人口约1000万。是亚洲屈指可数的人口密集、工业发达的魅力都市之一。

与中国的时差

韩国为东9区，中国为东8区，时差为1小时。在韩国，夏季要到晚上8点之后天才黑下来。

语言、文字

通用语为韩语。文字以朝鲜文字为主，汉字为辅。朝鲜文字是1443年李氏朝鲜[①]的国王世宗命令学者创制的，目的是让所有国民都能看懂、都会写，是元音与辅音记号相结合的构造合理的表音文字。

①注：李氏朝鲜，韩国称“朝鲜王朝”，本书大部分情况保留了“朝鲜王朝”的称谓。

政治制度

韩国实行三权鼎立、依法治国的体制。总统是国家元首和全国武装力量司令，在政府系统和对外关系中代表整个国家，总统任期5年，不得连任。韩国实行一院制，国会是国家立法机构，每届任期4年，国会议长任期2年。目前韩国国内主要有执政党新国家党和在野党统合民主党、自由先进党。

大选的海报

宗 教

佛教与基督教等宗教的信徒占韩国总人口的50%左右。在基督教中，新教徒的人数尤其多。儒教在韩国不算宗教，而是作为一种社会规范扎根于国民的意识中。

城镇里有许多教堂

本书中所介绍的地区

首尔 → p.31

首尔是亚洲屈指可数的大城市之一，同时也是保留了朝鲜王朝（李氏朝鲜）的史迹及文化的历史城市。在首尔可品尝到各种美食，还可以探访韩剧的外景拍摄地等，乐趣多多。

扶余、公州 → p.147、p.150

百济王朝的国都就设在这里。

安东 → p.152

这里继承了朝鲜王朝时代的传统。

庆州 → p.132

距今约1400年前，新罗在此建立了国都。古都庆州的整个中心地区当选为世界文化遗产，不计其数的历史遗迹分布在市内各个角落。

济州岛 → p.183

坐落于韩国南边海面上的小岛。岛上气候温暖，美丽的大海与平缓的高原景色一览无余，是休闲度假胜地。

釜山 → p.155

釜山是韩国第二大都市，也是透露着悠闲气息的港口城市。这里聚集了韩国旅游的各种妙趣，如市场、美食、赌场等。

教　育

韩国的学制与中国相同，为6、3、3、4制度（小学6年，初高中各3年，大学4年），义务教育到中学为止。高中升学率几乎为100%，大学升学率超过70%，这在世界上也是处于领先地位的。相对而言，考试竞争的程度很激烈，已成为一个重大的社会问题。

兵役制度

从原则上说，韩国所有的男性都有服兵役的义务。按照原则，高中毕业后必须立即服兵役，升入大学者则须在30岁前入伍，离家两年执行保卫国家的任务。对于不服兵役者，还有编入警察的义务警察制度；对于身体孱弱者则有到公益组织或一般企业里参加义务工作的制度。男性退伍后也还要定期接受短期训练。

韩国的节日

1月1日	元旦
1月1日（农历）	春节
3月1日	三一节（独立运动纪念日）
4月8日（农历）	佛诞节
5月5日	儿童节
6月6日	显忠日
8月15日	光复节（独立纪念日）
8月15日（农历）	秋夕（中秋节）
10月3日	开天节（建国纪念日）
12月25日	圣诞节

中秋节和春节的庆祝活动

巡游韩剧的外

冬季恋歌

这部超人气韩剧是2002年1月～3月在韩国KBS电视台上播放的系列剧。导演尹锡湖执导的作品以唯美风格著称，该剧是他执导的季节四部曲中的第二部，风靡全亚洲。

南怡岛 地图 p.6-B

南怡岛是位于首尔东部的清平水库上的一座小岛，自然美景得天独厚。剧中，俊尚和惟珍曾逃学到这个岛上约会。从首尔的清凉里站乘坐开往南春川的火车，在加平站下车，行程约1小时30分钟，下车后乘出租车即可到达。入岛费为8000韩元。

初吻的长椅在夏日里也别有一番风情

初吻的长椅

剧中，惟珍和俊尚在这里堆雪人，并在长椅上交换了纯真的初吻。该处设有带剧照的解说牌，长椅旁边还放着木头做的雪人，因此即使是夏天也能让人立刻认出来。

入岛渡船班次多、间隔短

渡船

渡船连接着停车场与南怡岛，乘船上岛约需5分钟。剧中，玩得忘了时间的俊尚和惟珍来晚了，奔跑着跳上了最后一班渡船。湖上常常云雾弥漫，给人一种神秘的感觉。

幽静的银杏林荫道

银杏林荫道

剧中，惟珍摇摇晃晃地走在一段倒下的树干上，俊尚牵住了她的手。就是在这条林荫道上，他们彼此意识到了自己对对方的感情。如今在与电视剧中的场景相同的地方也有一段倒下的树干。

水杉林荫道

这里是剧中俊尚和惟珍第二次约会时打雪仗的地方。道路两边的水杉高达10米，景色优美，是南怡岛的标志性景物。

水杉林荫道在电视剧海报中也出现过

岛内有《冬季恋歌》的商品出售

如何去外景拍摄地

外景拍摄地分散在各处，自行前往会花费大量时间和精力。如果想去看《冬季恋歌》的外景地，最好参加巡游外景地的自选旅游项目，大部分团体旅行中都有这一项（参照p.42）。韩国当地旅行社的旅游项目除了《冬季恋歌》外，还有《美丽的日子》和《天国的阶梯》等多种选择。团体旅行在每一个外景地停留的时间都很短，因此若碰上自己喜欢的地方，可以事先确认好路线和到达方式，下一次再过来游玩。

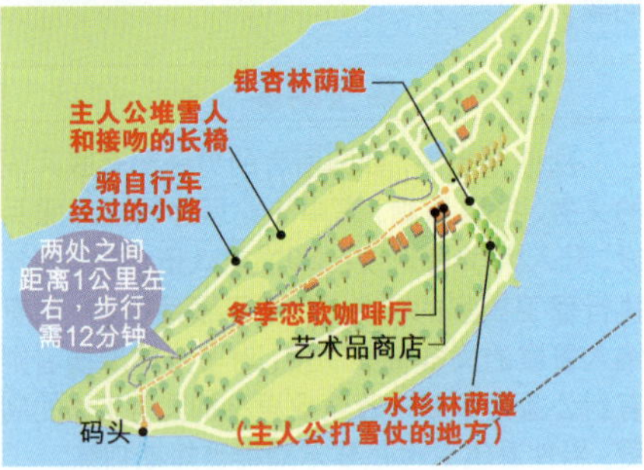

景拍摄地

韩国电视剧对我们来说是再熟悉不过的了，巡游韩剧外景拍摄地已成为韩国旅行的新亮点。导演们为了拍出电视剧中唯美的画面而选择外景地，其中有许多令人印象深刻的风景。即使不是韩剧迷，也能在这些美景中获得享受。让我们探访一下韩剧的外景拍摄地吧！

春川 地图 p.6-B

春川是个被河流与湖泊包围起来的水城，惟珍和俊尚在这里度过了高中时代。从清凉里站乘坐京春线火车，在终点站春川站下车，行程约2小时。春川还以地道的炒鸡肉而出名。

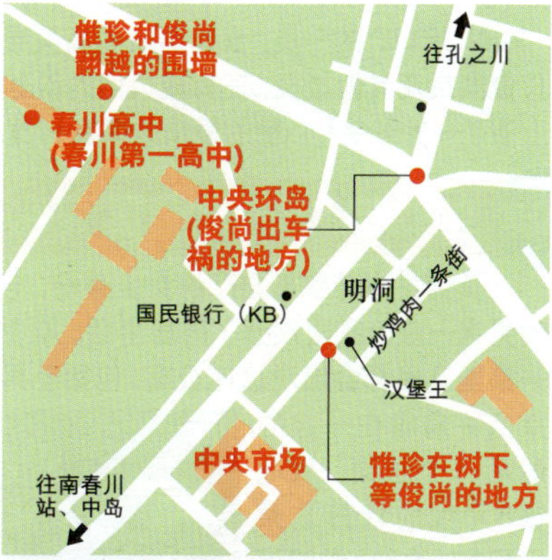

街道的通行量很大

中央环岛

剧中，俊尚在除夕那天决定向惟珍吐露自己的感情，跑去找惟珍时被车撞倒，车祸现场在春川市中心的中央环岛，SC第一银行对面。

街上一年四季都有圣诞树型的街道树

孔之川什么也没有

现实中是春川的名校

明洞

惟珍不知道俊尚出了车祸，还继续等他，这个地方是春川首屈一指的繁华街明洞。惟珍就是在汉堡王前面的树下等待俊尚的。

孔之川

第一集里，睡过头的惟珍和俊尚一起匆匆忙忙地下了公共汽车，下车的地方是距市中心10分钟车程的孔之川。实际上，公交车并不经过那里，路上也没有公交车站。

春川高中

迟到的惟珍和俊尚为了逃避“大猩猩”老师的检查而翻墙进校。高中校园的场景是在首尔拍摄的（见下文），只有翻墙的一幕是在春川拍摄的。

龙平度假村 地图 p.6-C

龙平度假村又称Dragon Valley，是韩国屈指可数的滑雪度假胜地。这里是故事的主要舞台，有国际标准的滑雪场和共45个球洞的高尔夫球场，酒店、单元套间公寓等设施齐全。距首尔约3小时车程。

“初次”咖啡厅

惟珍亲自参与过内部装修的咖啡厅。入口处摆设了剧中人物的壁板，游客可以重温剧中的场面。店内还展示剧中使用过的小道具，现场钢琴演奏也很受欢迎。

剧中主人公在店里等着大家

首尔

首尔市内也有许多《冬季恋歌》的拍摄地，各旅行社都设有相应的团体旅游项目，游客可以轻松随意地巡游这些地方。对于喜欢的地方，以后再自己过来也别有一番乐趣。

中央高中 地图 p.46-B

这所学校是惟珍、俊尚和相奕就读的春川第一高中的外景拍摄地，是首尔为数不多的历史悠久的高中。若是星期日去，有时还能进入校内参观。

美丽的石砌校舍

原来是美男啊

一天，名叫高美男（朴信惠饰）的少女突然代替自己的双胞胎哥哥成为偶像组合“A.N.JELL”的一员。女扮男装的高美男与队长黄泰京及其他成员，还有成员们的粉丝之间上演了一出出令人心跳的爱情故事及纠葛。

京畿道 A.N.JELL成员的公寓 地图 p.119-F

美男拼命隐瞒着自己的女生身份，与三个俊男在一座公寓里展开了同居生活。剧中的每一集里几乎都会出现这座公寓，包括美男和泰京肩并肩靠在一起的最后一个画面。从地铁8号线的牡丹站乘出租车，约5分钟即可到达该建筑物的所在地。因为是私人住宅，所以团队游客也只能在外面参观。

注意不要进入建筑物的私有区域内

随处可见剧中人物的影子

首尔 IRIS宣传馆 地图 p.44-I

剧中最后一集里激烈的枪战场面是在第九大道百货商厦拍摄的。商厦的地下有该剧的宣传馆，展出演员们的手印和剧中服装、小道具等。剧中被炸毁的入口处还按照原样保留了下来。从地铁1号线的九老站步行约3分钟即可到达。开馆时间为10:30~21:00。

被炸毁的入口处原封不动

韩国人耳熟能详的冰激凌店，即美国31冰激凌

首尔 巴斯金·罗宾斯冰激凌光化门店 地图 p.50-I

著名的冰激凌店。这家店在美男和泰京迷路时以及美男一个人吃冰激凌时曾出现在画面中。美男在剧中吃的冰激凌是笑脸图案的冰点心（2500韩元），阿月浑子口味。从地铁5号线的光化门站8号口出来即到。

美男坐过的位子在橱窗前面

IRIS

大热韩剧，描述了韩国国家安全局特殊要员奋不顾身完成任务的故事。时隔六年再度担任主演的李秉宪及金泰熙等豪华演员阵容引起了广泛关注，在韩国创下了39.9%的最高收视率。

首尔 延世大学 地图 p.56-A

金贤俊（李秉宪饰）与崔胜熙（金泰熙饰）邂逅的地方。贤俊对胜熙一见钟情的场面是在主楼前拍摄的，墙面覆满了爬山虎，十分雅致。背对着主楼沿右边的路走下去，还可以看到贤俊向正在吃午餐的胜熙搭话并遭拒绝的一幕中出现的长椅。

在剧中多次出现过的外景拍摄地——延世大学

太王四神记

这是2007年播出的裴勇俊主演的古装电视剧。该剧以建于公元前、存在到公元7世纪的国家高句丽为背景，描述了裴勇俊饰演的谈德（广开土王）克服艰难险阻找到四神的神物以及它们的主人，最后成为真正的君王的故事。

济州岛 Park Southern Land 地图 p.185-C

是《太王四神记》的大型外景地，位于济州岛东北部，占地面积达29 000平方米，再现了高句丽的都城。可以参观裴勇俊饰演的谈德处理事务的大殿和城邑，以及高句丽最上层贵族的宅邸等。这些外景建筑的内部布局和装修都很逼真，规模可与真正的王宫首尔景福宫（p.72）相媲美。布景逼真、精细，绝不会出现以图画来充当背景的情况。建筑物的构思别出心裁，风格体现了韩中合璧，很好地再现了高句丽的建筑特征。现在该地除了外景建筑以外，其他设施很少，但广场和自助餐馆等设施正在陆续建设中。

大殿的布景如同景福宫与中国皇宫的合并

圆圆的窗子让人想起中国

京畿道 《大长今》主题公园 地图 p.119-B

这个与MBC杨州广播局毗连的外景地除了用于拍摄《大长今》外，在其他电视剧中也曾使用过。该地位于距首尔约1小时车程的郊外，水刺间、退膳间和牢狱等剧中出现过的外景建筑错落有致，除了王宫之外，还有长今小时候生活过的小镇的外景地。

世界各地的长今迷都到

故事的关键所在——藏壶之地

大长今

韩国文化广播电视台MBC出品的人气历史连续剧《大长今》，不仅令韩流迷为之倾倒，还博得了各年龄层观众的广泛好评。剧中介绍了宫廷、饮食、韩国的中医术等各种各样的韩国传统文化。在该剧的影响下，外国人渐渐对朝鲜王朝的文化产生了兴趣。

济州岛 松岳山 地图 p.184-I

松岳山是济州岛西南部一座突出于海面上的海拔104米的小山。山上留存着的15个人工洞窟是太平洋战争后期日军建立的鱼雷艇基地的遗址。其中，最里面的一个洞窟曾用于拍摄《大长今》最后一集里长今用剖腹产救下一个孕妇的场景。小山周围残留着许多日本海军的飞机场遗址和洞窟阵地的遗址，游客可窥见韩国处于日本殖民统治时期的那段苦难历史的痕迹。

务必一尝的美味！韩国料理

韩国旅行的最大乐趣之一就是美食之乐。一说到韩国，很多人会想到烤肉和泡菜，其实，韩国还有火锅料理、韩国客饭等多种多样的料理。韩国料理的特征是由于同时使用各种配料和香辛料而使菜肴味道浓重，与注重发挥食材本身自然、微妙的味道的日本料理有着本质上的区别。第一次吃韩国料理时也许会觉得很辣，但习惯了之后就会慢慢品尝出深藏于其中的味道了。

百吃不厌！韩国烤肉

说起韩国料理，首先当然是韩国烤肉。日本人喜爱烤牛肉，而韩国人最喜欢的是烤猪肉。最近，健康美味的烤鸡肉也很受欢迎。

牛 烤牛排骨 소갈비

最常见的是烤牛肋条，“卡鲁比（韩语发音）”就是肋骨的意思。在韩国，烤牛肋条基本上都是带肋骨的。有腌过调料的“阳钮姆卡鲁比”（音）和不腌调料、保持牛肉天然美味的“贤卡鲁比”（音）。韩国国产牛肉比进口牛肉价格要高。一人份为200克左右，价格18 000～60 000韩元。

猪 烤猪排骨 돼지갈비

先用调料把猪肉腌透，再放在铁板上烤。调料能去除猪肉的腥味，带出肉汁的美味。可把肉烤至微焦，这样既香脆又可口。香辣猪肉嫩滑松软，有嚼劲、味道好、价格便宜，是韩国烤肉中的固定种类。300克的价格为7000韩元左右。

牛

烤牛里脊 등심

牛里脊肉。价格高的叫做“可通西姆”（音）（花里脊），肉的纹理如霜。200克价格为20 000～60 000韩元。

牛

韩国烤肉 불고기

将肉与蔬菜一起在类似平底锅的铁板上烧烤。调料很美味。300克左右价格为10 000～20 000韩元。

猪

烤猪五花 삼겹살

将猪五花肉烤至酥脆，去掉其油脂后食用。不腌调料，撒上盐，蘸芝麻油食用。200克价格为7000韩元左右。

猪 红酒猪五花
와인삼겹살

将“烤猪五花”用红酒腌渍，令猪肉更有味道、更软嫩，去掉猪肉特有的腥味，肉香浓郁诱人，很受年轻人欢迎。比普通的“烤猪五花”贵1000韩元左右。

猪横膈膜肉
갈매기살

食材为猪的横膈膜。一头猪身上只能剔下400克左右。这部分食材肥肉少，味道上佳，因而比其他部位的价格高。200克大约9000韩元。

鸡 烤鸡块
닭갈비

将鸡胸肉或鸡腿肉与卷心菜、山芋等加入甜辣酱在铁板上翻炒而成。价格便宜分量足，为年轻人所喜爱。一人份7000韩元起价。

甜辣鸡 찜닭

这是安东的著名料理。将鸡肉与土豆、粉丝等一起用掺酱油的甜辣酱煮成。3～4人份18 000韩元起价。

烤肉的美味吃法

在韩国，烤肉时并不是只吃牛肉和猪肉，而要卷在蔬菜叶子里一起吃。按个人喜好可加入一种叫“沙姆酱”的酱料。吃烤猪肉时一定要蘸芝麻油和盐。

1

先将一片生菜和一片紫苏叶子叠在一起。当然，蔬菜叶子可根据个人喜好自由搭配。

2

把烤好的肉放在叶子上，加入调味酱料“沙姆酱”。猪肉一般加入醋酱油或芝麻油。

3

还可根据个人喜好放入葱之类的小菜以及大蒜、泡菜、米饭等。

4

若一下子卷太多，吃的时候会把嘴塞满，得注意“量力而行”哦！

可以加入这些东西

沙姆酱

无辣味的蘸酱。蘸黄瓜或卷心菜吃也行。

大蒜

蘸一蘸芝麻油后在铝箔里烤着吃，味道不错。

拌饭要吃石锅的，还是传统的？

石锅拌饭

传统拌饭

说到石锅拌饭，最出名的出自全罗北道的全州，但正宗的全州拌饭一般不用石锅。石锅拌饭能品尝香脆的味道，而传统拌饭则是品尝菜与米饭的醇厚风味。二者在味道上差异很大，因此可以在韩国当地尝尝这两种拌饭，对比一下也是很享受的。

石锅拌饭 돌솥비빔밥

往烧热的石锅里放进米饭、蛋黄、蔬菜等，在石锅冷却前充分搅拌混合。石锅上会有菜和米饭的锅巴，香气扑鼻。一人份6000韩元。

传统拌饭 전통비빔밥

在米饭上放上各种蔬菜和蛋黄，充分搅拌后食用。全罗北道全州市的传统拌饭使用的是能将温度保持在45℃的黄铜容器，此温度下拌饭的味道最佳。一人份10 000韩元起价。

吃拌饭的规矩就是要把饭和菜搅拌得“惨不忍睹”

三五成群一起吃！火锅料理

韩国料理的精髓在于火锅料理，不同于中国的涮火锅。吃韩式火锅料理不用小碗小碟，几个食客在同一个锅里一起吃。韩式火锅分量十足，营养均衡，到韩国旅游时一定要尝一尝。

猪骨土豆锅 감자탕

用猪脊骨肉与土豆等慢慢炖煮出来的一种火锅料理。猪肉和汤的味道渗透进土豆中，很好吃。3～4人份为20 000韩元左右。

部队火锅 부대찌개

据说这道火锅料理是将美军发放的廉价食材一起炖煮而演变来的。将香肠和拉面等一起煮成甜辣味。每人7000韩元左右，分量很大。

瓦罐鸡 닭한마리

这道无辣味的火锅料理叫“一只鸡”，这个菜名已经固定下来。将鸡肉和土豆、葱等一起炖煮而成。2~3人份为14 000韩元起价。

锅的名称有三种

在韩国，表达“锅”这个意思的单词有三个。三个单词之间虽然没有严格意义上的区别，但可以说有以下倾向：

찌개 多指一个人食用的快餐型火锅。

전골 主要指什锦火锅之类的大分量火锅料理。

탕 可指什锦火锅也可指一人食用的火锅。多为无辣味的。

最适合当午餐！一个人吃的料理

韩国的街上也有很多朴素经济的小饭馆，这些小饭馆里有不少经济实惠的固定菜肴。烤肉店里有时也会将这些料理作为主食列在菜单上。

韩式豆腐汤 순두부

这道供一人食用的料理是将新鲜的四方豆腐和蛤仔、猪肉等放入石锅中煮成的，汤微辣。蛋与豆腐减轻了辣味。约6000韩元起价。

泡菜汤 김치찌개

这道火锅料理将腌渍得很充分的泡菜与蔬菜、豆腐一起炖煮，是最大众化的一道料理。猪肉与泡菜搭配得恰到好处。5000韩元左右。

大酱汤 된장찌개

汤里放入大量西葫芦和土豆、豆腐、葱等，很适合配米饭吃。在烤肉店点米饭时会附上这道汤。5000韩元左右。

排骨汤 갈비탕

这道汤将牛肋排与粉丝、蔬菜一起炖煮，味道清淡且价格实惠，最适合慢慢品味肋排香醇的美味。7000韩元起价。

猪肉汤饭 돼지국밥

这是釜山的著名料理。往熬好的猪骨汤中放入煮好的猪肉、蔬菜和米饭食用。粥看起来很白很浓，但味道却很淡。5000韩元起价。

紫菜包饭 김밥

很多店都是24小时营业，肚子有点饿时随时可以买来吃。用涂抹了芝麻油的海苔将腌萝卜和煎蛋等各种各样的小菜包卷而成。1500韩元起价。

拌冷面 비빔냉면

是在冷面上撒满以辣椒酱为主的调味汁，搅拌后食用的无汤冷面。特征是酸酸甜甜，麻辣刺激。6000韩元起价。

小知识

韩国料理的味道因地而异

很多人以为韩国料理全都是辣的，但韩国也有地方不同味道也不同的倾向。夏短冬长的韩国北部地区容易保存食物，因而料理的味道较清淡，也不太辣。温暖的南部地区不易保存食物，所以做菜时放盐较多，味道偏浓偏辣。有趣的是，中国与韩国相反，越往北味道越浓重。巡游两个以上城市的游客可以关注一下泡菜和小吃的味道有何区别。

韩国南部地区的乡土风味“韩定食”（韩式套餐）

一点儿也不辣！营养健康料理

虽然韩国料理总会让人误认为都是辣的，但其中也有不少对肠胃无刺激的口味清淡的料理。不能吃辣的人就试试以下推荐的这几种料理吧！

参鸡汤　삼계탕

这道汤使用一整只小鸡，将糯米、枣、高丽人参等塞进鸡腹中，以慢火长时间炖煮而成，营养滋补。吃的时候加入盐和胡椒粉，不过有些店做得很美味，不加调料味道也十分鲜美。10 000韩元起价。

牛肉牛杂汤/雪浓汤　설렁탕/설농탕

将牛骨、牛肉和牛杂放在一起，经过长时间熬制成的白色浓汤。味道虽清淡，香气却很浓郁，肉质软嫩。6000韩元起价。

朝鲜冷面　물냉면

在用牛胸肉煮好并冷却了的汤里放入黏软的面食用。面上放有鸡蛋、黄瓜等简单的食材，按个人口味可加醋或芥末。6000韩元起价。

菜包饭　쌈밥

就是“包着吃的米饭”的意思。会附上很多种小菜和蔬菜叶子，将小菜、米饭用菜叶卷着吃。营养十分均衡。7000韩元起价。

粥　죽

如今，粥在韩国已形成一股美食热潮。粥的种类繁多，有南瓜粥“火巴秋库”（音）和鲍鱼粥“琼波秋库”（音）等。6000韩元起价。

酱油螃蟹　간장게장

将梭子蟹用酱油和大蒜制成的调味汁腌渍而成的料理。最后把米饭放进留有蟹酱和调味汁的蟹壳里食用，美味至极。2人份40 000韩元起价。

醒酒汤　해장국

有解除宿醉的作用。是将牛血块和蔬菜放入用牛骨熬成的汤里做出的杂烩汤。6000韩元起价。

韩式面条　칼국수

这道面条的汤底加了盐和大蒜，汤味鲜美。手擀的面条上有蛤仔和韭菜、胡萝卜、蛋等各种配菜。6000韩元起价。

好想尝尝鲜！

韩国客饭 한정식

到韩国旅游，有机会一定要尝一次韩国客饭（韩定食）。韩国客饭的魅力不在于那多得吃不完的分量，而是遵循儒教思想搭配出的绝妙均衡的营养。

高级料理店的传统韩国客饭起源于朝鲜王朝时代的宫廷料理，吸收了阴阳五行思想，以九折板、神仙炉为中心，周围摆满了20～30种料理。

阴阳五行思想，是中国古代哲学思想的结晶，内涵十分丰富。而韩式饮食中阴阳五行观的体现，指的是以五色五味的完美均衡为最上，即让青、红、黄、白、黑五种颜色以及酸、甜、苦、辣、咸五种味道达到平衡。特别是其中的五色，绿色蔬菜代表青，肉类代表红，鸡蛋和酱料代表黄，米饭和浅色蔬菜代表白，芝麻和海草类代表黑。韩国客饭体现了“药食同源”的思想，不仅是色与味，连营养的均衡也考虑在内。

黄花鱼干

蒜叶炒虾

高级韩国客饭的代表料理

九折板
구절판

八角形的盘子里精致盛放着野菜、海草等8种小菜，中间的盘子里配有饼皮，表现了五色五味。将小菜包在饼皮中食用。

神仙炉
신선로

古传朝鲜王朝时代，有人因悲天悯人而隐居山中，做了僧侣，这些人在山上煮食野菜，积累修行，后来演变为这道清淡的火锅料理。

还有家庭料理客饭

韩国的家庭料理

韩国客饭并不都是高级料理，梨大等地的学生街上也有将家庭料理作为韩国客饭供应的小餐馆，价格较低。

小知识

“药食同源”的韩国料理

韩国自古就有“药食同源”的观念，料理中多使用高丽人参、石榴、柚子、桂皮等平常用作中药材的食材。调味料多使用大蒜和辣椒、芝麻油，这也是源于人们认为这些食材有药的效用。烤肉等料理中使用的调味酱汁如今仍被称为“药念”（注：韩式辛香料）。

此外，韩国还有五色五味的思想，人们自古就养成了均衡摄取各种营养的习惯。其中蔬菜的摄取量尤其多，居世界前列。据世界卫生组织调查，韩国人一天的蔬菜摄取量约为500克。韩国人吃肉时必同蔬菜一起吃，拌饭和韩国客饭等料理中也加入了大量黄豆芽和菠菜等蔬菜。韩国人善用调味料，很多料理中都能品出蔬菜的浓香味道。来韩国不一定都吃烤肉，可以多尝试尝试其他不同的料理。等到要回国的时候，你平时蔬菜摄取量不足的危机说不定就在无形之中得到解除了。

韩国人擅长制作蔬菜和果实的料理

最适合下酒的经济小菜

韩国料理基本上都很适合当下酒菜，不过猪肉料理和烧烤类的料理更有人气。顺带提一下，“烧烤”一词的韩语发音“其基米”是釜山方言，在首尔则说“基用”。

菜肉卷
보쌈

将猪肉和放入墨鱼、牡蛎等的泡菜一起，用盐调过味的白菜卷起来食用。各种食物的美味都发挥出来。

韩式煎葱饼
파전

韩国风味的煎葱饼，放了很多葱。烤至松软香脆，蘸酱油调料汁食用。2人份15 000韩元起价。

猪脚
족발

将猪大腿以下的部分经过长时间炖煮而成。含有丰富的骨胶原，对美容很有效。味道像上等的叉烧肉。

生鲜小章鱼
산낙지

用新鲜的小章鱼爪蘸芝麻油生吃。其美味在于酥脆有嚼劲。2~3人份15 000韩元起价。

酒类

吃韩国料理当然还是配上韩国的酒最佳。韩国人最常喝的是烧酒。韩国烧酒度数虽高，但不会使人上瘾，可以轻松随意地饮用。

真露烧酒
참이슬

这是韩国最受欢迎的真露烧酒。酒精度20.1度。受欢迎的秘密就在于经竹炭过滤过的醇厚风味。

百岁酒
백세주

用高丽人参等中药材与糯米一起酿制而成，是高级药酒。比较温和，也有益于身体健康。酒精度13度。

山楂酒
산사춘

此酒是用含多酚类的山楂果酿制而成的。酒色柔美，香甜的水果味受女性喜爱。酒精度14度。

啤酒
맥주

韩国啤酒度数较低，很受年轻人欢迎。啤酒品牌主要有三种。

OB
在中年人中很有人气。

Hite
在年轻人中很有人气。

Cass
人气正在上升。

米酒
막걸리

在蒸熟的米中加入曲子让其发酵制成的浓酒。类似于酸奶，含蛋白质和维生素。酒精度约6度。

泡菜

泡菜富含维生素和矿物质，是韩国人的饭桌上必不可少的健康食品。泡菜是韩国腌菜和酱菜的总称，其种类超过50种。

辣白菜 배추김치

白菜泡菜。腌制两个星期后食用味道最佳，不过刚腌制好的时候也很好吃。过三个星期即产生酸味。

辣萝卜块 깍두기

腌萝卜块。吃起来清脆爽口。专做雪浓汤和牛肋排大酱汤的店里有很多美味的腌萝卜块。

黄瓜泡菜 오이김치

在黄瓜上切缝，塞入韭菜、大蒜和辣椒腌制而成。口感紧实，咬起来很有嚼劲。

水泡菜 물김치

不用辣椒，将芜菁等放入发酵好的汤汁里腌制而成。味道清爽，吃肉或其他味浓的料理时可以喝其汤汁爽口解腻。

芝麻叶泡菜 깻잎김치

用腌咸的紫苏叶子与萝卜片等一起发酵制成。包米饭食用很美味。

葱泡菜 파김치

将葱用咸黑背鳀鱼肉腌制而成。葱的刺激味与辣椒的辣味充分混合，辣上加辣。

导游的建议

想买泡菜？到百货店去吧！

泡菜虽然在市场、免税店和土特产店等很多地方都有卖，不过推荐大家到百货店里去买。百货店卖的泡菜卫生条件优越，质量也高。为了吸引韩国本地顾客，百货店里的泡菜比以游客为顾客的专卖店价格要便宜。

乐天百货店的地下食品卖场一般都有两个以上的泡菜摊位，卖家之间在价格、味道和服务方面互相竞争。有出售用包装袋包好的泡菜，5袋装的200克售价为1.1万韩元左右，最适合做特产送人。有时还会附赠保冷袋等小东西。

在卖场里还有当场手工制作的泡菜，这种泡菜稍微高级一些，可选用半棵白菜的分量购买。提醒大家一定要试吃之后再买。

买来的泡菜很容易漏出气味，因此最好让售货员用塑料袋严格地包装好。还需注意的是，国际航班的飞机不允许携带泡菜进机舱，登机前必须把泡菜托运。

有时可用外语对话

也有手工制作的泡菜

优雅的扇子舞

观赏韩国传统表演

韩国的传统表演由音乐和舞蹈构成，富有情感的演奏独具魅力。首尔市内有多个常设公演地点，随时可以欣赏到精彩纷呈的表演。

孕育了独特文化的韩国

韩国位于亚欧大陆东端，历史上曾受到中国的极大影响。但是，从音乐和舞蹈等传统表演上看，韩国也有着独特的文化传统。韩国传统表演中的音乐和舞蹈可分为两种，一种是两班[1]及学者、宫中之人等知识分子阶级创造发展出来的表演，另一种是产生于平民百姓的日常生活并流传开来的表演。前者注重形式美，庄严肃穆且曲调舒缓；后者以娱乐为目的，特征是节奏轻快活泼。

贞洞剧场的公开表演扣人心弦

如果想到首尔市内的常设公演地点观赏传统表演，最简便的方式是参加相关的自选旅游项目。可以直接预约观看场地，自己预约的话还能享受比较便宜的价格。

跷跷板游戏

具有代表性的传统表演

盘索里

一种音乐剧，演唱者合着击鼓人的节拍唱诵一段长长的传说。此音乐剧由随曲子一起歌唱的“索里”、无曲说唱的“阿尼里”和穿插肢体动作来表现各种感情的“巴鲁里姆”组成，特点是曲调哀切。

花冠舞

此表演是将宫中欢迎国宾时跳的舞蹈重新编排的产物。表演者头戴一种在宫中用于仪式和舞蹈的“花冠”，身穿宽松的大长袖白色上衣，舞姿优雅。这种舞节奏缓慢，怡然闲适。

驱邪舞

一种民俗舞蹈，寓意“驱除灾祸”，以巫女在消灾仪式上跳的舞蹈为基础改编而成。舞者身着朴素的服装，手持柔软的白布舞动。舞风神秘，如梦如幻，在传统舞蹈中也带有很强的即兴创作特点。

① 译者注：古代高丽、李朝的世族统治阶级与学者官吏。

照片提供：贞洞剧场

传统表演的种类

	上层阶级的表演	平民百姓的表演
音乐	**正乐** 用韩国固有的琴和笛子等乐器演奏出庄严华丽的音乐，供学者等知识分子阶层欣赏。旋律庄重而流畅，曲调平缓。演奏的乐器多为非金属乐器，柔和的音色也是其特点之一。	**民俗乐** 与正乐相反，民俗乐是供平民阶级欣赏的音乐，多使用金属乐器和打击乐器。种类有“盘索里”、杂歌、民谣、农乐等，节奏快且充满活力。其特点是刚开始时比较缓慢，随后节奏越来越快。
舞蹈	**宫廷舞蹈** 起源于11世纪的高丽时代，是历史悠久的传统表演。原本为宫中活动和仪式的一部分，但只有音乐和舞蹈流传至今，发展成为具有很高艺术性的表演。这种舞蹈与正乐一样，有一种被压抑了的静态美，并注重形式上的美感。	**民俗舞蹈** 这是流传于民间的舞蹈的总称，有两种，一种是以巫女等侍奉神、从事祭神工作的人为中心而跳的宗教舞蹈，另一种是从百姓的日常生活中产生的大众舞蹈。前者的代表性舞蹈是巫女跳的驱邪舞，后者有朝气蓬勃的农乐舞（农乐诺里）等。

沁人心脾的正乐合奏

民俗乐的代表——盘索里

以宫中为舞台的“秋永姆”

振奋人心的农乐舞

假面舞

这是流传于朝鲜半岛各地的假面剧，使用的面具和表演内容因地而异。此表演作为平民的娱乐形式从高丽时代流传至今，反映了农民对腐败贵族和破戒僧的讽刺。流传于安东的“河回别神”很有名。

农乐舞

也叫做“农乐诺里”，是百姓在收获时节跳的舞蹈。舞蹈者原本只是高兴地载歌载舞，在技艺和动作上并没有难度上的规定，但进入近代之后，开始出现头戴有长飘带帽子的舞蹈者，灵活地甩动长飘带，展示出丰富多彩的技艺。

四物农乐

从农乐舞的表演道具中只抽出钲、铜锣、长鼓、大鼓四种打击乐器进行演奏。这种表演是1978年某团体创造出来的。虽然演奏中只有锣鼓的节奏，但很细密且富有活力。

在首尔欣赏 传统表演

贞洞剧场和韩国之家位于首尔市中心，随时可以去欣赏韩国传统表演，轻松又方便。韩国游乐场除了冬季外，平日只在周末有公开演出，不过可以免费观看，大家不要错过哦！

贞洞剧场 정동극장

旨在传承韩国传统表演

地图 p.48-A

贞洞剧场是韩国传统艺术的专用剧场，它让韩国第一座戏剧、歌剧专用剧场“圆觉社”的理念得以弘扬。一周七日的演出内容因日而异，但著名传统表演的精彩场面会以舞蹈和音乐的形式交替上演。剧场在演出场数上有一定限制，将各个演出节目所具有的魅力原汁原味地展现在观众面前。其中的“四物农乐”和管弦乐演奏震撼人心，推荐必看。演出的最后，观众还能和表演者一起到剧场外面的院子里合影留念。

演出最后在剧场外合影留念

剧场在德寿宫后面

交 地铁1号线132、2号线201市政府站1号、12号出口，步行5分钟

✉ 中区贞洞8-11 ☎ 02-751-1500 休 周一

₩ R席5万韩元、S席4万韩元、A席3万韩元

营 16:00、20:00

国立国乐院 국립국악원

韩国国内规模最大的传统公演场所

地图 p.58-I

剧场在江南的山麓

国立国乐院毗邻韩国国立综合艺术剧场“艺术殿堂”，是韩国最大的传统音乐专用剧场。剧场以每周六为主举行常设公演，每次上演传统音乐及舞蹈等8个不同的节目。与之相邻的还有国乐博物馆，馆内藏有同国乐相关的资料。

交 地铁3号线341南部巴士客运站5号出口，步行15分钟

✉ 瑞草区南部循环路2364 ☎ 02-580-3040

₩ 1万韩元 营 周六公演16:00（周二、四、日也有公演）

韩国之家 한국의집

赏传统表演，品韩国客饭

地图 p.49-H

此文化设施于1981年开放，目的是向游客介绍韩国传统文化。“韩国之家”原本为朝鲜时代上流人士的私人宅邸，也是一座历史性建筑，曾用作朝鲜总督府的政务总监官邸和大韩民国政府的迎宾馆等。由专属艺术团表演的舞蹈及音乐在韩国国内属于顶级水准，舞台离观众席很近，演出十分扣人心弦。假面舞蹈幽默滑稽，使人轻松愉悦。公演前还能品尝传统的韩国料理。

所有的公演都很正式

王朝风格的建筑也值得一看

交 地铁3号线331、4号线423忠武路站3号出口，步行1分钟 ✉ 中区笔洞2街80-2

☎ 02-2266-9101

休 无 ₩ 5万韩元（只限公演）

营 19:00、20:50（周日、节日20:00）

三清阁 삼청각

建在山上的传统文化设施

地图 p.44-B

三清阁原本是政府的餐馆

此设施位于首尔市外北部，向韩国国内外游客介绍韩国传统文化。内设有韩式快餐厅和传统公演场所。公演内容除了传统表演外，还涉及由传统表演改编而成的戏剧等多方面。设施环境幽静，青山环抱，具有与其他剧场不一样的吸引力。

交 在首尔Plaza酒店前乘坐区间公共汽车，约需20分钟 ✉ 城北区城北2洞330-115

☎ 02-765-3700

休 无

※公演不定期，去之前需咨询

华克山庄晚餐秀 Walkerhill Dinner Show

传统表演与华丽的表演秀

地图 p.59-D

华克山庄是韩国最高级的酒店，在酒店宽阔的大厅里可以一边享用奢华的料理，一边欣赏规模盛大的表演秀。酒店一天举行两次公演，包括传统乐器演奏和宫中舞蹈等民俗表演，以及两场外国人表演秀。传统表演自然是精彩纷呈，后半部分的“神秘幻影”（Magical Illusion）营造出一个幻想的世界，也值得一看。

交 地铁5号线546广渡口站1号口出，换乘区间公共汽车，车程5分钟 ✉ 广津区广壮洞山21 ☎ 02-455-5000（需预约） 休 周日

豪华的表演秀

₩ 红酒表演秀6.5万韩元（附红酒一杯），正餐表演秀9.5万韩元（带正餐） 营 17:30、20:00

首尔游乐场 서울놀이마당

可免费观赏的露天公演场所

地图 p.59-G

4~10月期间，乐天世界后面的露天剧场每周末会举行公开民俗表演。其中大人和小孩共10人参演的假面剧以及农乐舞表演场面壮观，值得观赏。露天剧场的吸引人之处在于观众能近距离地观看表演者的演出。

交 地铁2号线216、8号线814蚕室站2号出口，步行7分钟 ✉ 松坡区蚕室洞47 ☎ 02-414-1985 休 周一~周五、11月至次年3月 ₩ 免费 营 15:00

场地上方有顶棚，雨天也能观赏

两种必看娱乐表演

“四物农乐”将韩国传统表演极度简化了。下面向大家介绍两种将“四物农乐”升华为现代娱乐表演的热门剧目。

乱打 NANTA

传统文化与现代气息的融合

地图 p.46-E

“乱打”是将“四物农乐”中使用的四种打击乐器换成日常生活中用的厨具，以厨房为舞台展开的轻快活泼的表演。表演的故事是“6点之前要准备好订婚宴会的特别料理”，节奏简单而明快，一开始就以强势的演出气氛把观众带入其中。从菜刀、砧板等厨具到蔬菜、垃圾箱等，表演者把厨房里所有的东西都当做乐器敲击，制造出扣人心弦的声响。此表演让观众为之倾倒，到了韩国非看不可哦！

交 地铁5号线532西大门站5号出口，步行5分钟 ☎ 02-739-8288 休 无 ₩ VIP席6万韩元、S席5万韩元 营 14:00、17:00、20:00 ※明洞、江南也有剧场

HP http://nanta.i-pmc.co.kr/

砧板、菜刀摇身一变成了乐器

JUMP

在空中自由飞舞的武打喜剧

地图 p.51-K

“Jump”是如今引人注目的杂技表演。此表演在跆拳道等韩国传统武术中加入杂技的元素，场面扣人心弦，表演者就像在空中跳舞。故事描述的是一个奇异之家每天刻苦训练武术，一个青年作为这家女婿的候选人来到家中，引发了一场骚乱。表演中处处有让人爆笑的演出场面，可以一家人共同观看。

交 地铁1号线131钟阁站4号出口，步行10分钟 ☎ 02-722-3995 休 无 ₩ R席5万韩元、S席4万韩元 营 周一20:00，周二~周五16:00、20:00，周日、节日15:00、18:00

HP http://www.hijump.co.kr/

表演充满喜剧元素

剧场在仁寺洞附近

韩国的世界遗产

现在，韩国国内获批列入世界遗产的遗迹中，文化遗产有昌德宫、宗庙、朝鲜王陵、水原华城、庆州历史遗址区（市内、南山）、石窟庵与佛国寺、韩国历史村落（河回村、良洞村）、海印寺藏经版殿，以及高敞、和顺、江华支石墓遗址，共9个地区。2007年，济州火山岛与熔岩洞窟作为韩国第一个自然遗产获得了批准。在重视历史与传统的韩国进行一次世界遗产巡游之旅吧！

首尔周边

首尔市内有两处世界遗产。从首尔去水原也比较便捷，乘坐电车1小时即可到达。如果想去江华岛，可以参加自选旅行项目。

1 昌德宫

p.74

1405年创建（1610年再建）　批准时间：1997年12月

昌德宫最初是作为离宫而修建的。景福宫因壬辰倭乱（日本的丰臣秀吉出兵朝鲜）被烧毁之后，昌德宫就被用作正宫约270年。正门敦化门是首尔最古老的双层构造门。

2 宗庙

p.75

1395年创建（1608年再建）　批准时间：1995年12月

宗庙是祭祀朝鲜王朝（1392~1910年）的历代国王和王妃的灵庙。庙里保留着色彩浓厚的基于儒教思想的传统，每年5月的第一个星期日，国王的子孙会在此举办宗庙大祭。

3 水原华城

p.121

1796年创建　批准时间：1997年12月

朝鲜王朝第22代国王正祖为将都城移至水原而兴建华城。原48座建筑中现存41座，连设计图都保留了下来。在朝鲜式城郭的研究领域里是极其珍贵的遗迹。

4 朝鲜王陵

1409~1966年间营造　批准时间：2009年6月

朝鲜王陵里安眠着统治过朝鲜王朝的历代国王及其王妃。朝鲜半岛共有42座王陵，其中40座位于韩国国内并已获批。这些王陵基本上都散布在首尔及其近郊。

5 高敞、和顺、江华的支石墓群

公元前1500~500年间营造　批准时间：2000年12月

支石墓即巨大的石头坟墓。朝鲜半岛是世界上支石墓留存最多的地区，仁川广域市的江华、全罗北道的高敞、全罗南道的和顺三个地区散布着1000多座支石墓。其中许多地方交通不便，因此很少有旅游团去参观。

南部地区

6 海印寺藏经版殿

p.151

1251年建成
藏经版殿是15世纪左右的建筑
批准时间：1995年12月

此处的大藏经是自1236年起花费16年时间在江华岛上制作的木版经典，字数达5000万字。获批的包括高丽八万大藏经及收藏此经的藏经版殿。

庆州周边

庆州曾是新罗的都城，整座城市都是珍贵的遗址。佛国寺和石窟庵于1995年获批成为世界遗产后，庆州市区和南山也于2000年获得了批准。

7 庆州历史遗址区 p.135

建造年代因遗址而异　批准时间：2000年12月

距今1300年前，新罗在此设立都城。市区内到处都散布着述说新罗历史的遗迹。庆州市南边的南山也有许多佛教遗迹，是“露天博物馆”。

8 佛国寺 p.138

535年创建（1974年再建）　批准时间：1995年12月

由金大城创建的寺院。是新罗的人们想象中的佛之国被形象化了的产物。现在的建筑多为1970年修复的。据说鼎盛时期的伽蓝的规模是现在的十倍。

9 石窟庵 p.140

751年创建　批准时间：1995年12月

与佛国寺一样，是由金大城兴建的。多数佛像雕刻都保存得极其完好，此遗迹的雕刻达到了韩国雕刻史的巅峰。

10 韩国历史村落 p.141 p.153

1500~1700年间建成　批准时间：2010年7月

朝鲜王朝时代的村落的风貌至今仍保留着，有安东市郊外的河回村和庆州市郊外的良洞村两处。河回村留存有约180座传统房屋，良洞村有约150座。

济州岛

济州岛是由海底火山喷发而形成的岛屿，岛上有丰富的火山创造的自然遗产，在全世界也是极为珍贵的。

11 济州火山岛与熔岩洞窟 p.190

白垩纪~第三纪　批准时间：2007年6月

此遗产包括因济州岛火山活动而生成的汉拿山国立公园和城山日出峰、拒文岳熔岩洞窟群三处。耸立在济州岛中央的汉拿山很受欢迎，可以悠闲自得地进行环山漫游。从山顶附近可眺望到美丽的火山湖白鹿潭。城山日出峰是由于海底火山喷发生成的，是一座突出于海上的城堡似的小山。从山顶上眺望日出是济州岛首屈一指的景致。拒文岳熔岩洞窟群是钟乳石等黏附在凝固的熔岩上形成的独特景观，现在向游客开放的是其中的万丈窟。

特产 韩国购买场所分类指南

你只要随便到店里走走瞧瞧，就会发现韩国的特产琳琅满目，可任意挑选。带着浓浓韩国味儿的特产摆得满满当当，从传统工艺品到泡菜、化妆品等，五花八门的商品让人不知该买什么好。去韩国之前先看看这一页上介绍的特产吧！到了当地你就知道要买些什么了。

仁寺洞

仁寺洞 (p.70) 是特产店的天下。有很多价格在2000~3000韩元的小商品，最适合作为送给亲朋好友的礼物。出售的商品每个店里都差不多，不过有时也能淘到一些难得的好东西。

假面具

这种假面具是高丽时代流传下来的，小的约7000韩元，专门的工艺品最低也要10万韩元。

包

在仁寺洞的“我们的世界”(p.95) 出售的麻质布袋，8.5万韩元。亮点是包上的韩国传统线绳。

钥匙链

玻璃制的小辣椒形状，很可爱。除了辣椒还有许多样式。1500韩元。

传统颜色的荷包

仁寺洞的标志性小特产就是这种韩国传统颜色的荷包。有各种尺寸，最低价1500韩元。手掌大的是3000韩元，内装唇膏的是2500韩元。也有一款多色的套装荷包。

团扇、折扇

团扇多为韩纸做的，也有布料的。小巧玲珑，拿在手里方便又舒服。2500韩元。

送礼小贴士

将糖果点心装进荷包里就成了一件别出心裁的小礼物了。糖果点心的最佳选择是1个1000韩元左右的传统点心和百货店里出售的散装糖果。

韩纸小盒

盒子的颜色雅致细腻，精美得让人舍不得使用。手感也很好，质量上乘。一个1.2万韩元。

市场

在南大门市场等市场里，与其购买向游客出售的泡菜和海苔，倒不如买些当地日常使用的生活杂货做礼物更具特色。走进市场中央的几栋主要建筑物里，进行一次寻找特产的冒险吧！

餐具

南大门市场里有许多批发餐具的零售店，比市场价便宜20%~30%。很多餐具的造型与中国有些许不同，看着也觉得很有趣。

搓澡用品

这种搓澡用品在中国也有售。这里出售的质量很好，对皮肤的刺激恰到好处，用起来很舒服。搓澡毛巾1700韩元，搓澡手套600韩元。

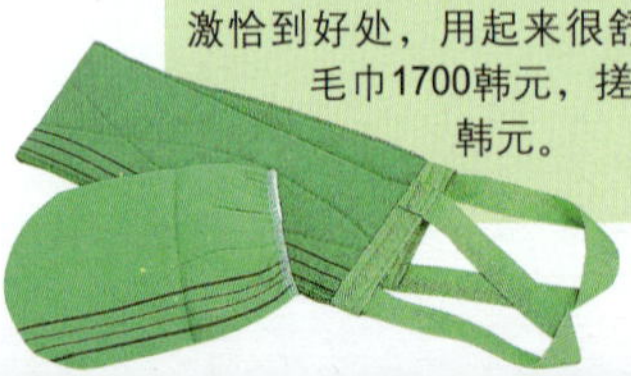

传统茶

这种传统茶不太像茶，反而更类似于果酱。加入热开水或冷开水搅拌，就做成一杯香甜的饮品了。柚子茶（左）和梅子茶（右）各8000韩元。

化妆品店

街上的化妆品店数不胜数，里面的小件化妆品多如牛毛，价格均在人民币七八块钱。最近质量也越来越好了，很容易勾起人的购买欲，忍不住要疯狂购买，这一点可得控制好哦！

高丽人参面膜

此面膜含丰富的高丽人参6年根“红参”的药用成分，单片装1500韩元。

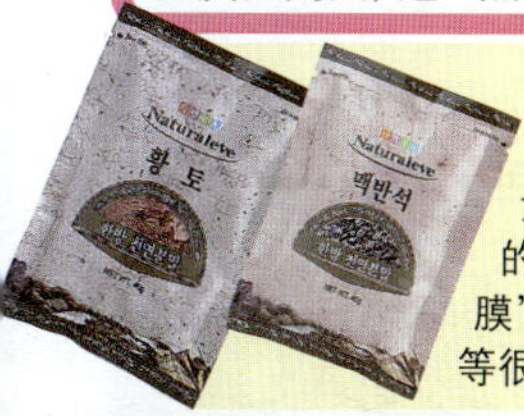

袋装一次性面膜

此面膜溶于水使用，分量只够用一次。“自然美人”的“黄土面膜”和“麦饭石面膜”各300韩元。还有芳香面膜等很多种类，最低300韩元。

沐浴盐

此沐浴盐是用韩国产的矿物质盐制成的，具有很好的暖身功效，6500韩元。

指甲油

店门前堆积如山的指甲油，各种颜色都有，每一瓶都是700韩元。可以大量购买拿去分送，也可以买多种颜色自己尝试。

竹盐牙膏

在加热9次制成的竹盐里配入氟和维生素E，2750韩元。竹盐可强化牙龈，帮助预防牙周病。

百货店

百货店也是特产的宝库。主要出售食品，不过其他商品也一应俱全，价格也实惠。食品可以试吃，建议实地品尝之后再挑喜欢的买回去。

明太子

醇正的辣味极具人气。韩国国产明太子较贵，400克需3万韩元以上。俄罗斯产的进口明太子较便宜，3个装200克的是1万韩元起。

方便面

韩国是亚洲的方便面大国，袋装方便面尤其美味，价格约600韩元。盒装方便面最低800韩元。

糖果点心

糖果点心也是必买特产之一。对味道要求较高的，推荐买乐天百货的奶油饼干“Binch”，1200韩元左右。

泡菜

泡菜（p.21）是必买特产。卖场里有很多泡菜摊位，摊主之间竞争激烈，因此价格也很便宜。若想拿去送人，买包装好的80克的10袋装比较合算。

海苔

每小袋5克、16小袋一包的是6000韩元左右。也有现场烤制好后直接出售的。

辣椒酱

有管装辣椒酱，用起来很方便。小罐子装的原来是郊游时用的，但现在已经成为固定的送礼特产了。

烧酒

纸盒包装的烧酒“真露”易于携带，最适合作为送礼特产。980韩元。

芝麻油

韩国的芝麻油很醇香，110毫升的小瓶装仅需3500韩元左右。

你不可不知的近邻韩国

豪华单间卧铺列车“海浪(Haerang)”之旅

“海浪”的鲜明特征为深蓝色的车身

2009年11月，韩国铁路运输史上首次出现了豪华单间卧铺列车“海浪(Haerang)(韩语发音)”。该列车是“旅游观光列车”，在韩国各地的名胜景点之间运行。虽然车票价格不菲，但还是令人忍不住想乘坐一次。

关于“Haerang”

“Haerang”是造词，韩语里的意思是“与太阳一起”。此列车名源自“与太阳一起驰骋韩国的美丽山河”的理念。列车由8节车厢组成，包括卫浴设施齐全的卧铺单间、餐厅和咖啡厅车厢，以及娱乐休闲车厢。全车23间单间，定员仅54人。其特色是每节车厢只有2~3间单间，设备十分豪华。

豪华列车的魅力

韩国三天两夜列车游

列车的运行模式是从首尔站出发，环绕各观光地一圈后再回到首尔站。截止到2011年3月，列车实行两种运行路线，一种是星期二到星期四运行的三天两夜路线，另一种是星期六、日运行的两天一夜路线。三天两夜路线带游客转遍整个韩国最值得一去的名胜，实为大饱眼福之旅。运行路线会随季节变化，不过，列车开到一些令人十分神往的景点时会减速慢行，例如世界文化遗产佛国寺(p.138)和获吉尼斯世界纪录的“世界上离海最近的车站”——正东津站(日出)等。车内免费提供饮料和水果，还配备了会说外语的乘务员，外国游客可放心乘坐。旅游咨询电话：02 1330(有中文)

正东津站的日出

客房的种类

列车由8节车厢组成，客房有3种：两人住的甜蜜套间（3间）和豪华套间（12间）、三人住的家庭套间（8间）。4号车厢是餐厅和咖啡厅车厢，5号车厢为供旅客自由休息的娱乐休闲车厢。

甜蜜套间

配备有双人大床，全套沙发、桌子和26寸电视机。

豪华套间

标准客房。双人床，除了没有全套沙发之外，其他配置与甜蜜套间相同。

家庭套间

双层架子床，其他配置与豪华套间相同。定员2~3人。

首尔

S e o u l

交通

●从中国飞往首尔

从首都机场乘坐约需2小时10分钟。从虹桥机场乘坐约需1小时45分钟。此外，国内还有多个机场有直飞首尔的航班。

●从韩国主要城市前往首尔的交通

从釜山乘坐高速列车KTX约需2小时40分钟。

从新庆州站乘坐高速列车KTX约需2小时。

从济州岛乘飞机约需1小时5分钟。

朝鲜王朝的正宫景福宫的兴礼门

韩国的首都首尔位于朝鲜半岛的中央，是亚洲屈指可数的大城市。韩国总人口为4860万人，其中约1000万人生活在首尔。

看点
- 景福宫 ●●●
- 昌德宫 ●●●
- 南大门、东大门市场 ●●●
- 首尔塔 ●●

如何去首尔

巴士 从仁川国际机场到首尔市内约1小时。
高速列车 从釜山到首尔站约2小时40分钟。
飞机 从济州岛到金浦国际机场约1小时5分钟。

旅游信息中心

韩国旅游局旅游信息中心 9:00~20:00 无休
另外，首尔市内各处都设有咨询处。

首尔 서울

S E O U L

地图 p.6-B

城市概况 about SEOUL

韩国首都首尔位于朝鲜半岛偏中央的肥沃平原上，韩国第二大河汉江自东向西流过平原。首尔是个人口超过1000万的大城市，韩国全国人口的将近20%都生活在这里。

首尔至今已有两千多年历史。公元前18年，百济的温祚王在汉江流域定都，从那之后的400多年里，此地繁荣发展。这一都城的具体位置至今尚不清楚，但其中一个有力说法是位于现在的奥林匹克公园附近。据说，作为汉语保留至今的“汉城”这个地名是百济的沸流王时代制定的。但到了公元5世纪，汉城就被高句丽攻陷了。

新罗统一全国后，把都城移到了庆州，并将汉城改为汉阳。高丽时代以开京（现在的开城）为都，不过据说当时的统治者曾多次尝试过将都城迁往汉阳。

1392年，李成桂建立了朝鲜王朝，为了唤起民众的信心而迁都汉阳，再次将名称改回汉城。从16世纪末起，汉城多次遭到战争的破坏，不过花了一百余年便恢复了原状，18世纪中期迎来了英祖时代的全盛期。

到了19世纪，汉城受到列强侵略，1910年被日本攻占，度过了一段多灾多难的时期。1945年日本投降后不久，汉城改名为首尔，成为大韩民国的首都。曾多次遭到侵略的首尔从这段历史中把握住了珍惜、保护自己独特文化的机遇，在21世纪的今天，首尔各处正重现出朝鲜王朝时代的风采。

滔滔流淌的汉江

明洞的时尚大厦是年轻人的聚集地

城市亮点 Highlight

首尔的两张面孔

首尔有两张面孔，一张面孔是朝鲜王朝时代的历史之都，另一张面孔是亚洲屈指可数的现代大都市。

汉江流过首尔的偏中心地带，其北侧从朝鲜王朝时代起就一直是国都所在地，保留着许多历史遗迹。其中的代表遗迹就是景福宫和昌德宫等王宫。由于历史上多次战争的破坏，首尔失去了大量珍贵的历史建筑。不过，当地现在正开展正规的史迹复原工作，尽量还原昔日的风貌。

博物馆数量多也是首尔的特点之一。国立中央博物馆、国立民俗博物馆、战争纪念馆等，在这些设施里可以了解韩国的历史和文化。

首尔的美景也不能错过哦！首尔塔耸

立在首尔市中央地带的南山山顶上，可以在海拔380米的高处眺望整个首尔市。远远望着悠悠流淌于现代化高楼大厦之间的汉江，会让人感受到这个被大河孕育出来的都城的历史气息。

另外，在首尔最大的乐趣就是逛街了。年轻人文化的发源地明洞、洋溢着浓厚传统气息的仁寺洞、让人体会到一个国际化首尔的梨泰院、有影响力的学生街新村、梨大等，每一条街都有其独特的一面。一边吃着美味的韩国料理，一边漫步于似曾相识的街道上，你一定会对这个邻国心生一股亲切之感。

熙熙攘攘的南大门市场

市内各个区域的特点请参照p.34的“转转首尔市”。

交通方式

王宫等旅游景点集中在首尔市中心及光化门周围，有些景点也可以步行去，但首尔街上的人行横道很少，所以即使有些地方在地图上看觉得很近，实际上却常常比预料中要花费更多的时间才能到达。出租车（参照p.66）数量多且车费便宜，建议尽量以搭乘出租车作为基本的出行方式。除了深夜之外，出租车一般不会拒绝搭载短途乘客。模范出租车的服务较好。如果你是自由行动派，那么不妨乘坐地铁（参照p.62），可以体验新鲜的趣味。15条地铁线路如同一张蜘蛛网布满首尔，只要不是太偏僻的地方，乘地铁基本上都能到达。站名和出口的指示牌上多有汉字，有点儿类似于国内的地铁。公交车也很多，但大都用韩文标示，很少有汉字和英文，因此不推荐乘坐公交车。

仁寺洞的街头画家在画肖像画

摄影秘诀

在首尔能随便拍照吗？

原则上，由于韩国国家治安方面的规定，首尔是禁止在机场、地铁站以及从高处拍照或摄影的，但首尔塔这类的观光旅游场所不在禁止范围内。不过，军事机构和正在办公的军人是绝对禁止拍摄的。

要拍摄别人的时候，最好事先征求一下对方的意见

小贴士

韩国旅游发展局旅游信息中心

乐天酒店首尔分店的北侧，韩国旅游发展局本部大楼的地下，设有韩国最大的旅游咨询处——旅游信息中心。那里备有首尔市内观光地图及各种各样的信息小册子，会说外语的工作人员能解决外国游客的各种问题和需求。该中心还展示和出售韩国无形文化遗产持有者制作的作品，还有与韩流明星等身大小的照片等。也有免费网络咨询台，可以预先将网址记下来。

如果在市内漫游时想知道关于旅游的信息，可以用公用电话或手机直接拨打1330这个号码，24小时都有中文服务。迷路或与导游失去联系时拨打咨询热线也比较方便。

地图p.48-B
● 地铁2号线202乙支路入口站2号出口，步行3分钟
● 9:00~20:00　无休　☎1330
※上网最好不要超过1小时

中心内有与艺人等身大小的模型和本人的手印

自由观光时，如果遇到困难请立刻到这里来

第一眼印象

转转首尔市

首尔有许多繁华的街道，想用三天就把所有地方逛遍是完全不可能的。因此考虑好自己最想看的风景以及最想做的事之后，再决定去哪些地方吧！除了本页之外，还可以参考p.36的“畅享自由行”，来制订一个最适合自己的计划吧！

1 光化门、钟路 p.78

传承朝鲜王朝的文化

现代与传统共存

光化门作为地名，是指从景福宫到市政府前广场的大街周围一带。其附近留存着朝鲜王朝时代的王宫（p.72~77），可以探访历史遗迹。钟路是延伸向东西方向的繁华大街，傍晚时会摆出路边摊。

2 新村、梨大 p.82

街上总是挤满学生

关键词：“超级廉价”

新村延世大学前面的学生街，街上有许多价廉味美的猪肉和鸡肉料理店。旁边的梨大是名校梨花女子大学周围的繁华街，那里聚集了女生专属的可爱杂货店和小商店。如果想淘“超级廉价”的东西，那就不能错过这里。

3 弘大周边 p.83

置身于艺术的氛围之中

弘大的艺术自由市场

弘大是以美术系闻名的弘益大学的学生街，也是年轻人的文化双面街，白天为展示艺术的一面，夜晚则换上俱乐部的一面。周六还有艺术家开办的自由市场。想了解韩国新锐文化的游客可以到这里看看。

4 南大门市场 p.98

韩国市场的最佳参观地

喧闹的环境充满亚洲风情

这是韩国最古老的综合市场，有着400多年的历史，热闹拥挤。这里有很多眼镜店。

5 汝矣岛 p.83

眺望韩国母亲河汉江的美景

可乘汉江游览船进行一次闲适之旅

汝矣岛是坐落于汉江上的人工岛，如今已成为商业办公街，国会议事堂和KBS广播电视局等都设在岛上。可以从大韩生命63大楼和汉江市民公园眺望悠悠流淌的汉江。

士兵和普通的年轻人

市场上的中药材

6 明洞 p.68

首尔最大的繁华街道

明洞是服装店、化妆品店和餐厅等的集中地，感觉很像北京的王府井。到了傍晚，各种各样的杂货小摊会摆出来，十分热闹。其北侧还留着日本统治时代的建筑物。

在明洞可以了解首尔的时代脉搏

7 仁寺洞 p.70

街巷的后面也饶有情调

感受传统气息

这一角聚集了出售李氏王朝风格的家具、韩纸、陶瓷器和茶具等商店。这条街原本是古董店聚集之处，但近几年来新增了不少传统料理店和传统茶店。要想寻礼物找特产，来这里最合适了。

8 梨泰院 p.80

常有欧美人出入的国际街

梨泰院在驻韩美军基地的附近，是外国人聚集地。那里有许多可量身定做的皮衣店，也有远近闻名的烤肉店。也是一条购物街，酒吧更是数不胜数。

有很多英文广告牌

9 大学路 p.79

年轻人之街

大学路原为首尔大学所在地，现在是一条文化艺术街，有很多迷你剧场。周日在马洛尼埃公园里可以欣赏到艺人们的表演。

文化之街

10 东大门市场 p.100

体验激情首尔

是个综合市场，有以年轻人为中心的时尚大厦。深夜的时候最热闹，商家乘坐大型巴士从韩国各地来到这里批发商品。与南大门市场形成鲜明对比，现代气息浓厚。

不夜城市场

11 狎鸥亭洞 p.84

流行发源地

狎鸥亭洞是位于汉江南部的高级繁华街。有名牌专卖店地段，Prada和Gucci等的专卖店鳞次栉比；也有集中了种类繁杂的服装店的罗德奥时装街。汉江南部一带总称为江南，许多最新流行趋势都是从那里起源的，如COEX Mall（p.84）和乐天世界（p.84）等。

百货店

最新的约会地点

畅享自由行 enjoy Freetime “第二天”的计划

很多首尔旅游项目中都有不少自由活动时间，例如，三天两夜的旅行中，第二天一般都由游客自由支配。在旅游目的地，一天总是要比想象中过得快，因此事先制订好出行计划是很重要的。

可以尽情地在韩剧外景地游玩（中央高中）

如何为自己量身制订旅游计划

首尔有丰富的配备外语导游的自选旅游项目，还可以到了那里再报名参加（p.42）。不过，好不容易有了自由活动时间，很多人应该都想自己安排这些时间吧！为了充分利用自由时间，最重要的是制订好计划。参考以下这几点提醒，为自己量身制订计划吧！

1 游览地一日不超过5处

首尔值得一看的景点相对集中在市中心，制订计划时很容易眼高手低，这里也想去那里也想去。但是，身处语言不通的韩国，从一个景点到另一个景点实际上比想象中要费更大的工夫，因此行程最好不要安排得太满。建议一天游览3~4个地方，最多也不能超过5处。

2 以乘坐出租车为基本交通方式

在首尔市内游走，最好乘坐出租车，而且尽量乘坐模范车（p.66）。地铁的站名在车票上会用汉字标明，这一点比较方便，但售票处的路线图是用韩文标记的，第一次乘地铁时会有些不知所措。特别是游览王宫的时候，乘地铁去还不如步行去。

3 上午去景点，下午去逛街

明洞、仁寺洞等繁华街道及南大门市场等市场，一般下午去逛比较好。上午人少，去了也感受不到原有的热闹与繁华。建议上午去游览景点，下午享受逛街的乐趣。免税店上午去客人较少，可以慢慢逛。

4 事先确认好营业或开放时间

现在，全年无休的店越来越多，博物馆等场所原则上是周一闭馆。王宫等景点，不同的场馆休息日也不同，有周一休的，也有周二休的。另外，很多场馆在开放时间结束前约1小时就停止入场了，有些地方在11月~次年2月期间，营业时间会变短。

5 做好出发前的准备

出发前，最好到酒店前台处让工作人员用韩文把目的地地名或建筑物的名称写下来，随身携带。即使是著名景点，也不一定都有懂外语的导游或工作人员。不要忘记带上居住的酒店的联系方式，迷路时向出租车司机出示即可。

6 遇到困难时找导游或拨打1330

在语言不通的外国，迷路的情况也时有发生。一定要先记下当地导游的电话号码。自由活动时如果遇到困难或问题就直接拨打1330，韩国旅游局的工作人员24小时都能用中文接听答疑。

每个景点都设有的咨询处

充分利用街上的旅游咨询处

除了p.33介绍的韩国旅游局旅游信息中心之外，首尔市内到处都有旅游咨询处，而且都备有首尔市最新地图、游览手册及旅游通票，建议大家充分利用这些资源。很多工作人员都不太会说外语，如果想了解具体情况，最好还是拨打1330。

游览主题七大关键词

制订计划的时候，首先看看自己想进行什么样的旅行、想在韩国看些什么，然后列出一份主题单吧！如果想做的事情很多，那就排出个先后顺序，接着挑选与之相应的地方。再进一步筛选出自己一定要去的地方，制订一个大概的计划。没有明确目标的人可以参考一下这一页，找找自己感兴趣的主题。

以逛市场为主

团体旅游项目中一般会包括参观南大门市场（p.98）或东大门市场（p.100），自由活动时如果还想逛市场，可以去充满韩国市井气息的京东市场（p.102）看看。南大门和东大门带着旅游观光市场的色彩，但在京东，你可以看到与过去市井人家的厨房密切相关的市场的风貌。需要提醒的是，那里还有狗肉市场，由于饮食差异，有些人看了可能会非常难以接受。

京东市场

以体验韩国现代气息为主

可以逛逛下午4点以后的明洞、周日狎鸥亭洞的罗德奥街（p.84），也可以随时到东大门市场西区（p.100）去散散步。这些地方通常都挤满了年轻人，只看看露天小店、小摊子和街头宣传活动也是很有趣的。还可以到周日大学路的马洛尼埃公园（p.79）和周六、周日弘大的艺术自由市场（p.83）转转，欣赏一下艺术文化，也不失为一件乐事。

热闹喧哗的明洞

以了解韩国历史为主

参观首尔历史博物馆（p.78）、国立中央博物馆（p.81）和乐天世界民俗博物馆（p.85），来一次博物馆之旅也不错。国立中央博物馆有很多有价值的文物；乐天世界民俗博物馆比较通俗易懂；想具体了解韩国民俗文化的可以去国立民俗博物馆（p.73）；对朝鲜王朝和日本统治时代感兴趣的可以去首尔历史博物馆。

首尔历史博物馆

以巡游世界文化遗产为主

位于首尔市内的世界文化遗产有昌德宫（p.74）和宗庙（p.75）两处。首尔郊外的水原华城（p.121）也不容错过。昌德宫将朝鲜王朝王宫的风韵雅致保存得最好；宗庙是祭祀朝鲜王朝历代国王的地方。另外，过去的城郭在首尔几乎所剩无几了，不过水原华城里还保留着基本完好的朝鲜式城郭。

世界文化遗产——宗庙

以游览外景地为主

如果想探访《冬季恋歌》、《美丽的日子》等韩剧的外景地，并想尽可能多游览一些地方，可以去参加自选旅游项目。若不跟团去也有好处，就是可以体验寻找外景地的乐趣。首尔市内的外景地没有指示牌之类的东西，因此不要以为去了总能找到，实际上往往会迷路。一定要预先查清楚了再去。

在《美丽的日子》里出现过的明洞教堂

以感受传统文化为主

可以优哉游哉地到周末的仁寺洞（p.70）漫步。到仁寺洞北侧的北村（p.79）可以走走朝鲜王朝时代的街道。夜晚可在贞洞剧场（p.24）欣赏丰富多彩的传统文化公演。若想在短时间内观看各种各样的传统表演，还可到忠武路的“韩国之家”（p.24）去。

周末的仁寺洞一片欢乐

1日游

推荐路线1

世界文化遗产之旅

水原华城的长安门

此行可谓贪婪之旅，仅用一天就可游遍首尔市内和郊外的三处世界文化遗产，甚至还能品尝到著名的水原烤肉。需要注意的是，昌德宫周一不开放，宗庙周二不开放。要是觉得水原太远不想去，那么也可以从宗庙直接去昌庆宫（p.75）游览。

- **9:40 宗庙（世界遗产）** p.75
- → 出租车5分钟
- **11:00 昌德宫（世界遗产）** p.74
- → 步行15分钟或出租车5分钟
- **13:00 仁寺洞** p.70
- → 地铁1小时
- **15:30 水原华城（世界遗产）** p.121
- → 出租车10分钟
- **18:00 水原烤肉** p.121

宗庙除了星期六之外，其他时间都是带解说导览的团体参观。树木环绕的宗庙正殿在早晨时气氛极其庄严。

在首尔的多座王宫之中，昌德宫也算是将朝鲜王朝时代的风貌保存得十分好的宫殿。到可以自由参观的地方慢慢参观吧！

在仁寺洞吃个简便的午餐，然后在钟阁站乘坐地铁1号线。注意乘坐的方向是往水原和天安的，而不是仁川方向。

从水原站乘出租车到八达门。可以沿着不太高的八达山走到长安门，进行一次徒步小旅行。

品尝著名的水原烤肉。晚上20点左右到水原站乘地铁，22点即可回到首尔的酒店。注意时间，不要太晚回去。

1日游

推荐路线2

了解韩国的历史

昌德宫宙合楼

用一天时间走访位于首尔中心地带的王宫和博物馆，主要了解朝鲜王朝时代以及之后的韩国历史文化。下午可以去仁寺洞和首尔历史博物馆，也可以参观位于龙山游乐健身综合设施内的国立中央博物馆（p.81）。国立博物馆即使花费一整天也值得。

- **9:00 景福宫** p.72
- → 步行5分钟（宫内）
- **10:00 国立民俗博物馆** p.73
- → 出租车5分钟
- **11:30 仁寺洞** p.70
- → 出租车5分钟
- **13:00 昌德宫** p.74
- → 出租车10分钟
- **16:30 首尔历史博物馆** p.78

此行的起点是朝鲜王朝的正宫——景福宫。很多建筑都恢复了原貌，可充分观赏壮丽而独特的朝鲜式建筑。

在此博物馆中可了解韩国人的民俗文化和节日活动及仪式等。馆内有大量资料介绍和导览，可以学到一些有用的韩国文化。

在仁寺洞吃个午餐。昌德宫的后苑团体特别参观项目的时刻是固定的，所以趁早出发吧！

在昌德宫里可亲身感受朝鲜王朝的气息。中午，参观的人比较少，可以慢慢参观。

晚上很晚才闭馆，可以不必担心时间，慢慢参观。

1日游 推荐路线3

逛逛多姿多彩的市场

鹭梁津水产市场

首尔的市场各不相同，都有自己独特的一面。此路线用一天时间即可逛遍首尔市内具有代表性的4个市场。若选择此路线，早上需早起，时间上比较充裕，所以途中还可空出一些时间逛免税店购物以及享用韩国客饭等美食。

- 8:00 鹭梁津水产市场 p.103
- → 地铁20分钟
- 11:30 南大门市场 p.98
- → 地铁5分钟
- 13:30 明洞 p.68
- → 出租车20分钟
- 16:00 京东市场 p.102
- → 出租车10分钟
- 20:00 东大门市场 p.100

如果想看朝气蓬勃的鱼市，还是得赶早。拍卖是在黎明进行，不过整个上午都能感受到鱼市里独特的气氛。

逛完鹭梁津之后直接去南大门，那时街上人还不多，正好可以到首尔站附近休息片刻。

在明洞吃个午餐。推荐饭后到乐天百货店逛逛，看看韩国流行趋势的最前沿。百货店里也有免税店。

从充满都市氛围的明洞一下子来到市井气息浓厚的传统市场——京东市场。中药药材、食品和家禽等在摊子上一字排开，数量之多令人咋舌。

可以先到明洞或仁寺洞吃晚餐。传统与现代交错并存的东大门市场从晚上21点左右才进入真正的热闹状态。23点即可回酒店。

半日游 推荐路线4

小探首尔的年轻人文化

梨大的小店一条街

此路线仅限于周末。用半天时间与首尔的年轻人文化进行一次悠闲的亲密接触吧！推荐地点有年轻艺人聚集的大学路和弘大、最新时尚小店鳞次栉比的明洞、女大学生专属的可爱店铺集中的梨大等。可在新村的烤猪肉店享用愉快的晚餐，即便宜又美味。

- 12:00 大学路 p.79
- → 出租车15分钟
- 14:00 明洞 p.68
- → 出租车15分钟
- 16:00 弘大 p.83
- → 出租车5分钟
- 18:00 梨大 p.82

周日的大学路和马洛尼埃公园里的街头表演非常多，如著名的“吉他大叔”等。不少年轻人剧团来这里进行宣传。感觉就像置身于艺术的天堂。

下午的明洞人山人海，热闹繁华至极。在明洞吃个午餐，然后四处逛逛化妆品店和路边小摊。还可以到乐天百货店里享受购物时光。

弘益大学正门前的公园里每周都会举办艺术自由市场，从15点左右到日落的一段时间里最为热闹。到了傍晚，俱乐部的霓虹灯到处闪烁，年轻人三五成群地出动。

梨花女子大学正门附近的街上满是各种各样的小店，小店里摆满了原创风格的小商品。还有很多学生在店里打工。

8小时游　推荐路线5

饱览首尔的夜景

东大门市场热闹的深夜

首尔是座有山有水的都市，南山与汉江赋予了首尔丰富多彩的表情。首尔夜景的美在世界上也是屈指可数的。其亮点不只是流光溢彩的霓虹灯，夜色中的南山和汉江也是点睛之笔。山上、河边、市场都可以眺望夜景，好好享受首尔之夜吧！

18:00 大韩生命63大楼 p.83

→ 步行10分钟

19:30 汉江游览船 p.85

→ 出租车30分钟

22:00 N首尔塔 p.80

→ 出租车10分钟

0:00 东大门市场 p.100

在耸立于汝矣岛的大韩生命63大楼的眺望台上，可以眺望傍晚的汉江。夏天，首尔的天空要到快20点之后才暗下去，如果想看傍晚的景色，建议选择4~5月或9~10月去旅游。

在傍晚夜幕即将降临之时乘坐汉江的夜间游览船。宽阔的汉江上，耳畔萦绕着现场演奏的钢琴声和爵士乐，两岸的车灯形成长长的光列，首尔塔在远处闪耀，景象如梦如幻。

N首尔塔营业到夜里23点。从明洞乘坐缆车前往首尔塔，从空中看到的夜景更是美不胜收。繁华街道的霓虹灯逐渐远去。汉江看上去就像一条黑亮的缎带，散发着蓬勃的生气。

在首尔塔眺望夜景之后，若觉得累了，也可以直接回去休息，不过要想体验“首尔的夜之风景”，东大门市场热闹的夜市是不容错过的。零点左右，市场东侧地段的热闹情景不可不看。

5小时游　推荐路线6

漫步传统街道

北村的传统房屋

由于城市的重建，首尔的古老街巷正逐渐消失。不过，仁寺洞周围被王宫环绕的地区内至今仍保留着朝鲜王朝末期的房屋建筑。这片区域也用做电视剧的外景地。到这里悠闲地漫步吧！

13:00 中央高中 p.11

→ 步行10分钟

14:00 北村 p.79

→ 步行10分钟

15:00 仁寺洞 p.70

→ 出租车15分钟

17:00 三清阁 p.24

中央高中是一所历史悠久的名校，从地铁安国站出来后步行10分钟即可到达。在《冬季恋歌》中用做春川第一高中的外景地。周日可以进入校园里参观，不过最好不要随便进入建筑物中去。

北村留存着朝鲜王朝时代末期的大量住宅，可以在那里信步而行，到处看看。周围新增了不少咖啡店。正读图书馆前面的古老街区有一种古典氛围，令人怀旧。

从安国洞环岛前往仁寺洞。累了可以到小巷里的传统茶专卖店里小憩一会儿。东侧大路的整片地带里保留的古老房屋正因为城市重建而慢慢消失。

三清阁位于北村再往北的北岳山麓，可乘出租车到达。可以观赏传统公演，也可以一边眺望傍晚的首尔，一边品味传统茶。那里还有韩式快餐厅。

4小时游

推荐路线7

漫游清溪川

五间水桥的美丽喷泉

清溪川位于首尔市中心，经过整治后恢复了原貌。清澈的河水流淌了5.4公里，从光化门的清溪广场一直延伸到清溪川文化馆。小河里水草生长，鱼类栖息，生机盎然。在河边信步，悠闲惬意，同时还能顺道逛逛沿途的仁寺洞和东大门市场等景点。

10:00 清溪广场 → 步行20分钟 → 10:20 广通桥 → 步行40分钟 → 11:30 五间水桥 → 步行40分钟 → 13:00 桥身遗址 → 步行30分钟 → 13:30 清溪川文化馆

清溪广场：清溪川漫步的起点是光化门十字路口的清溪广场。一天的水流量约6万吨，夜晚华灯初上时非常美丽。

广通桥：广通桥是清溪川上的22座桥中最大的一座。桥身上刻着朝鲜王朝时代的文字，具有很高的学术价值。此桥原本位于明洞与钟阁之间。

五间水桥：五间水桥位于东大门市场的十字路口。时尚广场里有喷泉，有时还会举行文化公演。

桥身遗址：这里在2003年之前曾有一座高架桥，如今只剩三座桥墩。给人些许遗址的感觉。

清溪川文化馆：这家常设展示馆向人们介绍了清溪川的历史和城市的发展历程。1楼设有咖啡厅，走累了可以进去休息。返程可乘坐出租车。

小贴士

逛街时的休息场所

随处可见的快餐店

在街上走累了，想歇歇脚的时候，最佳选择就是到快餐店里去。在韩国的街上，麦当劳、乐天利等快餐店随处可见，完全不愁没有休息的地方。鲜堡（Freshness Burger，日本快餐连锁店）和汉堡王在韩国也很有人气。这些快餐店里有不少店员都会说外语，不过菜单基本上与国内一样，指着上面的照片就可以点餐了，很方便。而且，可乐等冷饮只需付一杯的钱就能续杯，把杯子拿到柜台处，店员立刻就会往杯里加饮料。

也有很多星巴克的分店，菜单、价格及店内装修等都与国内的星巴克基本相同，可以放心地进去歇脚。

各个景点的休息场所

想在明洞消磨时间？Talent化妆品店前的小摊子会是个不错的选择。那里出售听装啤酒。如果想喝茶，明洞西侧有一条时尚街（Fashion Street），街上有Talent化妆品店等店铺，其周围商店的2楼有许多咖啡馆，咖啡的味道大多比较淡，不过花3000～4000韩元就可以坐在沙发上舒舒服服地休息了。

在梨泰院，汉密尔顿酒店（Hamilton Hotel）对面的Gecko's Terrace（地图p.55-C）是个不错的歇脚处。那里有许多欧美人，酒的种类繁多，而且很地道。

仁寺洞有很多传统茶店，店里也有酒，不怕找不到休息的地方。不过如果想找个会合地点，最显眼的就是那里的一家星巴克（地图p.53-F）。那是全世界唯一一家用韩语标示店名的星巴克，作为会合地点再合适不过了，一眼就能认出。

最近在首尔极受欢迎的是Krispy Kreme Doughnuts，这家甜甜圈店在美国很有人气。在韩国，不用排队就能享受到酥酥软软的甜甜圈了。

韩语星巴克招牌十分罕见

在明洞的小摊上也能喝到啤酒

导游的精彩讲解

如何活用自选旅游

自选旅游项目中集中了各种旅游路线，如首尔市内观光、巡游韩剧外景地、体验泡菜制作过程等。若能做到充分利用，即使在很短的日程里也能享受充实愉快的旅行。仔细看看旅游小册子，找出适合自己的旅游路线吧！

出发之后也能报名

首尔的自选旅游项目非常完备。韩国旅游的日程都很短，如果不跟团，想独自把景点一一游遍，将会花费大量时间，而且也很辛苦。自选旅游的费用是比较高，不过也不必因此敬而远之，考虑一下自己想在韩国进行什么样的旅游，并结合日程决定路线即可。要参加自选旅游，一般在国内报团时就应该有所计划了，但也可以到韩国之后通过带团的导游报名参加。另外，韩国当地酒店的大厅及旅游咨询处都备有许多当地旅行社提供的自选旅游项目的小册子。如果你喜欢自由行动，也可以自己报名参加。不管以哪种方式报名，旅游的时候一般都会有中文导游同行，因此不必担心语言方面的问题。

自选旅游的出行方式是乘坐巴士或面包车

提供自选旅游服务的韩国当地旅行社

- Good Morning Tour ☎02-757-1232
- YOUNG IL TOURS ☎02-730-1090
- COSMO.JIN TOUR ☎02-318-0345

（仅供参考）

哪个划算？在国内报名 VS 在韩国当地报名

自选旅游可以在国内旅行社或通过带团导游报名参加，也可以到韩国当地看了小册子之后直接报名参加，但是费用会有所不同。一般来说，在当地报名参加可能会比较实惠。不过需要记住的是，在国内旅行社报名有一个保险之处，就是万一发生纠纷，如事故之类的情况，游客比较容易与国内旅行社取得联系，并由旅行社做出妥善的处理。

韩国当地有很多外语自选旅游小册子

旅游费用

旅游内容	在韩国当地直接报名
《冬季恋歌》外景地之旅	7.9万韩元
板门店观光	7.7万韩元
乐天世界	6.2万韩元
个人导游（4小时）	10万韩元

此表仅供参考。

费用和内容因旅游时间和旅行社而异。1韩元约为0.0056元人民币（2011年11月19日）

旅游类型与人气路线

1) 巡游外景地

韩剧外景地分散在首尔市内和郊外，独自去游览十分费时费力。此旅游项目有首尔市内及其他地区等各种路线。

《原来是美男啊》半日游
9万韩元起　5小时

游览首尔中心区的外景拍摄地。

《冬季恋歌》春川和南怡岛
7.9万韩元起　10小时

参观在剧中出现的春川周围的外景地；品尝烤鸡肉。

2) 夜景之旅

尤其需注意的是，若想夜晚游览东大门市场，返程的交通方式不方便，治安方面存在不安全因素，因此最好跟团行动。

N首尔塔和东大门市场
7.5万韩元起　4小时30分

眺望首尔夜景，在东大门市场（p.100）感受夜市的热闹。

大韩生命63大楼和汉江夜间游览船
7.9万韩元起　4小时

乘汉江游览船（p.85）、登63大楼（p.83），饱览夜景。

3) 美容护理体验之旅

去美容店享受美容护肤，并体验韩国传统的泡菜制作过程。个人报名比较麻烦。

体验汗蒸幕和韩式美容
8.2万韩元起　2小时30分

充分享受韩国传统桑拿“汗蒸幕”和美容护理（p.104）。

体验泡菜制作过程
7.6万韩元起　3小时

跟着韩国主妇学习泡菜腌渍法，并亲自操作。

4) 首尔市内观光

此项常常被编入团体旅游中，可以迅速而简便地了解城市的概况。遇到喜欢的地方还可以单独再来。

首尔市内半日游
3.8万韩元起　3小时30分

上午的半日游是参观景福宫（p.72），下午以昌德宫（p.74）为中心进行参观。

首尔市内一日游
8万韩元起（包括早餐）　8小时

用一天时间大致浏览首尔的名胜景点。

5) 娱乐之旅

探访赌场、乐天世界等首尔郊外的景点。这一项目与其说是导游，倒更像接送服务。

乐天世界
6.2万韩元起　约3小时

游览首尔具有代表性的主题公园（p.84）。

贞洞剧场
4.5万韩元　2小时

细细观赏韩国传统艺术的殿堂“贞洞剧场”（p.24）的常设公演。

首 尔
Seoul
0
2km
N
北汉山国立公园
Bukhansan National Park
卍僧伽寺
延新内
独岩
西部市外巴士客运站
佛光
龟山
北岳隧道
驿村
花田洞
A
B
鹰岩
西部警察局
城北洞
恩平区
Eunpyeong-gu
碌磻
弘智洞
北岳山
342
三清阁 p.24
钟路区
Jongno-gu
新寺
京义线
首尔希尔顿大酒店（Grand Hilton Seoul）
弘济
地铁3号线
p.90 三清洞面片餐厅
青瓦台
缘分
咖啡厅 p.93
水色洞
绘山
西大门区
Seodaemun-gu
内部环路
光化门 p.78
Gwanghwamun
仁寺洞 p.70
Insa-dong
毋岳斋
水色
数码媒体城
世界杯体育场（城山）
独立门
上岩洞
天空公园
（Sky Park）
p.82 西大门监狱历史馆
独立门 p.82
加佐
KORAIL机场铁路
钟路 p.78
Jongno
p.82 首尔世界杯体育场
Worldcup Stadium
明洞 p.68
延世大学
梨花女子大学
Myeong-dong
麻浦区
Mapo-gu
麻浦区政府
梨大
阿岘
明洞
弘大入口
新村
新村、梨大 p.82
南山公园
Namsan Park
望远
弘益大学
Sinchon · Ewha
西江大学
E
上水
儿岭
F
合井
上水洞
广兴仓
大兴
P.46～47
新木洞
仙游岛
杨花大桥
孔德
P.54
p.114 最佳西方第一花园酒店
麻浦
南营
战争纪念馆 p.81
仙游岛
孝昌公园
梨泰院 p.80
P.60
Itaewon
木洞
汝矣岛 p.83
麻浦大桥
龙山电子商业街
三角地
绿莎坪
梨泰院
木洞综合
运动场
堂山
Yeouido
龙山
国会议事堂
元晓大桥
p.106
龙室水疗馆
杨坪
永登浦区政府
龙山区
Yongsan-gu
国立中央博物馆 p.81
永登浦市场
二村
永登浦区政府
Yeongdeungpo-gu
新吉
汉流
汉江大桥
文来
二村
西冰库
新吉
盘浦大桥
地铁2号线
永登浦
大方
鹭梁津
铜雀区
Dongjak-gu
鹭得
地铁9号线
新道林
黑石
长丞拜基
中央大学
铜雀
九老
大方洞
上道
J
国立墓地
旧盘浦
新丰
上道洞
大林洞
I
新吉洞
波拉美
新大方
三岔路口
崇实大学入口
京釜线
第九大道
IRIS宣传馆 p.12
瑞草区
Seocho-gu
波拉美公园
大林
大林
总神大学
九老洞
新大方
奉天洞
内方
（京釜高铁）
九老数码园区
地铁2号线
南城
南部警察局
新林
奉天
首尔大学入口
方背
南九老
舍堂洞
冠岳区
Gwanak-gu
落星垈
加山数码园区
加山数码园区
九老数码园区户外卖场 p.103
舍堂

弥阿
北首尔梦之森林
城北
Seongbuk
京元线
孔陵
花郎台站纪念馆
京春线
泰陵入口
花郎台
石溪
长位洞
墨洞
烽火山
墨谷
新内洞
弥阿三岔路口
城北区
Seongbuk-gu
上月谷洞
地铁6号线
多尔谷齐
东部干线道路
中央线
通往龙门
上月谷
吉音
C
D
中和
城北假日宾馆（Holiday Inn Seoungbuk Seoul）
月谷
新里门
忘忧
贞陵
Jeongneung
韩国外国语大学
钟岩洞
回基洞
忘忧洞
诚信女子大学入口
高丽大学
外国语大学
庆熙大学
洪陵
Hongnung
上凤
高丽大学
地铁4号线
普门
安岩
回基
中浪区
Jungnang-gu
汉城大学入口
面牧
惠化
昌信
p.102 京东市场
面牧洞
祭基洞
清凉里
四佳亭
大学路 p.79
Daehangno
新设洞
龙头
东大门区
Dongdaemun-gu
龙马峰
348
龙马山
华克山庄免税店 p.97
新路
华克山庄天堂赌场俱乐部 p.109
马场
踏十里古美术商街
新堂
上往十里
踏十里
中谷
首尔华克山庄喜来登大酒店（Sheraton Grande Walkerhill · Seoul） p.111
中区
Jung-gu
往十里
长汉坪
地铁5号线
龙踏
汉阳大学
广津区
Gwangjin-gu
君子
W首尔华克山庄酒店（W Seoul Walkerhill） p.113
城东区
Seongdong-gu
G
H
儿童大公园
波堤岭
金湖
鹰峰
汉江酒店
圣水
广津桥
首尔森林
地铁2号线
广渡口
东部警察局
千户大桥
汉南洞
圣水洞
建大入口
建国大学
九宜
玉水
圣水大桥
紫阳洞
江边
东首尔长途巴士客运站
奥林匹克大路
永东大桥
堤岛游乐园
汉南
江东区政府
狎鸥亭
狎鸥亭洞 p.84
堤岛游乐园
蚕室大桥
狎鸥亭洞
Apgujeong-dong
Apgujeong-dong
城内
奥林匹克公园
地铁7号线
清潭
梦村土城
新沙
江南区政府
鹤洞
蚕室综合运动场
Jamsil Sports Complex
蚕室
论岘
三成
综合运动场
新川
乐天世界
Lotte World
首尔高速巴士客运站
宣陵
新论岘
芳荑
乐天世界民俗博物馆 p.85
尔皇宫酒店
Seoul Palace Hotel）
114
K
驿三
三田洞
松坡区
Songpa-gu
江南
江南大路
江南区
Gangnam-gu
汉堤
L
地铁8号线
大厅
教育大学
KORAIL盆唐线
瑞草
道谷
良
文井
良才
才
川
地铁3号线
水西
首尔南部巴士客运站
开浦洞
逸院
瑞草IC
艺术殿堂
Seoul Arts Center
.58～59

【通往三清阁 p.24、R 三清洞面片餐厅 p.90】
中央高中 p.11
三清洞 Samcheon-dong
P.50～51
国立民俗博物馆 p.73
National Folk Museum
景福宫 p.72
Gyeongbokgung
北村 p.79
正读图书馆
花洞 Hwa-dong
苑西洞 Wonseo-dong
昭格洞 Sogyeok-dong
三清洞路
Samcheongdonggil
通仁洞 Tongin-dong
昌成洞 Changseong-dong
楼下洞 Nuha-dong
Jahamun-gil
p.79 西村
孝子路
庆会楼
勤政殿
紫霞门路
A
B
钟路区 Jongno-gu
齐洞 Je-dong
北村文化中心
培花女子专门大学
p.89 土俗村参鸡汤餐厅 R
R 辛氏火炉烧烤 p.86
安国洞 Anguk-dong
安国地铁站 Anguk
敦化门
Yulgongno
弼云洞 Pirun-dong
体府洞
司谏洞 Sagan-dong
Hyojaro
钟路图书馆
兴礼门
云岘宫
仁旺山路
社稷公园 p.77
光化门
栗谷路
钟路警察局
内资洞 Naeja-dong
社稷路
地铁3号线 Subway Line 3
景福宫地铁站 Gyeongbokgung
中学洞 Junghak-dong
坚志洞 Gyeonji-dong
宽功洞 Gwanhun-dong
三一路
益善洞 Ikseon-dong
邮政局路
世宗路
乐园洞 Nakwon-dong
仁寺洞 p.70
Insa-dong
都染洞 Doryeom-dong
三峰路 Sambonggil
泰和馆路 Taehwagwangil
仁寺洞路 Insadonggil
Samilro
敦义洞 Donui-dong
世宗文化会馆
Sejongno
Ujeongguno
仁寺洞 Insa-dong
通往大化
首尔市立美术馆
庆熙宫 p.77
光化门地铁站 Gwanghwamun
教保大楼
光化门邮局
钟阁地铁站 Jonggak
钟路塔
塔洞公园 Tapgol Park
p.78 首尔历史博物馆
新门路2街
碑阁
普信阁
光化门大楼
东亚日报
瑞麟洞 Seorin-dong
贯铁洞 Gwancheol-dong
高丽医院
平洞
赛姆南路
江北贞洞乱打剧场 p.25
韩国酒店（Koreana Hotel）
韩国旅游发展局旅游信息中心
清溪川 p.78
Cheonggyecheon
首尔红十字医院
E
首尔市议会
茶洞 Da-dong
F
乙支路2街 Euljiro 2-ga
中区 Jung-gu
西大门地铁站 Seodaemun
贞洞 Jeong-dong
德寿宫 p.76
Deoksugung
首尔市政府
乙支路入口地铁站 Euljiro 1-ga
乙支路 Euljiro
市政府地铁站 City Hall
首尔乐天大酒店（Lotte Hotel Seoul）
地铁2号线 Subway Line 2
p.24 贞洞剧场
大汉门
乐天百货店总店
明洞 p.68
Myeong-dong
西大门警察署
柳宽顺纪念馆
首尔广场大酒店
Taepyeongno
Namdaemunno
义州路1街
义州路
巡和洞 Sunhwa-dong
市政府地铁站 City Hall
明洞路 Myeongdonggil
明洞圣堂
通往金浦机场
北仓洞 Bukchang-dong
京义线
西小门路 Seosomunno
太平路
新韩银行
首尔中央邮局
西小门洞 Seosomun-dong
南大门地下商业街
忠武路 Chungmuro
世宗酒店
新世界百货店总店
退溪路 Toegyero
西小门公园
崇礼门（南大门/施工中）p.76
美纱购物时装大厦（MESA）
明洞地铁站 Myeong-dong
地铁1号线 Subway Line 1
忠正路地铁站 Chungjeongno
蓬莱洞 Bongnae-dong
南大门市场 p.98
Namdaemun Market
南山洞1街 Namsan-dong 1-ga
中林洞 Jungnim-dong
丽士酒店（Hotel Rex）
会贤洞 Hoehyeon-dong
南山洞2街 Namsan-dong 2-ga
通往新村、梨大、弘大入口
素月路 Sowolgil
盘浦路
会贤地铁站 Hoehyeon
崇义女子大学
I
J
万里洞 Malli-dong
南山公园路
首尔广场
Banporo
南山缆车（空中索道）
南山3号隧道
首尔希尔顿千禧大酒店（Millennium Seoul Hilton）
p.80 首尔站
安重根义士记念馆
南山公园
首尔地铁站 Seoul Station
桃洞2街 Do-dong 2-ga
市立南山图书馆
八角亭
桃洞1街 Do-dong 1-ga
N首尔塔 p.80
New Seoul Tower
通往仁村

首尔中心地区
Seoul Central
0 200m
N
通往仓洞
P.55
惠化地铁站
Hyehwa
大学路 p.79
Daehangno
东崇洞
Dongsung-dong
马洛尼埃公园
韩国文化艺术振兴院
首尔大学医院
昌德宫 p.74
Changdeokgung
昌庆宫 p.75
Changgyeonggung
卧龙洞
Waryong-dong
乐善斋
明政殿
弘化门
首尔大学齿科学院附属医院
韩国放送通信大学
梨花洞
Ihwa-dong
昌信地铁站
Changsin
地铁6号线
劝农洞
Gwonnong-dong
永宁殿
宗庙 p.75
Jongmyo
正殿
苑南洞
Wonnam-dong
忠信洞
Chungsin-dong
地铁4号线
Subway Line 4
昌信洞
Changsin-dong
敦化门路
钟路3街地铁站
Jongno 3-ga
莲池洞
Yeonji-dong
首尔李氏酒店（THE HOTEL LEES SEOUL）
梨花女子大学附属医院
东大门地铁站
Dongdaemun
旺山路
Wangsanno
宗庙市民广场
彰叶门
东大门警察局
韩德大楼
东庙地铁站
Dongmyo
钟路5街邮局
钟路3街地铁站
Jongno 3-ga
钟路4街
钟路5街
钟路6街
钟路
Chongno
兴仁之门（东大门）p.76
广藏市场 p.102
Gwangjang Market
钟路5街地铁站
Jongno 5-ga
东大门市场 p.100
Dongdaemun Market
长沙洞
Jangsa-dong
世运商业街
清溪川
芳山综合市场
芳山洞
Bangsan-dong
大林商业街
舟桥洞
Jugyo-dong
马场路
东大门设计广场和公园（施工中）
派出所
乙支路4街地铁站
Euljiro 4-ga
新堂地铁站
Sindang
乙支路3街地铁站
Euljiro 3-ga
地铁3号线
三丰商业街
中部市场
P.54
往十里路
通往清凉里
东大门历史文化公园
Dongdaemun History&Culture Park
PJ酒店（Hotel PJ）p.116
玛龙内路
光熙洞1街
Gwanghui-dong 1-ga
光熙洞2街
Gwanghui-dong 2-ga
通往江边
草洞
Cho-dong
中区 班府
新星商业街
忠武路4街
忠武路5街
双林洞
Ssangnim-dong
京东教会
Subway Line 3
退溪路
新韩银行
奖忠坛路
新堂洞
Sindang-dong
Subway Line 6
忠武路地铁站
Chungmuro
三星（Samsung）
第一医院
金湖洞路
地铁5号线
大韩剧场 p.69
墨井洞
Mukjeong-dong
奖忠洞1街
Jangchung-dong 1-ga
青丘地铁站
Cheonggu
新托利亚酒店（Hotel Astoria）
韩国之家 p.24
p.114 格兰特尔国宾大酒店
元祖奖忠洞奶奶家 p.90
东大入口地铁站
Dongguk Univ.
通往千户
南山谷韩屋村 p.81
四溟大师铜像
艺场洞
Yejang-dong
笔洞
Pil-dong
东国大学
奖忠坛公园
奖忠体育馆
茶山路
李儁烈士铜像
新罗免税店 p.97
奖忠洞2街
Jangchung-dong 2-ga
迎宾馆
南山公园路
东大门大酱汤餐厅 p.89
首尔新罗大酒店 p.111
药水地铁站
Yaksu
柳宽顺铜像
法国娇兰品牌的水疗美容 p.106
南山2号隧道
药水洞
Yaksu-dong
P.48～49
南山1号隧道
国立剧场
通往梨泰院
通往狎鸥亭地铁站

市政府、首尔站
City Hall/Seoul Station
0
200m
N
p.50
↑通往景福宫
p.113 韩国酒店（Koreana Hotel）
朝鲜日报美术馆
首尔市议会
英国文化协会
最佳西方新首尔酒店 p.116
新国际酒店 p.116
星巴克咖啡
记者俱乐部
东海（1F）
Cham Sut Gol（韩式炭火烤肉店）
韩国旅游发展局
p.33 旅游信息中心
茶洞
다동
Da-dong
南浦面店（2F）
贞洞
정동
Jeong-dong
石造殿
昔御堂
宫中遗物展览馆
德寿宫 p.76
中和殿
p.24 贞洞剧场
世宗大王像
王宫守门将交班仪式
大汉门（入口）
贞洞教堂
首尔市政府 p.76
p.107 露丝肌肤护理中心 LUCE（6F）
市政府站
City Hall
首尔广场
p.113 总统酒店
乙支路1街
을지로1가
Euljiro 1-ga
P.52
首尔乐天大酒店（Lotte Hotel Seoul）
圆丘坛
首尔广场大酒店 p.111
p.94 乐天百货店总店
p.97 乐天免税店总部
朝鲜威斯汀大酒店 p.110
乐天百货店名品店 AVENUEL
乐天1号街（地下商业街）
肯德基（KFC）
GS25（便利店）
市政府地铁站
City Hall
巡和洞
순화동
Sunhwa-dong
KAL大厦（大韩航空）
长安参鸡汤
小公洞地下商业街
小公路
乐天百货店 Young Plaza
小公洞
소공동
Sogong-dong
高丽参鸡汤
星巴克咖啡（STABUCKS COFFEE）
汉阳烤肉店（Jumulreok）
通往忠正路
西小门路
서소문로
Seosomunno
Taepyongno
大祐旅馆
星巴克咖啡
北仓洞
북창동
Bukchang-dong
p.76 韩国银行旧主楼（原朝鲜银行主楼）
Namdaemunno
海鲜豆腐锅店（Jonuonsundubu）
三星（Samsung）主楼
晋州会馆
首尔中央邮局
GS25（便利店）
湖严艺术大厅
中央日报社
西小门洞
서소문동
Seosomun-dong
三星（Samsung）广场
国民银行（KB）
太平路
南大门洞3街
남대문로3가
Namdaemunno 3-ga
南大门路
新韩银行
Family Mart（便利店）
南大门地下商业街
p.76 新世界百货店总店
会贤地下商业街
大韩工商会议所
新韩银行
Selona购物中心
韩国外换银行（KEB）
南大门洞4街
남대문로4가
Namdaemunno 4-ga
美纱购物城（MESA）
新世界百货店总店新
崇礼门（南大门）/施工中 p.76
Crystal 眼镜店
C栋
三益购物城
友利银行
七牌路 Chilpaegil
D栋
友利银行（Woori Bank）
蓬莱洞
봉래동
Pongnaedong
南大门市场 p.98
大韩火灾海上保险大楼
E栋
退溪路
퇴계로
Toegyero
中区
중구
Jung-gu
南山公园酒店
Subway Line 1
南大门路5街
남대문로5가
Namdaemunno 5-ga
南仓洞
남창동
Namchang-dong
国际保险大厦
大韩电线
丽士酒店（Hotel Rex） p.116
地铁1号线
进洋眼镜
会贤地铁站
Hoehyeon
会贤洞
회현동
Hoehyeon-dong
素月路
Sowolgil
소월길
友利银行
GS25（便利店）
首尔地铁站
Seoul Station
新韩银行
首尔站 p.80
首尔广场
金庚信将军铜像
金九先生铜像
首尔希尔顿千禧大酒店（Millennium Seoul Hilton） p.110
7Luck 赌城（首尔希尔顿千禧大酒店） p.109
白凡广场
南大门警察署
伊尔蓬特餐厅（IL PONTE）
源氏
橡树餐厅（Oak Room）
Seasons
首尔科学教育院
南山公园
首尔地铁站
Seoul Station
↓通往龙山地铁站
安重根义士纪念馆

p.51
通往安国
清溪川路
Cheonggyecheon-no
清溪川
Cheonggyeocheon
新韩银行
三角洞
삼각동
Samgak-dong
友利银行
通馆（友利银行）p.76
中区
중구
Jung-gu
水标洞
수표동
Supyo-dong
韩亚银行
乙支路3街
을지로3가
Euljiro 3-ga
（KB）国民银行
国民银行（KB）
通往东大门历史文化公园
乙支路2街
을지로2가
Euljiro 2-ga
BOOKS LIBRO（书店）
乙支路 Euljiro 을지로
地铁2号线 Subway Line 2
203
330
乙支路入口地铁站
Euljiro 1-ga
韩国外换银行（KEB）
乙支路3街地铁站
Euljiro 3-ga
乙支医院
首尔白医院
水标大理路
肯德基（KFC）
明浦广场（电影院）
首尔皇家大酒店（Seoul Royal Hotel）
YWCA
明洞 p.68
명동길
明洞路 Myeongdonggil
圣母医院
永乐教堂
双龙大厦
敦化门路
Tonhwamunno
地铁3号线 Subway Line 3
草洞
초동
Cho-dong
中部警察署
Supyodarikil
明洞圣堂
忠武路3街
충무로3가
Chungmuro 3-ga
古宫石锅拌饭 p.88
松竹 p.88
国汉城华侨小学
沙威酒店 p.116
忠武路 Chungmuro
新韩银行
每日经济新闻报社
通往东大门
331
p.106 明洞汗蒸幕
世宗酒店 p.113
423
424
地铁4号线 Subway Line 4
阿斯托利亚酒店
忠武路地铁站
明洞地铁站 Myeong-dong
新东方酒店
（New Oriental Hotel）
首尔王子酒店 p.117
南山洞3街
남산동3가
Namsan-dong 3-ga
大韩红十字会
中央大学附属病院
p.24 韩国之家
通往狎鸥亭
p.115 太平洋酒店
（Pacific Hotel）
p.81 南山谷韩屋村
南山洞1街
남산동1가
Namsan-dong 1-ga
首尔动画中心
首尔艺术大学
艺场洞
예장동
Yejang-dong
首尔青年旅舍（Seoul Youth Hotel）
南山洞2街
남산동2가
Namsan-dong 2-ga
笔洞2街
필동2가
Pil-dong 2-ga
南山宾馆
（Namsan Guest House）
崇义音乐堂
崇义女子大学
南山缆车乘车点
Namsan Gongwongil
南山公园路
南山缆车（空中索道）
通往梨泰院
通往N首尔塔
通往江南
C
D
G
H
K
L

钟路、景福宫
Jongno/Gyeongbokgung
0
200m
N
威和堂
绢敬堂
国立民俗博物馆 p.73
National Folk Museum
↑通往青瓦台
三清阁 p.24
三清洞面片餐厅 p.90
三清洞
Samcheon-do
吉森咖啡书吧（Jinson Book Cafe）
正读图书馆
KUKJE画廊
学古斋（画廊）
西藏博物馆
花洞
화동
Hwa-dong
慈庆殿
交泰殿
康宁殿
庆会楼
千秋殿
万春殿
思政殿
修政殿
西村 p.79
迎秋门
孝子路
Hyojaro
勤政殿
景福宫 p.72
Gyeongbokgung
建春门
勤政门
兴礼门
王宫守门将交班仪式 p.77
现代画廊
三清洞路
Samcheongdonggil
国军首尔地方医院
昭格洞
소격동
Sogyeok-dong
钟路区
종로구
Jongno-gu
德成女子高中
李利子韩服展示馆
德成女子中学
锦湖美术馆
安国洞
안국동
Anguk-dong
司谏洞
사간동
Sagan-dong
大韩出版文化会馆
P.53
安国由
松岘洞
송현동
Songhyeon-dong
丰文女子高中
百想纪念馆
国立古宫博物馆
景福宫地铁站
Gyeongbokgung
世宗路洞
Sejongno-dong
세종로동
售票处
东十字阁
光化门
327
栗谷路
율곡로
钟路警察
韩国日报
韩亚银行
地铁3号线 Subway Line 3
星巴克咖啡（STABUCKS COFFEE）
政府综合办公楼
韩国海上快运（BEETLE）
出入境管理事务所光化门办事处
世宗路
세종대로
Sejongno
中学洞
중학동
Junghak-dong
联合通信
7-11（便利店）
文化观光部
国税厅
税金博物馆
曹溪寺
邮政局路
Ujeongguknoo
仁寺洞 p.7
世宗大王像
都染洞
도렴동
Doryeon-dong
美国大使馆
寿松洞
수송동
Susong-dong
萨莫汽车旅馆
钟路区政府
新韩银行
韩亚银行
星巴克咖啡
光化门 p.78
Gwanghwamun
世宗文化会馆
三峰路 Sambonggil
泰和馆路
Taehwagwang
光化门地铁站
Gwanghwamun
情报通信部
清进洞
청진동
Cheongjin-dong
City Bank
533
巴斯金·罗宾斯
冰激凌光化门店 p.12
唐恩都乐（甜甜圈店）
星巴克咖啡（STABUCKS COFFEE）
李舜臣像
汉堡王（Burger King）
SC第一银行
里门
牛杂汤店
教保文库
THE BODY SHOP
钟路1街
종로1가
Jongno 1-ga
新门路1街
신문로1가
Sinmunno 1-ga
Family Mart（便利店）
碑阁
通往西大门
131
地铁1号线 Subway Line 1
Mister Donut（甜甜圈店）
钟阁地铁站
Jonggak
普信阁 p.78
光化门邮局
韩亚银行
光化门大楼
东亚日报
瑞麟洞
서린동
Seorin-dong
永丰文库
乐天利快餐店
乐天观光
p.97 东和免税店
一民美术馆
The Exhibition
艺术品商店
清溪广场
首尔城市观光巴士乘车点
广通桥
清溪川路
청계천로
光化门观光咨询处
韩亚银行
广桥
City Bank
韩国旅游发展局
p.33 旅游信息中心
肯德基（KFC）
韩国金融中心
新韩银行
朝鲜日报美术馆
最佳西方新首尔酒店 p.116
LG火灾海上保险公司
韩亚银行
派出所
三角洞
삼각동
Samgak-dong
p.113 韩国酒店
新国际酒店 p.116
茶洞
다동
Da-dong
首尔市议会
记者俱乐部
星巴克咖啡
南浦面店
▼p.48

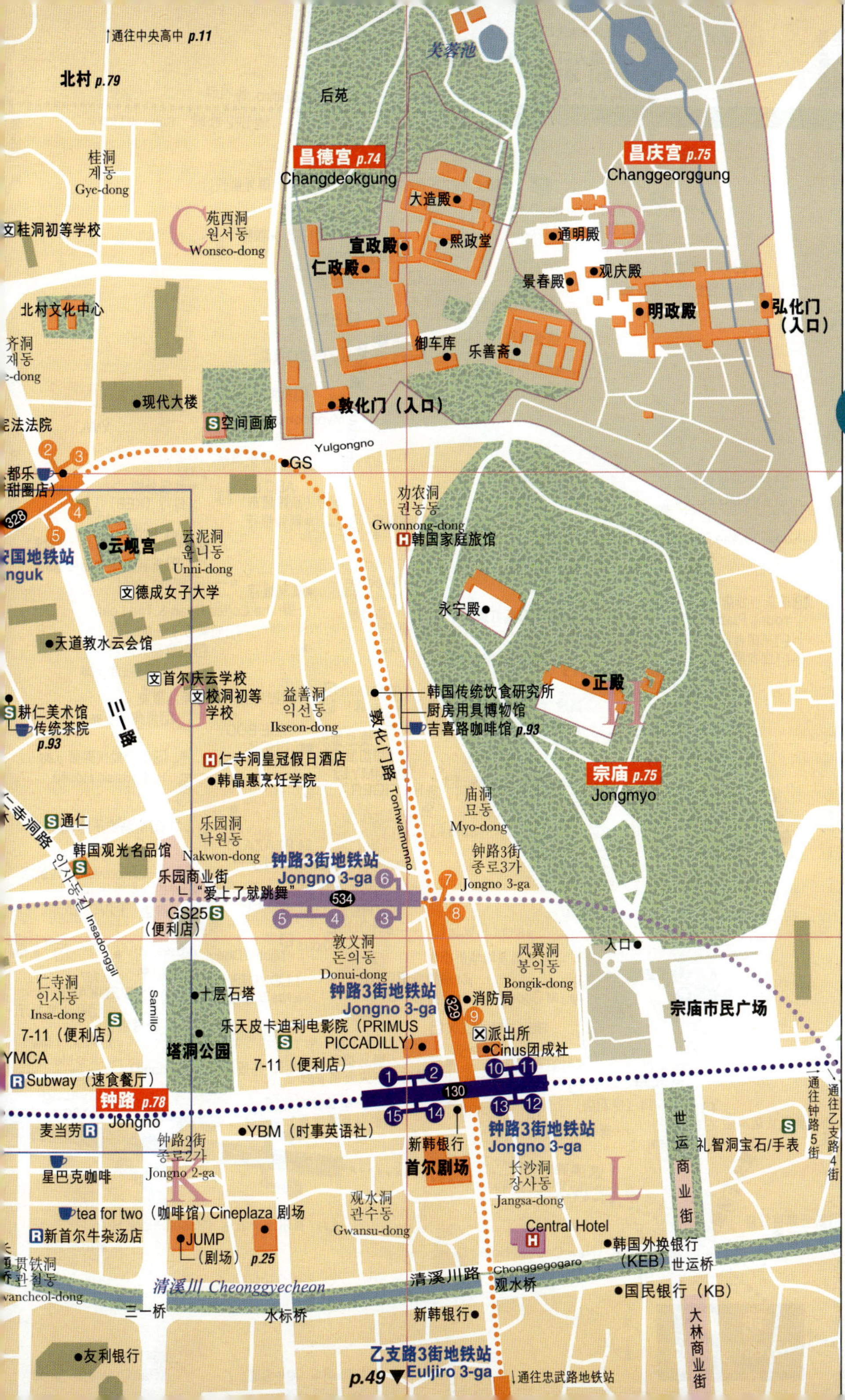
通往中央高中 p.11
北村 p.79
芙蓉池
后苑
昌德宫 p.74
Changdeokgung
昌庆宫 p.75
Changgeorggung
桂洞
계동
Gye-dong
苑西洞
원서동
Wonseo-dong
桂洞初等学校
大造殿
宣政殿
熙政堂
仁政殿
通明殿
观庆殿
景春殿
明政殿
弘化门
（入口）
北村文化中心
齐洞
재동
御车库
乐善斋
现代大楼
敦化门（入口）
空间画廊
法法院
Yulgongno
GS
都乐
甜圈店）
328
劝农洞
권농동
Gwonnong-dong
韩国家庭旅馆
云岘宫
云泥洞
운니동
Unni-dong
国地铁站
nguk
德成女子大学
永宁殿
天道教水云会馆
首尔庆云学校
校洞初等
学校
益善洞
익선동
Ikseon-dong
韩国传统饮食研究所
厨房用具博物馆
吉喜路咖啡馆 p.93
正殿
耕仁美术馆
传统茶院
p.93
三一路
敦化门路
仁寺洞皇冠假日酒店
韩晶惠烹饪学院
宗庙 p.75
Jongmyo
Tonhwamunno
庙洞
묘동
Myo-dong
通仁
仁寺洞路
韩国观光名品馆
乐园洞
낙원동
Nakwon-dong
钟路3街地铁站
Jongno 3-ga
钟路3街
종로3가
Jongno 3-ga
乐园商业街
"爱上了就跳舞"
534
GS25
（便利店）
Insadonggil
入口
敦义洞
돈의동
Donui-dong
凤翼洞
봉익동
Bongik-dong
仁寺洞
인사동
Insa-dong
十层石塔
钟路3街地铁站
Jongno 3-ga
329
消防局
宗庙市民广场
Samillo
7-11（便利店）
乐天皮卡迪利电影院（PRIMUS
PICCADILLY）
派出所
Cinus团成社
YMCA
塔洞公园
7-11（便利店）
Subway（速食餐厅）
130
通往钟路5街
通往乙支路4街
钟路 p.78
Jongno
麦当劳
YBM（时事英语社）
钟路3街地铁站
Jongno 3-ga
世运商业街
礼智洞宝石/手表
钟路2街
종로2가
Jongno 2-ga
新韩银行
首尔剧场
星巴克咖啡
长沙洞
장사동
Jangsa-dong
观水洞
관수동
Gwansu-dong
tea for two（咖啡馆）
Cineplaza 剧场
新首尔牛杂汤店
JUMP
（剧场）
p.25
Central Hotel
韩国外换银行
（KEB）
世运桥
贯铁洞
관철동
Gwancheol-dong
清溪川 Cheonggyecheon
清溪川路
Chonggegogaro
观水桥
国民银行（KB）
三一桥
水标桥
新韩银行
大林商业街
友利银行
乙支路3街地铁站
p.49 Euljiro 3-ga
通往忠武路地铁站

通往钟阁地铁站
通往德寿宫、首尔市政府
乙支路入口（1街）地铁站
Euljiro 1-ga
202
BOOKS LIBRO
国民银行（KB）
乙支路 Euljiro 을지로
地铁2号线 Subway Line 2
通往三一路
现代汽车
7-11（便利店）
通往首尔乐天大酒店 p.110
CAFFÉ PASCUCCI
韩国外换银行
牛肉烧烤店（Komusotchipu）（2F）
星期五餐厅（TGI Fridays）
Nobi家（烤肉店）
星巴克咖啡
A
B
Cold STONE
乐天免税店总部 p.97
乐天百货店总店 p.94
泡菜都家
首尔大都会酒店 p.117
巴黎贝甜
鲍鱼粥店
Tous Les Jours
中央路
KENZO拉面
星巴克咖啡
国民银行（KB）
民俗村
Bennigans西餐厅
秋卡比面店
Junggangno
Myondonkoru餐厅
河东馆
YWCA
남대문로
首尔皇家大酒店 p.113
乐天百货店名品店 AVENUEL
明洞宜必思酒店
ABC Mart（品牌超市）
韩国外换银行（KEB）
通往明洞圣堂
新韩银行
明洞路 Myeong-donggil
p.76 国立明洞剧场
중앙로
Krispy Kreme Doughnuts（甜甜圈店）
7-11（便利店）
汉堡王
7-11（便利店）
新首尔牛杂汤店 p.89
MISSHA p.94
Teenie Weenie
友利银行
Who. A. U
乐天百货店 Young Plaza
派出所
The Coffee Bean & Tea Leaf
无印良品
p.25 明洞乱打剧场
百济参鸡汤
明洞饺子分店
优衣库
化妆品天地21
NOON SQUARE
TODACOSA
福清 p.86
p.69 CGV明洞影院
ABC Mart
巴斯金·罗宾斯冰激凌
路虎（Land Rover）（英国汽车品牌）
D
烤肉店 p.86
月桂屋日本料理餐厅 p.92
p.93 Coin咖啡屋（2、3F）
THE BODY SHOP
唐恩都乐（甜甜圈店）
明洞咸兴面屋 p.88
南大门路 Namdaemunno
C
Basic House
Nature Republic
时尚街
TOMMY HILFIGER
时尚街
明洞饺子店 p.88
Solb
M PLAZA
Kosney（日用品商店）
Forever 21时装店
Banila Co化妆品店
BSX
异色衣女装店 p.94
THE ETUDE HOUSE
VIENNA眼镜专卖店 p.94
VOGA
Talent 化妆品
Adidas
Bier Halle p.108
韩国汉城华侨小学
Mister Donut（甜甜圈店）
KT（韩国通信）
p.116 沙威酒店
LLOYD
p.107
首尔中央邮局
p.108 Goody Goody（酒吧）
p.108 草家酒馆（2~3F）
SIZUKA
仙人掌餐厅
新韩银行
BEAUTI PLEX
Nature Republic
Family Mart
It's Me（4F）
KAIST眼镜店
충무로
唐恩都乐
明洞站 p.107 Myeong-dong
忠武路
全州中央会馆 p.88
佐丹奴服饰（Giordano）
7-11（便利店）
新世界百货店本店
GS25（便利店）
优衣库
明洞美利来（时装百货大厦）
营养中心总店
424
会贤地下商业街
E
退溪路 Toegyero 퇴계로
F
地铁4号线 Subway Line 4
新世界百货店本店新馆
p.117 首尔王子酒店（Seoul Prince Hotel）
新东方酒店（New Oriental Hotel）
南山洞3街 남산동3가 Namsan-dong 3-ga
通往南大门市场
明 洞 Myeong-dong
0 50m
N
通往南山缆车（空中索道）
太平洋酒店（Pacific Hotel） p.115

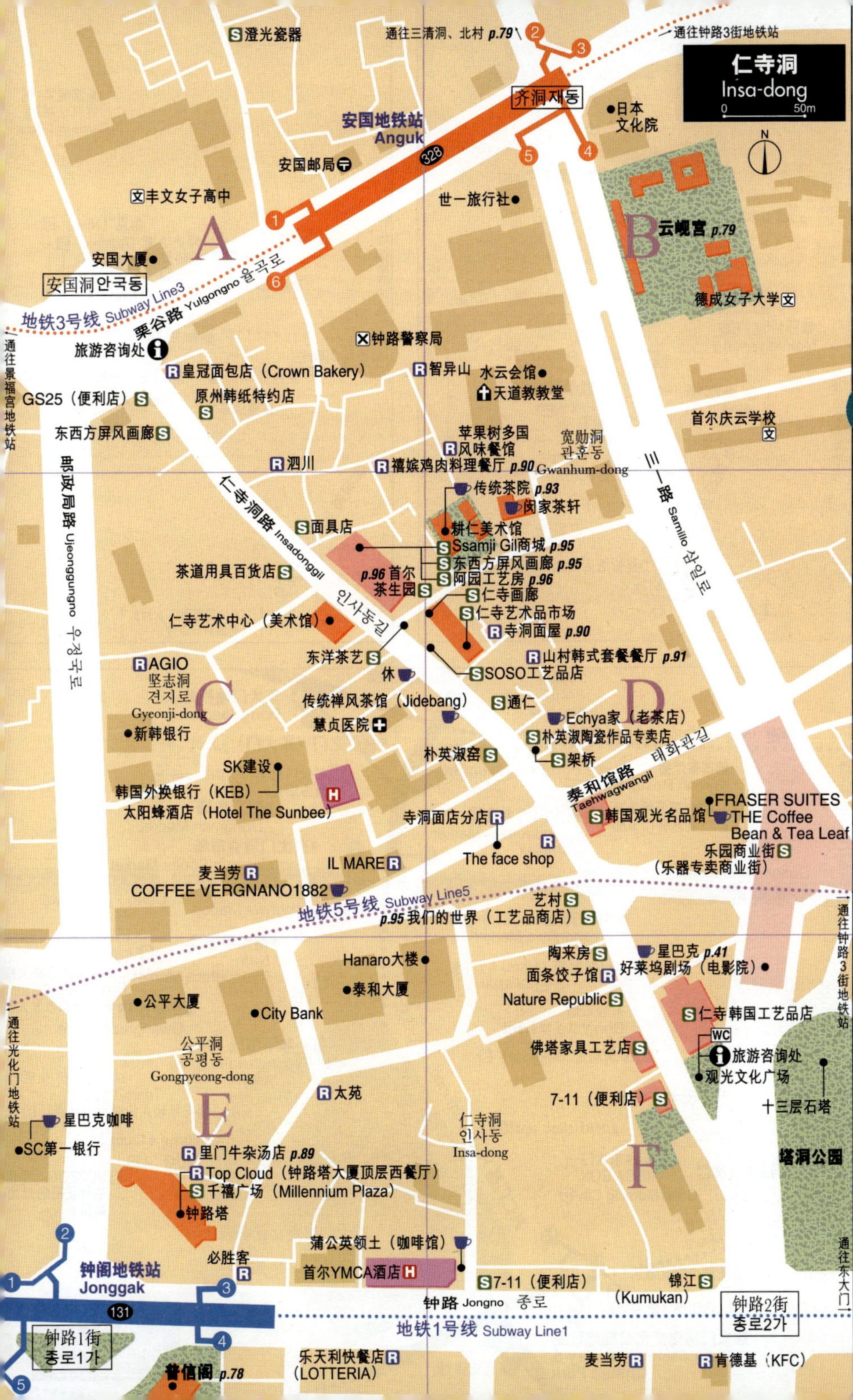
仁寺洞
Insa-dong
0 50m
N
澄光瓷器
通往三清洞、北村 p.79
通往钟路3街地铁站
齐洞 재동
日本文化院
安国地铁站
Anguk
328
安国邮局
世一旅行社
云岘宫 p.79
文丰文女子高中
安国大厦
安国洞 안국동
德成女子大学
地铁3号线 Subway Line3
栗谷路 Yulgongno 율곡로
旅游咨询处
钟路警察局
皇冠面包店 (Crown Bakery)
智异山
水云会馆
天道教教堂
通往景福宫地铁站
GS25 (便利店)
原州韩纸特约店
首尔庆云学校
东西方屏风画廊
苹果树多国风味餐馆
宽勋洞
관훈동
Gwanhum-dong
泗川
禧嫔鸡肉料理餐厅 p.90
传统茶院 p.93
闵家茶轩
三一路 Samillo 삼일로
邮政局路 Ujeongungno 우정국로
仁寺洞路 Insadonggil 인사동길
面具店
耕仁美术馆
Ssamji Gil商城 p.95
东西方屏风画廊 p.95
阿园工艺房 p.96
茶道用具百货店
p.96 首尔茶生园
仁寺画廊
仁寺艺术品市场
寺洞面屋 p.90
仁寺艺术中心 (美术馆)
东洋茶艺
山村韩式套餐餐厅 p.91
休
SOSO工艺品店
AGIO
坚志洞
견지동
Gyeonji-dong
传统禅风茶馆 (Jidebang)
通仁
Echya家 (老茶店)
新韩银行
慧贞医院
朴英淑陶瓷作品专卖店
朴英淑窑
架桥
SK建设
泰和馆路 Taehwagwangil 태화관길
韩国外换银行 (KEB)
太阳蜂酒店 (Hotel The Sunbee)
FRASER SUITES
THE Coffee Bean & Tea Leaf
寺洞面店分店
韩国观光名品馆
The face shop
乐园商业街 (乐器专卖商业街)
麦当劳
IL MARE
COFFEE VERGNANO1882
艺村
地铁5号线 Subway Line5
p.95 我们的世界 (工艺品商店)
通往钟路3街地铁站
Hanaro大楼
陶来房
星巴克 p.41
面条饺子馆
好莱坞剧场 (电影院)
泰和大厦
公平大厦
City Bank
Nature Republic
仁寺韩国工艺品店
WC
公平洞
공평동
Gongpyeong-dong
佛塔家具工艺店
旅游咨询处
观光文化广场
通往光化门地铁站
太苑
7-11 (便利店)
十三层石塔
仁寺洞
인사동
Insa-dong
星巴克咖啡
SC第一银行
塔洞公园
里门牛杂汤店 p.89
Top Cloud (钟路塔大厦顶层西餐厅)
千禧广场 (Millennium Plaza)
钟路塔
蒲公英领土 (咖啡馆)
必胜客
钟阁地铁站
Jonggak
首尔YMCA酒店
7-11 (便利店)
锦江 (Kumukan)
通往东大门
131
钟路 Jongno 종로
钟路2街 종로2가
钟路1街 종로1가
地铁1号线 Subway Line1
乐天利快餐店 (LOTTERIA)
麦当劳
肯德基 (KFC)
普信阁 p.78

梨泰院周边
Around Itaewon
0 400m
通往南大门
通往东大门
南山公园
梨泰院第2洞
이태원제2동
Itaewon 2-dong
R 伽倻廊餐厅 p.91
H
p.110 首尔凯悦大酒店（Grand Hyatt Seoul）
右图
绿莎坪地铁站
Noksapyeong
A
地铁6号线 Subway Line 6
梨泰院路 Itaewonro
이태원로
梨泰院地铁站
Itaewon
梨泰院第1洞
이태원제1동
Itaewon 1-dong
H 皇冠假日酒店（Crown Hotel）
盘浦路 Banporo
반포로
H 首都酒店（Hotel Capital） p.115
通往国立剧场
通往三角地地铁站
N

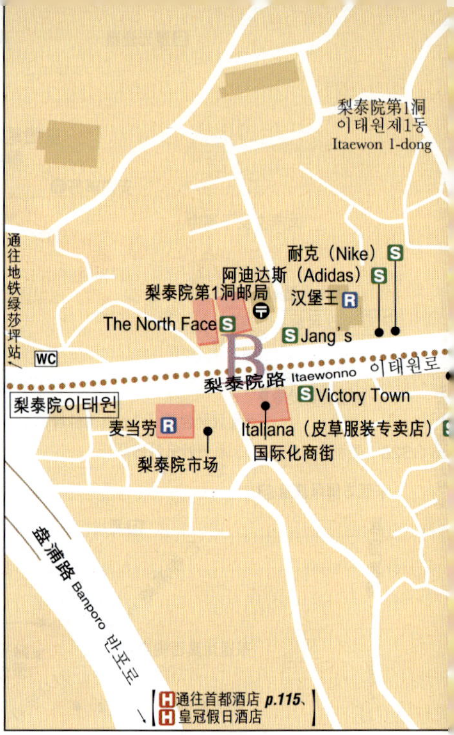

梨泰院第1洞
이태원제1동
Itaewon 1-dong
通往地铁绿莎坪站
耐克（Nike） S
阿迪达斯（Adidas） S
梨泰院第1洞邮局
汉堡王 R
The North Face S
S Jang's
WC
B
梨泰院路 Itaewonno 이태원로
梨泰院이태원
S Victory Town
麦当劳 R
Italiana（皮草服装专卖店）
梨泰院市场
国际化商街
盘浦路 Banporo 반포로
H 通往首都酒店 p.115、
H 皇冠假日酒店

钟路5街
종로5가
Jongno 5-ga
钟路6街
종로6가
Jongno 6-ga
通往惠化地铁站
128
东大门地铁站
Dongdaemun
钟路 Jongno 종로
地铁1号线 Subway Line 1
10
6
兴仁之门（东大门） p.76
昌信洞
창신동
Changsin-dong
东大门地铁站
Dongdaemun
421
9
H 东大门最佳西方酒店
韩国餐厅街
Korean Restaurant
R 陈婆元祖参鸡料理餐厅 p.90
东大门综合市场
Dongdaemun Market Complex
东门市场
Dongmun Market
东大门鞋业市场
Dongdaemun Shoes Market
8
7
东大门市场 p.100
Dongdaemun Market
全泰一桥
五间水桥
清溪川路 Cheonggye Cheonno
新和平市场
Shin Pyeonghwa Market
东和平市场
Dong Pyeonghwa Market
清溪川
Cheonggyecheon
和平市场
Pyeonghwa Market
S 艺术广场（Art Plaza）
S Union 30
S Techno 电器百货大楼
p.100 都塔（Doota！） S
S Celestar
南和平市场
Nam Pyeonghwa Market
S Maxtyle
S Hyeyang Elicium 时装出口批发大厦
东和市场
Donghwa Market
光熙市场
Gwanghui Market
E
第一和平市场
Jeil Pyeonghwa Market
F
p.100 美利来（Migliore） S
马场路 마장로
Team201 S
文 护理专科学校
apM（面向年轻人的时尚用品店） S
p.100 Hello! apM S
Designer's Club S
p.69 东大门 MEGA BOX
Good Morning City S
东大门设计广场和公园（施工中）
S U:US
S NUZZON（专售名牌正品的批发商街）
国立医疗院
兴仁门路 Heunginmunno
흥인문로
东大门历史文化公园
通往钟路5街地铁站
通往乙支路4街地铁站
地铁2号线 Subway Line 2
14
13
12
11
1
H 乙支路公寓式酒店
S GS25（便利店）
205
东大门历史文化公园地铁站
Dongdaemun History & Culture Park
422
10
9
乙支路7街
通往新堂地铁站
N
东大门
Dongdaemun
0 100m

梨泰院
Itaewon
0
100m
拉面81号店
p.117 IP精品酒店
Japan Plaza&Dream Studio
(日本广场和梦工作室)
韩亚银行(1F)
企业银行
(IBK)
地铁6号线
Subway Line 6
p.87 红叶烤肉店
釜山
烤肉
汉密尔顿花园
梨泰院烤肉店(2F) p.86
味滨屋(拉面)
星巴克咖啡
汉密尔顿购物中心
Hard Rock Cafe
(西式快餐店)
梨泰院地铁站
Itaewon
630
p.115 汉密尔顿酒店
6 北极海岸皮革店
消防署
汉密尔
顿衬衫
国民银行(KB)
7-11(便利店)
耐克(Nike)(1F)
唐恩都乐(甜甜圈店)
Outback(牛排餐厅)(2F)
COLD STONE
p.41 Gecko's terrace
香槟王(B1)
企业银行(IBK)
Family Mart(便利店)
KING CLUB
Intoto鞋店 p.96
君主古董
王冠古董
普光洞路
普光初等学校
C
D
N

大学路
Daehangno
0
50m
万里城
凤雏甜辣鸡
董宋艺术中心
Hakchon Green剧场
机器人
博物馆
大学路文化空间
GS25(便利店)
GS25(便利店)
莫扎特(2F)
CoCo壱番屋
O'sulloc
美术会馆
爵士乐现场演奏俱乐部
辛氏火炉烧烤
Hakchon Blue剧场
Hobnob
东崇洞
동숭동
Dongsung-dong
Bier Halle
文艺会馆大剧场
韩国文化艺术振兴院
(原京城大学本部)
邮局
蒲公英领土(咖啡馆)
马洛尼埃公园
通往东大门
A TWO SOME PLACE
IL MARE
Delhi(印度餐厅)
露天舞台
洛山花园
肯德基(KFC)
艺术会馆
Krispy Kreme Doughnuts(甜甜圈店)
巴斯金·
罗宾斯
冰激凌
阿迪达斯
星巴克咖啡
惠化地铁站
Hyehwa
大学路 Daehangno 대학로
麦当劳
420
地铁4号线 Subway Line 4
通往仓洞
G
H
钟路药局
王冠面包房
唐恩都乐
Basic House
Skin Food
星巴克咖啡
(烤猪五花)
AREE
六本木(佐贺拉面)
Family Mart
咖啡豆社
Tous Les Jours
德克萨斯
在一起韩国宫廷式套餐
首尔大学医学部
LILY MARLENE
野草韩式套餐p.91
THE Coffee Bean & Tea Leaf
凤雏甜辣鸡
大学路CGV(电影院)
通往昌庆宫 p.76
首尔大学附属医院

新 村
Sinchon
0
100m
N
文延世大学 p.12
新村洞
신촌동
Sinchon-dong
延世大学附属隔离医院
城山路 Seongsanno 성산로
A
B
京 义 线
通往加佐地铁站
通往KORAIL新村站
沧川教堂
FDI富士照相馆
Outback
冷面
BEANSBINS COFFEE
GS25（便利店）
大学药局
韩式传统米酒、烧酒屋 p.108
星巴克咖啡
HOLLYS COFFEE
神仙雪浓汤
p.92 春川鸡肉烧烤店
超值自助餐
GS25（便利店）
Kobau（烧烤店）
屈臣氏
蒲公英领土
巴斯金 · 罗宾斯冰激凌
Hanultari传统式酒馆
桥梁（3F）
宋氏铁板煎饼
7-11（便利店）
唐恩都乐
（甜甜圈店）
美食街
碧蹄烤肉
烤肉店
CAFFÉ PASCUCCI
兄弟烤肉
7-11（便利店）
沧川洞
창천동
Changcheon-dong
文沧西初等学校
烤猪肉街
钟路贵金属
Krispy Kreme Doughnuts（甜甜圈店）
胜负
C
野苏豆腐汤
D
Dilly & Dally
高粹舍
韩国村
Family Mart（便利店）
7-11（便利店）
GS25（便利店）
LEXY酒店
7-11（便利店）
现代百货店分馆
U-PLEX
优衣库（UNIQLO）
星巴克咖啡
新村文化街
大岘教堂
通往梨大地铁站
Art Box（文具杂货店）
星巴克咖啡
Olive Young（保健及美容产品零售连锁店）
国民银行（KB）
Outback
肯德基（KFC）
现代百货新村店
绿色电影院
通往弘大入口
Totoro House 弘益文库（书店）
Subway Line 2
p.92 三湖鳆家河豚料理店
麦当劳
Family Mart（便利店）
SC第一银行
地铁2号线
A TWO SOME PLACE
汉堡王
新村派出所
1
2
3
4
240
8
5
超市型百货商场Grand Mark
新村地铁站
Sinchon
7
友利银行
文沧川初级学校
新村交通环岛
6
乐天利快餐店
新村卡塞维拉会馆
7-11（便利店）
F
韩国外换银行
（KEB）
老姑山派出所
新村中央教堂

梨 大
Ewha Women's Univ.
0 100m
N
文梨花女子大学
Ewha Women's Univ.
100周年纪念博物馆
通往新村
京 义 线
新村地铁站
Shinchon Sta.
S 新村美利来（Migliore）
新村地铁站旧址
p.96 歆 S
Smoothie King
Innisfree S
S LAGUNA
S 鞋店
S RACOCO
唐恩都乐（甜甜圈）R
S Fabee
S Auntie Anne's
通往首尔地铁站
旅游咨询处 WC
ARITAUM S
MIGO
Kosney S
（日用品商店）
PARIS CROISSA S
R 小酒馆
Cafe de Chocolatier
CARIBOU COFFEE
EVISU
Roem S S
EXPORCIST COFFEE
PERA蛋糕屋 p.93
大岘派出所
梨花美容院
p.107
大岘洞
대현동
Daehyeon-dong
星巴克咖啡
S Olive Young（1F）
R 仙人掌餐厅（2F）
GS25 S
（便利店）
S The ETUDE HOUSE
R 水剌馆（韩国家庭料理）
R 汉堡王（Burger King）
流行通信 S
S indah
Buy The Way S
（便利店）
S 7-11（便利店）
O'zzang S
S Yes! apM
S Olive Young
韩亚银行
国民银行（KB）
通往新村婚纱街
THE Coffee Bean & Tea Leaf
CAFE TRINITEA
阿迪达斯（Adidas）S
MISSHA（谜尚，韩国化妆品品牌）S
WHO. A. U S
耐克（Nike）S
通往新村大转盘
R 乐天利快餐店
新村邮局
S 佐丹奴服饰（Giordano）
新村路 Sinchonno
신촌로
CYCLO（2F）R
BOOK MANIAX S
241
梨大地铁站
Ewha Womens Univ.

通往永登浦
R AGIO
想你的日子咖啡馆
（《春天的华尔兹》
外景拍摄场地）
S CROW
卧牛山路
와우산길
S 优衣库（UNIQLO）
R 小酒馆
R 砖屋烤肉店
西桥洞
서교동
Seogyo-dong
S 西桥市场
地铁2号线 Subuway Line 2
杨花路 Yanghwaro 양화로
弘益儿童公园
p.83 弘大艺术自由市场
p.117 西桥酒店 H
Mister Donut（甜甜圈店）
仙人掌 R
H 西桥酒店分店
R Omuto tomato
弘益大学文
A TWO SOME PLACE
西桥路 Seogyoro 서교로
韩亚银行
游客接待处
星巴克咖啡
加油站
雀巢咖啡
S Family Mart
（便利店）
Dongyoro 동교로
Buy the way（便利店）S
Samji Gil商城
S
大众汽车 S
S
THE FACE SHOP
东桥路
汉堡王（Burger King）R
河回村 N
239
弘大入口地铁站
Hongik Univ.
弘 大
Hongik Univ.
0 100m
"Baby-Battle B-BOY"
通往新村

江 南
Gangnam
0
1km
N
通往忠武路地铁站
通往青丘地铁站
通往青丘地铁站
地铁5号线
杏堂地铁站
Haengdang
通往往十里地铁站
汉阳大学
汉阳大学地铁站
Hanyang Univ.
通往新设洞
松亭洞
Songjeong-dong
首尔新罗大酒店 p.111
新罗免税店 p.97
药水地铁站
Yaksu
新金湖地铁站
Singeumho
鹰峰洞
Eungbong-dong
金湖洞路
Geumhodongil
鹰峰路
Eungbongno
鹰峰地铁站
Eungbong
金湖地铁站
Geumho
堤岛地铁站
Ttukseom
堤岛路 Ttukseomgil
汉拿医院
地铁6号线
波堤岭地铁站
Botigogae
玉水洞
Oksu-dong
首尔森林
Seoul Forest
A
B
圣水地铁站
Seongsu
玉水地铁站
Oksu
龙山区
Yongsan-gu
首尔森林码头
圣水洞
Seongsu-dong
E-Mart
汉江镇地铁站
Hangangjin
东湖大桥
Dongho Bridge
圣水大桥
Seongsu Bridge
江边北路
东二路
Dong 2 no
汉南洞
Hannam-dong
伊布汗慕幕
P.60~61
永东大桥
Yeongdong Bridge
汉南地铁站
Hannam
汉南大桥
Hannam Bridge
押鸥亭洞 p.84
现代百货店
押鸥亭地铁站
Apgujeong
首尔埃露艾酒店（ELLUI Hotel）
Subway Line 7
岛山公园
普瑞玛酒店（Prima Hotel）
里维埃拉大酒店（Riviera Hotel）
汉南IC
清潭洞
Cheongdam-dong
三成路
通往汝矣岛
阳光酒店（Sunshine Hotel）
岛山大路
江南区
Gangnam-gu
清潭公园
p.85 卡罗斯路
p.109 7Luck赌场（首尔江南）
COEX Mall（地下商街）p.84
汉江市民公园
江南区政府地铁站
Gangnam-gu Office
江南区政府
清潭地铁站
Cheongdam
永东酒店
Hakdongno
p.97 乐天COEX免税店
永东大路
奥林匹克大路
蚕院洞
Jamwon-dong
E
Subway Line 3
新沙地铁站
Sinsa
鹤洞公园
地铁7号线
宣陵路
三成洞
Samseong-dong
F
奉恩寺
首尔贸易展览中心
洲际酒店
酱油蒸蟹餐厅 p.92
鹤洞路
鹤洞地铁站
Hak-dong
彦州路
帝国皇宫大酒店 p.115
p.87 黑豚家
地铁3号线
蚕院地铁站
Jamwon
论岘地铁站
Nonhyeon
COEX（韩国综合展示场）
首尔华美达酒店
City Air Terminal
New Core百货店
江南大路
论岘洞
Nonhyeon-dong
Bongeunsaro
Seolleungno
首尔JW万豪大酒店 p.112
新世界百货店
盘浦地铁站
Banpo
王朝酒店（Dynasty Hotel）
奉恩寺路
三陵公园
现代百货店
p.112 首尔洲际大酒店
三成地铁站
Samseong
首尔高速巴士客运站
瑞草区
Socho-gu
三井酒店 p.117
江南诺富特国宾酒店 p.114
宣陵地铁站
Seolleung
Central City（综合性设施）
通往汝矣岛、金浦机场
新论岘地铁站
ShinNonhyeon
Teheranno
火炉舍廊烤肉店 p.87
高速巴士客运站
Express Bus Terminal
盘浦IC
国技院
首尔万丽大酒店 p.112
大峙洞
Daechi-dong
Gangnam daero
首尔丽思卡尔顿大酒店 p.111
驿三地铁站
Yeoksam
Yeoksamno
Samseongno
江南圣母医院
砂平地铁站
Sapyeong
德黑兰路
驿三路
道谷洞
Dogok-dong
通往首尔皇宫酒店 p.114
盘浦路
Banpo
牛眠路
Umyeonno
京釜高速公路
Gyeongbu Express Way-55
驿三洞
Yeoksam-dong
Eonjuro
江南地铁站
Gangnam
汉堤地铁站
Hanti
大峙地铁站
Daechi
道谷洞路
Dogok-dong gil
教大地铁站
Seoul Nat'l Univ. of Education
延世大学附属永东隔离医院
Subway Line 3
瑞草地铁站
Seocho
道谷地铁站
Dogok
首尔教育大学
I
J
Centro Hotel
南部巴士客运站地铁站
Nambu Bus Terminal
地铁3号线
梅峰地铁站
Maebong
九龙地铁站
Guryong
首尔南部巴士客运站
瑞草IC
良才地铁站
Yangjae
开浦洞
Gaepo-dong
通往舍堂地铁站
艺术殿堂
p.24 国立国乐院
通往釜山

p.111 首尔华克山庄喜来登大酒店
W首尔华克山庄酒店 p.113
华克山庄天堂赌场俱乐部 p.109
华克山庄晚餐秀 p.25
华克山庄免税店 p.97
清水
温达
Sirocco
汉江酒店
君子地铁站
Gunja
广津区
Gwangjin-gu
峨嵯山地铁站
Achasan
世宗大学
儿童大公园
Children's Grand Park
善花艺术高中
广壮洞
Gwangjang-dong
Subway Line 5
岩寺地铁站
Amsa
儿童大公园地铁站
Children's Grand Park
华阳洞
Hwayang-dong
毛陈洞
Mojin-dong
建大入口地铁站
Konkuk Univ.
建国大学
广渡口地铁站
Gwangnaru
广津桥
Gwangjin Bridge
千户大桥
Cheonho Bridge
地铁5号线
地铁8号线
九宜路
地铁2号线
Guiuro
九宜洞
Guui-dong
广津区政府
Panjiko肛肠医院
江边一路
风纳土城
E-Mart
千户地铁站
Cheonho
Subway Line 2
九宜地铁站
Guui
东首尔长途巴士客运站
江边地铁站
Gangbyeon
奥林匹克大桥
Olympic Bridge
江东区
Gangdong-gu
陵洞路
Neungdongno
城东区
Seongdong-gu
惠民医院
紫阳洞
Jayang-dong
p.117 东首尔酒店
风纳洞
Pungnap-dong
江东区政府地铁站
Gangdong-gu Office
紫阳路
Jayangno
堤岛游乐园地铁站
Ttukseom Resort
蚕室铁桥
Jamsil Railroad Bridge
Pungnapno
江东区政府
堤岛游乐园
Gangbyeon Expressway
汉江市民公园
风纳路
堤岛码头 p.85
Jamsil Bridge
蚕室大桥
江东大路
Gangdongdaero
Olympic Parktel酒店
汉江
Hangang
城内河
Seongnaecheon
梦村土城
汉江游览船 p.85
城内地铁站
Seongnae
奥林匹克公园
p.85 蚕室码头
汉江市民公园
Olympic Expressway
奥林匹克会馆
游泳竞技场
第1体育馆
奥林匹克露天体育场
奥林匹克大路
梦村土城地铁站
Mongchon-toseong
正门
蚕室综合运动场
蚕室洞
Jamsil-dong
蚕室地铁站
Jamsil
威礼城路
Wiryeseongqil
奥林匹克公园地铁站
Olympic Park
蚕室邮局
新川地铁站
Sincheon
乐天百货店蚕室店
乐天国际免税店 p.97
芳荑洞
Bangi-dong
棒球场
乐天世界 p.84
乐天世界大酒店 p.112
梧琴路
综合运动场地铁站
Sports Complex
新川洞
Sincheon-dong
Lotte World
首尔游乐场 p.25
芳荑百济古墓群
Ogeumno
p.85 乐天世界民俗博物馆
松坡大路
芳荑地铁站
Bangi
百济古坟路
Baekjegobunno
蚕室医院
石村地铁站
Seokchon
松坡洞
Songpa-dong
石村洞
Seokchon-dong
Songpadaeno
三田洞
Samjeon-dong
石村洞百济古墓群
可乐高中
南部环路
Nambu Belt Way
梧琴地铁站
Ogeum
炭川
Tancheon
可乐路
Garakno
松坡区
Songpa-gu
松坡地铁站
Songpa
Yeongdongdaero
鹤滩地铁站
Hangnyeoul
警察医院地铁站
National Police Hospital
国铁盆唐线
Bundang Line
大母山入口地铁站
Daemosan
可乐洞农水产品批发市场
大厅地铁站
Daecheong
可乐市场地铁站
Garak Market
逸院洞
Irwon-dong
Yangjaedaeno
水西洞
Suseo-dong
首尔三星医院
水西地铁站
Suseo
开浦洞地铁站
Gaepo-dong
良才大路
逸院地铁站
Irwon
文井地铁站
Munjeong
帕赛克绘路
Bangogaegil
长旨地铁站
Jangji
通往城南市
C
D
G
H
K
L

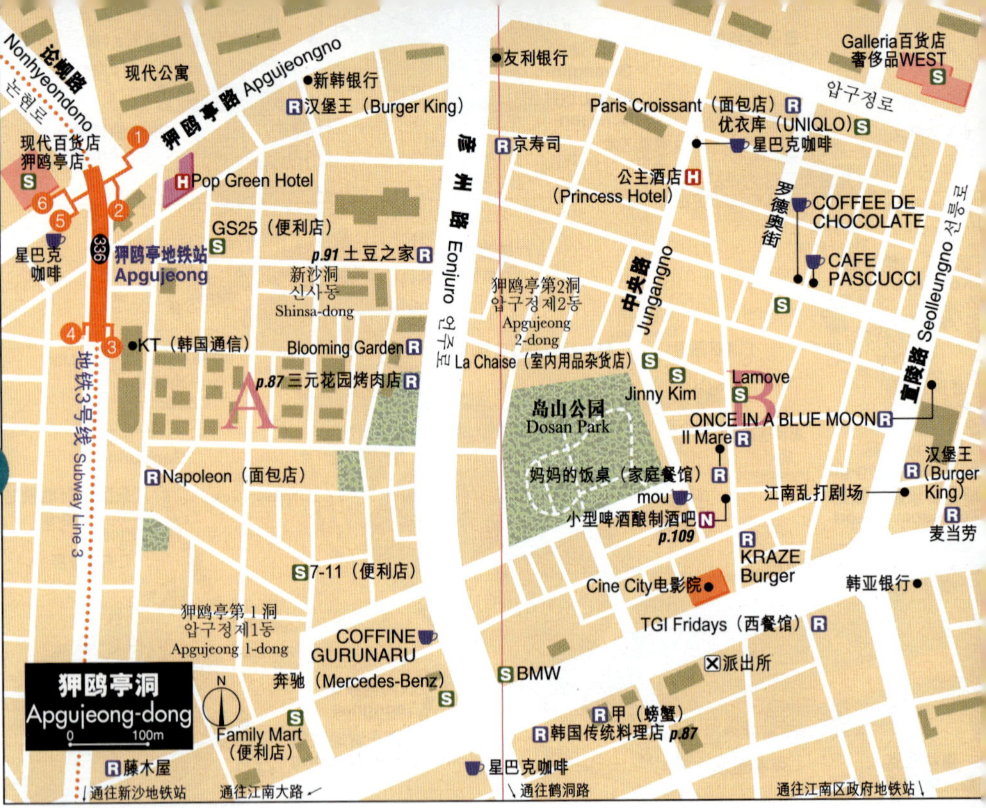
狎鸥亭洞
Apgujeong-dong
0 100m
N
论岘路
Nonhyeondono
논현로
现代公寓
狎鸥亭路 Apgujeongno
新韩银行
汉堡王（Burger King）
友利银行
现代百货店
狎鸥亭店
Pop Green Hotel
GS25（便利店）
星巴克咖啡
狎鸥亭地铁站
Apgujeong
336
p.91 土豆之家
新沙洞
신사동
Shinsa-dong
KT（韩国通信）
Blooming Garden
p.87 三元花园烤肉店
地铁3号线 Subway Line 3
Napoleon（面包店）
7-11（便利店）
狎鸥亭第 1 洞
압구정제1동
Apgujeong 1-dong
COFFINE GURUNARU
奔驰（Mercedes-Benz）
Family Mart（便利店）
藤木屋
通往新沙地铁站
通往江南大路
彦州路 Eonjuro 언주로
京寿司
狎鸥亭第2洞
압구정제2동
Apgujeong 2-dong
La Chaise（室内用品杂货店）
岛山公园
Dosan Park
妈妈的饭桌（家庭餐馆）
mou
小型啤酒酿制酒吧
p.109
Cine City电影院
TGI Fridays（西餐馆）
BMW
派出所
甲（螃蟹）
韩国传统料理店 p.87
星巴克咖啡
通往鹤洞路
Galleria百货店
奢侈品WEST
압구정로
Paris Croissant（面包店）
优衣库（UNIQLO）
星巴克咖啡
公主酒店
（Princess Hotel）
罗德奥街
COFFEE DE CHOCOLATE
CAFE PASCUCCI
中央路 Jungangno
宣陵路 Seolleungno 선릉로
Lamove
Jinny Kim
ONCE IN A BLUE MOON
Il Mare
汉堡王（Burger King）
江南乱打剧场
麦当劳
KRAZE Burger
韩亚银行
通往江南区政府地铁站
A
B

汝矣岛
Yeouido
0 500m
N
通往新村
通往麻浦站
候鸟栖息地
通往首尔市政府
西江大桥
汉江
麻浦大桥 Mapo Bridge
Hangang
汉江市民公园
国会议事堂 p.83
National Assembly
宪政纪念馆
国会图书馆
汝矣岛纯福音中央教堂
莱克星顿酒店
汝矣西路
汝矣西路
正友大厦
韩国进出口银行
议员会馆
国会议事堂地铁站
National Assembly
地铁9号线 Subway Line 9
汝矣岛公园
汝矣岛洞
여의도동
Yeouido-dong
527
汝矣岛码头地铁站
Yeouinaru
元晓大桥 Wonhyo Bridge
汉江游览船 p.85
汝矣岛码头 p.85
帕琼桥
Yeouisoro 여의서로
东亚日报社
文化广场
汝矣岛高中
文化广播局MBC
汝矣东路
汝矣岛女子高中
韩国广播公司 KBS
奥林匹克大路
议事堂路
KT（韩国通信）
汝矣岛邮局
526
汝矣岛地铁站
Yeouido
汉堡王
Euisadangno
永登浦区
영등포구
Yeongdeungpo-gu
大韩生命63大楼 p.83
63 Building
自行车小道
首尔桥
Seoul Bridge
地铁5号线 Subway Line 5
新吉地铁站
Sin-gil
525
汝矣东路 Yeouidongno 여의동로
Olympic Expressway
汝矣岛消防局
KBS配楼
安卡拉公园
汝矣岛圣母医院
洑流地铁站
Saetgang
通往首尔地铁站
通往金浦机场
通往金浦机场
通往仁川
通往首尔地铁站
通往堤岛、蚕室
京釜、京仁线
新吉地铁站
Sin-gil
永登浦地铁站
Yeongdeungpo
大方地铁站
Daebang
p.103 鹭梁津水产市场
鹭梁津地铁站
Noryangjin
E
F

小贴士

当地免费地图

首尔市内的旅游信息中心和酒店大厅里都有许多韩国本地制作的中文地图，全都可以免费拿取。不少地图里还附有折扣券，十分实用，但折扣券都是靠广告收入换取利益的，关于商店的介绍和报道基本上都带有夸大宣传成分，这一点最好事先有心理准备。

主要的免费地图

韩国、首尔地图

此地图由韩国旅游局发行，在中国的韩国旅游局办事处也能获取。里面包括首尔各条繁华街道的地图以及韩国全图，字比较小，但记载的信息都是准确的。还附带酒店和名胜景点一览表。

月刊导游地图

此地图是免费首尔导游地图中的老字号。风格简洁，内容有序易懂。首尔的整体图特别大。每月都发行，还附有当月文化活动的日期和时间。

I Map

此类地图包括明洞的美食地图和明洞、南大门、东大门的购物地图。字很大，看起来很方便，明洞和南大门市场的位置关系也简单明了。附带折扣券。

走遍首尔！

市内交通

遍布首尔市内的15条线路交织成网

地铁 *Metro* 지하철

DATA

第一次乘坐时若使用1050韩元的交通卡（预付卡），则可便宜105韩元

首尔的地铁线有1~9号线和国铁盆唐线、中央线、京义线等15条线路，遍及市内的每一个角落。地铁运营公司有三家，但车费系统都是统一的，所以换乘时不需要再买票。各条线路都有其标志颜色，线路指南、地铁站内的指示图等都与该线路的标志色一致。各站以三位数的编号划分，百位上的数字是线路号，后面两个数字是从起点站按顺序排过来的编号，票上的站名和地面上的各个出口都是用这种三位数编号来标示的。参照p.64~65的首尔首都圈地铁线路图，提前记住自己要乘车或下车的地铁站编号，乘地铁时就很方便了。

地铁入口处有形似列车的标志，上面标有站名、站号和出口号。几乎所有地铁站里都有用汉字标示的站名，一目了然。

票价是以距离来计算的，10公里以内是1050韩元；10公里~40公里内，每5公里增加100韩元；41公里以上则每10公里增加100韩元。例如，从市政府站到东大门市场站是3.1公里，票价为1050韩元，从乙支路入口站到金浦机场是21.4公里，票价为1350韩元。如果使用交通卡或者在新韩银行购买的“Korea Travel Card”，可以便宜10%。

方便的交通卡

韩国的交通卡与北京的一卡通一样，是在自动检票口刷卡的预付卡。使用交通卡除了有票价折扣外，还有换乘公交车时合计车费的好处。交通卡可以在地铁站窗口及部分便利店购买，卡费为2500韩元。可以以1000韩元为单位进行充值。

T money 판매/충전

在带有此类标志的店里可购买交通卡

两种自动售票机

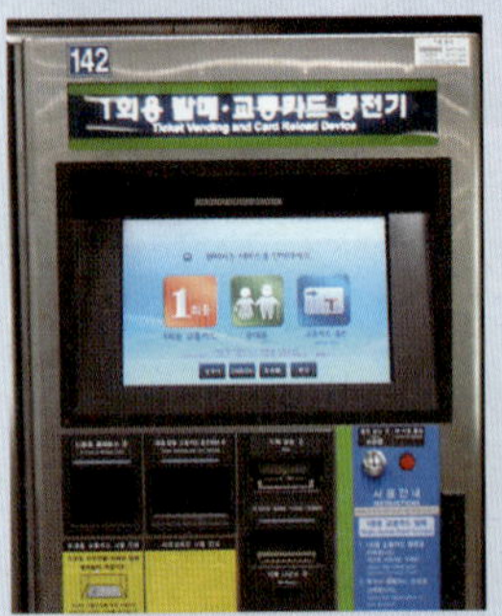

自动售票机

所有的售票机都是触摸屏，都能显示相应的中文，还能给交通卡充值。

一次性交通卡保证金返还机

检票口旁边设有一次性交通卡保证金返还机。将一次性交通卡投进去即可退回500韩元。

如何看站名

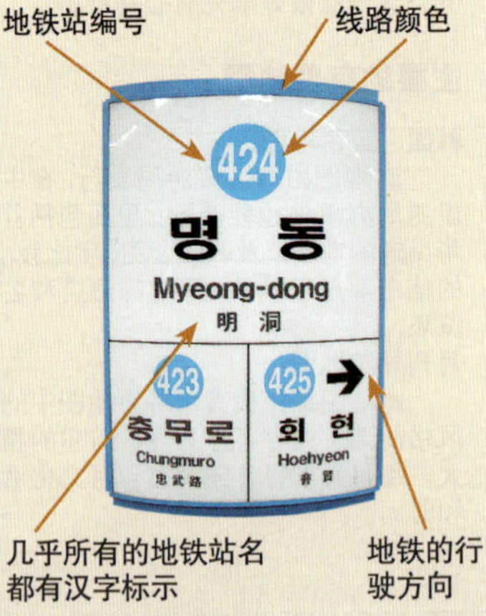

地铁的乘坐方式

购买一次性交通卡

乘坐首尔的地铁可使用磁性交通卡。多数人都使用充值型的T-money卡，也有一次性交通卡。自动售票机都是可显示中文的触摸屏，很方便。买卡时还需另付500韩元的押金。

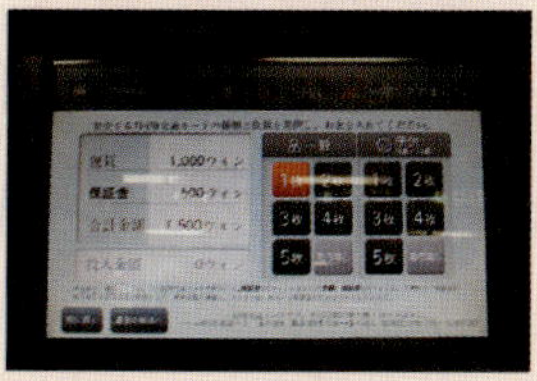

可显示中文（图中为日文操作界面）

进入检票口

检票口全都是自动的。1~4号线的检票口处，车票投进去之后推开横杆就可进入。5~8号线的检票口处没有横杆。下车时也要用到车票，进站后不要忘了取回车票。

不要忘记取回车票

换乘

车内的广播是录音的，换乘车站会播放音乐和英语广播。站台处有按线路颜色区分开的指示标志，只要记住各线路的颜色就不会迷路。

站内的指示标志数不胜数

下车出站

沿着黄色标志走就能出去了

地铁站内有大量去往出口的指示牌，用汉字标着“↑出口”。也有很多地铁站周边的地图资讯板。各出口都有编号，确认好要去的方向就可以出站了。

主要地铁线路

1号线

此线在钟路的地下行驶，经过首尔的繁华街区。与国铁接轨，直达仁川、水原以及天安。

2号线

此线为市内环线。经过明洞、新村、建大和蚕室等。部分区间是在地上行驶的。

3号线

此线经过独立公园和景福宫，连接狎鸥亭和高速巴士客运站等。往南北方向去可乘坐此线。

4号线

此线经过大学路、东大门、明洞和南大门等首尔市内有名之处，无论什么时间乘坐都很拥挤。

5号线

去金浦机场和汝矣岛时可乘坐此线。此线地铁在很深的地下行驶，上下站台很费力。

6号线

此线经过梨泰院和世界杯体育场等，但是也有不方便之处，就是不能换乘1号线。

机场铁道

此线连接仁川国际机场、金浦国际机场和首尔站。首尔站到仁川国际机场最快只需43分钟。

京春线

此线为通勤线，连接首尔的东大门“清凉里”和因《冬季恋歌》而出名的春川。沿途可饱览北汉江的美景。

首尔首都圈地铁线路图

长岩 장암
逍遥山 소요산
东豆川 동두천
保山 보산
东豆川中央 동두천중앙
纸杏 지행
德亭 덕정
德溪 덕계
杨州 양주
绿杨 녹양
佳陵 가능
议政府 의정부
回龙 회룡
望月寺 망월사
通往新炭里 Sintanri
通往都罗山 Drasan
月笼 월롱
金村 금촌
金陵 금릉
云井 운정
炭岘 탄현
一山 일산
枫山 풍산
白马 백마
谷山 곡산
汶山 문산
坡州 파주
大化 대화
注叶 주엽
鼎钵山 정발산
马头 마두
白石 백석
大谷 대곡
陵谷 능곡
花井 화정
元堂 원당
三松 삼송
纸杻 지축
旧把拨 구파발
延新内 연신내
瓮岩 독바위
佛光 불광
碌磻 녹번
弘济 홍제
毋岳斋 무악재
独立门 독립문
景福宫 경복궁
龟山 구산
驿村 역촌
鹰岩 응암
新寺 새절
幸信 행신
花田 화전
水色 수색
绘山 증산
加佐 가좌
新村（京义） 신촌
数码媒体城 디지털미디어시티
汉江
光化门 광화문
钟阁 종각
西大门 서대문
钟路3街 종로3가
新村 신촌
世界杯体育场 월드컵경기장
麻浦区政府 마포구청
弘大入口 홍대입구
梨大 이대
阿岘 아현
忠正路 충정로
市政府 시청
乙支路入口 을지로입구
望远 망원
合井 합정
儿岭 애오개
首尔站 서울역
会贤 회현
傍花 방화
开花山 개화산
开花 개화
金浦机场 김포공항
阳川乡校 양천향교
麻谷津 마곡나루
新傍花 신방화
机场市场 공항시장
加阳 가양
曾米 증미
登村 등촌
盐仓 염창
新木洞 신목동
仙游岛 선유도
堂山 당산
国会议事堂 국회의사당
广兴仓 광흥창
孔德 공덕
大兴 대흥
孝昌公园 효창공원앞
淑大入口 숙대입구
上水 상수
南营 남영
麻谷 마곡
钵山 발산
松亭 송정
雨装山 우장산
禾谷 화곡
新亭 신정
木洞 목동
梧木桥 오목교
汝矣岛 여의도
麻浦 마포
汝矣渡口 여의나루
三角地 삼각지
喜鹊山 까치산
杨坪 양평
永登浦区政府 영등포구청
文来 문래
永登浦市场 영등포시장
新龙山 신용산
龙山 용산
二村 이촌
鹭梁津 노량진
新亭十字路口 신정네거리
阳川区政府 양천구청
道林川 도림천
新道林 신도림
永登浦 영등포
新吉 신길
大方 대방
汝矣渡 샛강
桂阳 계양
橘岘 귤현
黔岩 검암
朴村 박촌
云西 운서
林鹤 임학
机场货物大厅 공항화물청사
桂山 계산
京仁教育大学 경인교대
仁川国际机场 인천국제공항
鹊田 작전
葛山 갈산
大林 대림
鹭梁津 노들
黑石（中央大学入口） 흑석
铜雀 동작
温水 온수
梧柳洞 오류동
开峰 개봉
九一 구일
驿谷 역곡
新丰 신풍
波拉美 보라매
上道 상도
崇实大学入口 숭실대입구
素砂 소사
天旺 천왕
九老 구로
南九老 남구로
新大方三岔路口 신대방삼거리
南城 남성
总神大学入口 총신대입구
富川 부천
九老数码园区 구로디지털단지
长丞拜基 장승배기
中洞 중동
光明十字路口 광명사거리
铁山 철산
新大方 신대방
首尔大学入口 서울대입구
落星岱 낙성대
秀山 독산
新林 신림
奉天 봉천
松内 송내
富平三岔路口 부평삼거리
加山数码园区 가산디지털단지
衿川区政府 금천구청
舍堂 사당
富开 부개
光明 광명
石水 석수
政府果川厅舍 정부과천청사
果川 과천
南泰岭 남태령
富平 부평
冠岳 관악
坪村 평촌
间石五岔路口 간석오거리
安养 안양
虎溪 범계
富平区政府 부평구청
富平市场 부평시장
东树 동수
仁川市政府 인천시청
鸣鹤 명학
仁德院 인덕원
大公园（首尔乐园） 대공원
赛马公园 경마공원
白云 백운
衿井 금정
军浦 군포
艺术会馆 예술회관
铜岩 동암
仙鹤 선학
新延寿 신연수
源仁斋 원인재
东春 동춘
东幕 동막
科技公园 테크노파크
间石 간석
堂井 당정
山本 산본
西东滩 서동탄
朱安 주안
修理山 수리산
仪旺 의왕
成均馆大学 성균관대
华西 화서
水原 수원
细柳 세류
饼店 병점
洗马 세마
道禾 도화
仁川客运站 인천터미널
文鹤体育场 문학경기장
大学城 캠퍼스타운
知识情报园地 지식정보단지
仁川大学入口 인천대입구
中央公园 센트럴파크
济物浦 제물포
大夜味 대야미
桃源 도원
国际业务园区 국제업무지구
东仁川 동인천
仁川 인천
乌耳岛 오이도
正往 정왕
新吉温泉 신길온천
安山 안산
工团 공단
古栈 고잔
中央 중앙
汉大入口 한대앞
常绿树 상록수
半月 반월
※ 136 917 鹭梁津不是换乘站。T-money卡可以继续使用。

换乘站
1号线
2号线
3号线
4号线
5号线
6号线
7号线
8号线
9号线
KORAIL中央线、京春线
仁川地铁1号线
KORAIL机场铁道
KORAIL盆唐线
KORAIL京义线
通往原州
Wanju
水落山 수락산
马得 마들
道峰 도봉
放鹤 방학
芦原 노원
上溪 상계
堂岭 당고개
仓洞 창동
中溪 중계
下溪 하계
孔陵 공릉
双门 쌍문
水逾 수유
弥阿 미아
弥阿三岔路口 미아삼거리
吉音 길음
诚信女子大学入口 성신여대입구
汉城大学入口 한성대입구
惠化 혜화
东大门 동대문
钟路5街 종로5가
鹿川 녹천
月溪 월계
城北 성북
石溪 석계
泰陵入口 태릉입구
花郎台 화랑대
烽火山 봉화산
去往春川
Chuncheon
高丽大学 고려대
安岩 안암
普门 보문
昌信 창신
东庙 동묘앞
新里门 신이문
外国语大学 외대앞
回基 회기
祭基洞 제기동
新设洞 신설동
清凉里 청량리
中浪 중랑
中和 중화
墨谷 먹골
忘忧 망우
养源 양원
九里 구리
陶农 도농
养正 양정
德沼 덕소
陶深 도심
八堂 팔당
云吉山 운길산
两水 양수
新院 신원
菊秀 국수
龙门 용문
元德 원덕
杨平 양평
我新 아신
上凤 상봉
面牧 면목
四佳亭 사가정
龙马山 용마산
龙头 용두
新踏 신답
上往十里 상왕십리
东大门运动场 동대문운동장
新堂 신당
马场 마장
龙踏 용답
中谷 중곡
君子 군자
峨嵯山 아차산
广渡口 광나루
上一洞 상일동
高德 고덕
明逸 명일
吉洞 길동
曲桥 굽은다리
岩寺 암사
乙支路4街 을지로4가
青丘 청구
新金湖 신금호
杏堂 행당
应峰 응봉
往十里 왕십리
汉阳大学 한양대
纛岛 뚝섬
圣水 성수
踏十里 답십리
长汉坪 장한평
儿童大公园 어린이대공원
建大入口 건대입구
九宜 구의
江边 강변
千户 천호
江东 강동
忠武路 충무로
东大入口 동대입구
药水 약수
鹰峰
波堤岭 버티고개
金湖 금호
汉江镇 한강진
梨泰院 이태원
玉水 옥수
汉南 한남
西冰库 서빙고
狎鸥亭 압구정
新沙 신사
新盘浦 신반포
蚕院 잠원
高速巴士客运站 고속터미널
堤岛游乐园 뚝섬유원지
城内 성내
江东区政府 강동구청
遁村洞 둔촌동
奥林匹克公园 올림픽공원
梦村土城 몽촌토성
芳荑 방이
清潭 청담
蚕室 잠실
梧琴 오금
江南区政府 강남구청
石村 석촌
开笼 개롱
新川 신천
警察医院 경찰병원
综合运动场 종합운동장
松坡 송파
巨余 거여
盘浦 반포
论岘 논현
鹤洞 학동
新论岘 신논현
砂平 사평
可乐市场 가락시장
马川 마천
宣陵 선릉
三成 삼성
瑞草 서초
教大 교대
江南 강남
驿三 역삼
汉堤 한티
文井 문정
大峙 대치
鹤滩 학여울
大厅 대청
大母山入口 대모산입구
长旨 장지
南部巴士客运站 남부터미널
良才 양재
梅峰 매봉
道谷 도곡
九龙 구룡
开浦洞 개포동
逸院 일원
水西 수서
福井 복정
山城 산성
南汉山城入口 남한산성입구
通往大田
Daejeon
通往益山
Iksan
丹岱五岔路口 단대오거리
曝园大学 경원대
太平 태평
乌山大学 오산대학
乌山 오산
振威 진위
松炭 송탄
西井里 서정리
芝制 지제
平泽 평택
成欢 성환
稷山 직산
斗井 두정
天安 천안
凤鸣 봉명
双龙 쌍용
牙山 아산
汤井(未开通) 탕정
排芳 배방
丰基(未开通) 풍기
温阳温泉 온양온천
新昌 신창
宝亭 보정
竹田 죽전
梧里 오리
美金 미금
亭子 정자
薮内 수내
书岘 서현
二梅 이매
野塔 야탑
牡丹 모란
寿进 수진
新兴 신흥

便宜又方便

出租车 *Taxi* 택시

DATA

起步价
普通车：
2400韩元
模范车：
4500韩元

首尔的出租车有一般的普通出租车和高级的模范出租车两种。普通出租车比较便宜，一般市民也常常乘坐，但麻烦和纠纷也相对较多。语言不通的旅行者要想放心地乘坐出租车，还是建议选择由经过严格训练的司机驾驶的模范出租车。首尔街上出租车的数量都很多，除了深夜之外，一般都不会打不到车。

普通出租车

大部分首尔市民都乘坐普通出租车，其标志是银色或乳白色的车身。司机大多不懂中文。最近，服务较好的普通车增多了，但是深夜时乘客较多，出租车供不应求，司机有时会态度恶劣或者让乘客拼车，还常常根据目的地而拒绝载客。另外，有些车偶尔还会由于机器故障开不出收据。起步价为2公里以内2400韩元，2公里以上每144米加价100韩元。由于堵车等情况每小时车速不到15公里时，每35秒加价100韩元。深夜零点至凌晨4点之间车费要多收20%。

选择乘坐普通出租车的人越来越多

模范出租车

是大部分外国人选择乘坐的高级出租车，车身为黑色，车顶上的黄色指示灯上标着“Deluxe Taxi”。模范出租车的司机都通过了严格的测试，因此比普通出租车的司机素质要高。起步价为3公里以内4500韩元，3公里以上每164米加价200韩元。每小时车速不到15公里时，每39秒加价200韩元。深夜不涨价。

黑色的模范出租车

国际出租车

此出租车面向外国游客，由首尔特别市管理。有一般出租车（特征为醒目的黄色车身，车费增加20%）和模范出租车（以车顶标志与其他模范出租车区分，车费与平时相同）两种，司机会说外语。只要拨打24小时叫车电话（1644-2255），随时都能叫到出租车。

如何打车

打车方式与中国基本相同。看到亮着“空车”灯的出租车开过来时，招一下手车就停了。车门是非自动的，乘客自己打开车门坐进后座。把事先让酒店服务人员等帮忙写好的目的地地址给司机看就行了。要注意看计程器。

小知识

深夜拼车的习惯

韩国人搭乘普通出租车时有拼车（韩语发音为“哈普斯恩”）的习惯。以前这种情况在白天也很常见，不过由于出租车数量增多，交通管制加强，最近就只在末班地铁即将发车的深夜才出现了。如果你先打了车，后来拼车的人要去的地方比你远，那你下车时只付计程器上显示的价格就可以了，但没有发票。相反，你上车时如果车里有别的乘客，那你下车时就要按照“下车时的车费－乘车时的车费+基本车费2400韩元”来支付车费。这些收费方式都是违法的，所以深夜想打出租车时，建议到附近的酒店搭乘模范出租车或者国际出租车。还可以事先预约好出租车。

另外，有些地方偶尔还有白天拼车的现象。建议尽量在酒店等地的乘车点乘车。

深夜很少有空车

乘巴士游首尔

首尔城市观光巴士

DATA

白天：1万韩元
晚上：5000韩元
双层巴士车费增加20%
周一停运（节假日除外）

首尔市内的公交车数量极多，但司机的驾驶方式有时不太谨慎，而且站名几乎都是用韩语标示的，所以对旅行者来说，要想充分利用公交车旅行很难。推荐旅行者乘坐首尔城市观光巴士。此巴士是定期观光巴士，从光化门发车，途经市内各个值得一看的景点，车内每个座位上都有耳机，可戴上耳机听中文的导游介绍。若想高效游览市中心区的景点，乘坐这种巴士就比较方便。车票可以上车之后买，也可以在光化门和东大门的旅游咨询处以及特级酒店等地购买。

城市观光巴士停靠站

途经江北区主要观光景点的循环路线（需2小时）为每30分钟一班车。途经王宫和清溪川的清溪、古代宫殿路线（需1小时10分）使用的是双层巴士，每1小时一班车。夜景路线有一般巴士和双层巴士两种，都是晚上20点发车。所有的巴士都是以光化门广场东和免税店前面为起点站，市中心循环路线可以在各个景点自由下车。

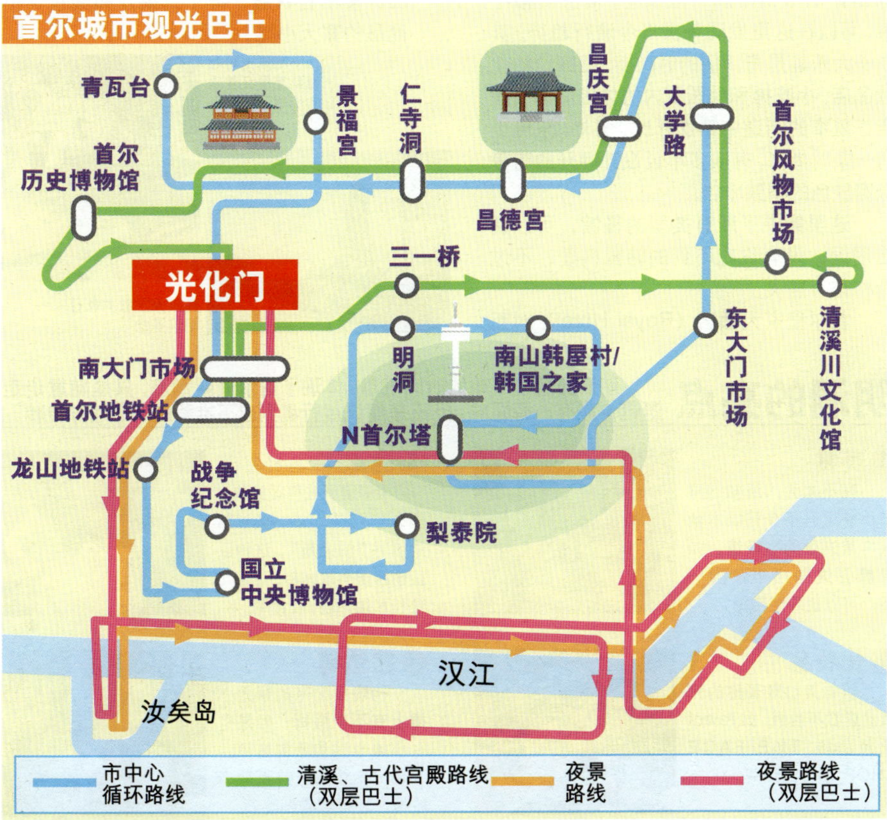

明洞

●명동

地图 p.46-F、放大图p.52

●地铁2号线202乙支路入口站5、6号出口步行1分钟；4号线424明洞站6号出口出站即到

看点
◎展示当今首尔的精品店
◎位于繁华街道上的明洞圣堂
◎多姿多彩的露天小摊

年轻人熙熙攘攘的明洞

保留了不少历史建筑、首尔首屈一指的繁华街道

明洞是位于首尔中心地区的最大的一条繁华街道，有许多精品店、餐馆和化妆品店等。WHO.A.U、BASIC HOUSE之类的韩国休闲服饰品牌一应俱全，商品价格不菲，可以在这里发现韩国当今流行趋势。其中一大乐趣是逛西侧的时尚街，超廉价的化妆品店、小吃摊和韩国国内的休闲服饰品牌店在狭窄的街道中鳞次栉比。另外，东侧也有一条时尚街，有很多年轻设计师开的店等极富特色的精致小店。

这里集中了所有类型的餐馆，可以说在明洞，没有你吃不到的韩国料理，不过价格都有些贵。

首尔皇家大酒店（Royal Hotel）对面的气势恢宏的教堂就是明洞圣堂。这座教堂于1898年建成，是韩国最古老的哥特式建筑。据说教堂的地下安放着许多殉教者的遗体。此外，明洞还保留了日本统治时期建成的一些建筑，虽然在繁华喧闹的大街上并不太引人注目。

明洞最热闹的时段是傍晚到夜里的这段时间。一到下午16点左右，主路上就摆出许多出售衣服、鞋子、果汁和钱包等小商品的露天小摊。

在小吃摊上可品尝到简便又美味的小吃

韩国天主教的象征——明洞圣堂

明洞的亮点

明洞充满了浓厚的时尚气息，体现了首尔最新潮流，只是随意走走逛逛也颇有一番趣味，但还是建议旅行者到以下推荐的几个地方转转。

① 美食

在不太为人所知的背街小巷里有不少韩国本地人常常光顾的小饭馆。如果想去这些店里品尝一下，可以让导游带路。

② 化妆品

以物美价廉著称的化妆品店数不胜数，如Talent化妆品店、THE FACE SHOP、MISSHA等。

③ 甜点

若是夏天去韩国旅游，那么可以到Iceberry尝尝韩式刨冰“帕品斯”。这种巨型刨冰里有软冰糕、豆馅儿粒和水果，搅拌后食用。

④ 路边摊

傍晚摆出来的露天小摊上有不少假货，但是有些小摊也出售原创商品。Talent化妆品店前面有小吃摊，还可以喝到啤酒。

明洞街道地图

国立明洞剧场

日本统治时期建立的国立剧场如今已成为明洞剧场，正在进行复原施工。一走进小巷就立刻感受到一种怀旧的气氛。也有不少小饭馆。

这一角以前是中国大使馆所在地，现在成为一条迷你中华街。也有很多书店。

这一区有很多精品店和饭馆。其后面的巷子里还星星点点地散布着很有名气的饭馆。

这条小巷里有许多超级廉价的化妆品店和原创精品店。也有小摊，拥挤得几乎让人没有立足之地。

明洞的繁华大街——中央路。傍晚16点左右摆出的露天小摊是看点之一。店面的变迁很快。

小巷里的招牌

小摊上的小吃数不胜数

喧闹的景象持续到深夜

小贴士

在韩国观赏最新电影

韩国是当今世界上最有潜力的电影生产大国之一，代表电影有在戛纳电影节上获得过评委会大奖的《老男孩》等。在韩国第一时间观赏最新电影也是一大乐趣。电影的语言都是韩语，不过优秀电影只看画面也能心领神会。

韩国电影放映实行完全换场制度，影院大部分是有4~10面银幕的多功能影院，票价约为8000韩元。在售票窗口将想看的电影名字和人数告诉售票员就能买到下一场的票。有时还能在电脑屏幕上选择座位。

繁华街道上到处都有电影院，在明洞，推荐去位于Yes！AvaTar购物中心的CGV明洞影院。另外，明洞以东的忠武路是集中了各个电影公司的“韩国的好莱坞”，有大韩剧场等许多大型影院。位于东大门市场CELESTAR大厦9~11层的东大门MEGA BOX是24小时营业，日程较短的游客可以选择去那里。

CGV明洞影院	地图p.52-C
大韩剧场	地图p.47-K
东大门MEGA BOX	地图p.54-E

电子屏上的红色部分是已售完的场次，周末尤其拥挤

韩国电影的大本营——忠武路的大韩剧场

SPECIAL POINT GUIDE

仁寺洞

●인사동

地图 p.46-B、放大图p.53

●地铁1号线131钟阁站3号出口步行7分钟；5号线534钟路3街站5号出口步行5分钟；3号线328安国站6号出口步行3分钟

看点
◎选购陶瓷器、韩纸
◎巷子里的古老建筑物
◎周末的传统活动

弥漫着传统气息的艺术之街

以从钟路2街延伸至安国站的仁寺洞路为中心，有许多出售陶瓷器、茶具、书法用品和韩纸等的商店。这一带也有不少美术馆和画廊，还有高级韩服专卖店，是购买土特产的最佳去处。

从仁寺洞路往里走的一条巷子里有很多专营韩定食的饭店、传统小酒馆和传统茶馆等。如果想体验祥和宁静的气氛，不妨到巷子里走走。乐园商业街东侧的老房子还残存着首尔过去的影子，现在正一点儿一点儿重建，但仍是个散步的好地方。

重视、保护传统文化也是仁寺洞的特点之一。2004年12月问世的Ssamji Gil，是时尚品牌Ssamji为了拯救因城市重建而被迫搬迁的12家老字号传统工艺品店而建起来的购物中心。其周围有很多画廊和美术馆，立志要当艺术家的学生有时会在街上出售自制的小饰品。

古老的旅馆依然残留着往日气息

再现王室为孩子庆祝成长的公开表演

每周六14点~22点和每周日10点~22点，这里是步行者的天堂，很多卖蜂蜜烤馅饼（霍托库）和香料的小摊子也会摆出来。除了周六、周日外的下午，街上都车来车往，走路时要小心。

周末去可以看到五花八门的活动和表演

摄影秘诀

将观看表演的观众也一起拍进去

周末的下午，仁寺洞到处都有活动。也有不少“盘索里”之类的传统表演，许多韩国摄影师都备好了相机在一旁等候。拍摄这些公开表演时，也可以试试把在周围观看的观众们一起拍进去。韩国人都落落大方地跟着表演者唱唱跳跳，那愉快的表情就是照片里最亮丽的风景。拍的时候别忘了暗示对方：“笑一笑，要拍了哦！”

为表演拍手助兴的都是行人

仁寺洞街道地图

周末的传统公开表演

此处是传统酒店和饮食店的聚集地。这一带有许多古老的建筑物，如果想感受仁寺洞的原汁原味，那么可以到这里走走。

周末逛路边摊是这条主街的一大乐趣。有时学生也会在街上出售自己亲手制作的作品。

旅游信息中心前面的广场和仁寺洞街上在周末会举行传统公演等各种各样的活动。

这里还留存着少数昔日的老房子，城市重建逐渐威胁到这些建筑物的存在，趁这些景物消失之前去看一看吧。

这是首尔的黄金街——Pimatgol。由于开始重建，这里也难逃消失的命运。

还保留着古老的房屋

街头还有画肖像画的画家

仁寺洞的亮点

如果想来仁寺洞，强烈建议选择周六下午或周日。用2小时左右随意走走逛逛，各种各样的活动和表演会令你大饱眼福。

① 逛露天小摊

露天小摊为周末的仁寺洞增添了不少情趣。卖糖的小贩边跳边削着一块巨大的糖，街头画家在给行人和游客画肖像画，这些情景甚至会让你分不清他们是在做生意还是在表演。

② 韩国传统茶

仁寺洞有数十家传统茶专卖店，很多店里都能用简单的外语进行交流。每家店的价格都差不多，为一杯6000韩元左右，选择自己喜欢的店进去品尝吧！

③ 陶瓷器、书画

从最适合当做送礼佳品的袖珍茶具到精美雅致的韩纸及货真价实的挂轴等，在仁寺洞你能找到各种各样的工艺品。

④ 传统表演

每周日下午，仁寺洞南侧的观光文化广场和仁寺洞街上都会举行各种各样的传统文艺表演。当然，这些表演都可以免费观赏。

关注韩国的历史文化

寻访朝鲜王朝历史遗迹

首尔是存在了500余年的朝鲜王朝（李氏朝鲜）的都城，如今已成为亚洲屈指可数的大城市之一，但市内各处仍然保留着朝鲜王朝时代的历史遗迹，并受到韩国人的珍视和保护。现在就来感受一下朝鲜王朝的气息吧！

如果你对韩国的传统文化和历史感兴趣，那就不能不探访朝鲜王朝的历史遗迹。韩国处在日本殖民统治时期时，很多建筑和设施由于日本实行的殖民地政策而遭到破坏或重建。不过，经过30多年的修复工程，朝鲜王朝时代的原貌正逐步恢复。

若是时间有限或不知道去哪里参观好，建议先去昌德宫和景福宫看一看。

主要王宫和历史遗迹的推荐度

1）昌德宫

韩国王宫的样貌保存得最完好的世界文化遗产。

2）景福宫

朝鲜王朝的正宫，以规模庞大著称。

3）宗庙

周围森林环绕，历代国王和王妃安息于此。

4）昌庆宫

小王宫，可从山丘上眺望全景。

5）德寿宫

西式建筑与朝鲜式宫殿并存。

所有王宫都通用的参观联票

景福宫、昌德宫、昌庆宫、德寿宫和宗庙景点现在也出售一种参观联票，可在这5个景点通用。在昌德宫里还可以选择后苑特别参观路线。票价为1万韩元，有效期1个月。若想参观所有5个景点，买联票比在各个景点分别买票要便宜4000韩元。单是景福宫和昌德宫两个景点的票价就高于联票票价了。因此推荐想在自由时间里游览王宫的游客使用。

王宫里还有免费的中文导游解说

规模庞大的朝鲜王朝正宫

景福宫 경복궁

地图 p.50-A

● 地铁3号线327景福宫站5号出口步行3分钟
● 门票3000韩元（与国立民俗博物馆通用）
9:00~18:00、11月~2月9:00~17:00＊　周二休息

景福宫是朝鲜王朝第一代国王**李成桂**于1395年创建的正宫，约200年间都用做国王的居所。具有正宫的典型构造，41.58公顷的宽阔建筑用地内，宫殿按南北方向设置得井井有条，东南西北共有四扇大门。1592年因壬辰倭乱（万历朝鲜之役）而烧毁，之后被荒废多年。后来第26代国王、高宗之父兴宣大院君下令重建，1868年起约30年间又再次用做王宫。

韩国被日本占领期间，这里几乎所有的建筑物都被拆除了，但1990年开始依次展开复原工程，修复至今。

勤政殿的守护神

放大镜

李成桂

1335—1408。朝鲜王朝第一代国王（1393—1398在位）。原来是高丽王朝的东北守卫将士，但反对采取亲元政策的旧政权，后以武装政变掌握了全部政权，登基成为国王。

世宗

1397—1450。朝鲜王朝第四代国王（1418—1450在位）。将朝鲜王朝发展壮大的著名君王。1443年创制了平民也能读写的文字——训民正音（现在的朝鲜文字）。

香远亭

是高宗国王于1873年建造乾清宫（现在正在进行修复）的时候修造的位于水池中心的一座六角形建筑，国王曾到此散步游玩。

宁静雅致的香远亭

国立民俗博物馆 국립민속박물관

位于景福宫内的博物馆。利用丰富多彩的人偶和模型向人们简单通俗地介绍韩国人的传统民俗文化。展示了本民族到朝鲜半岛定居之后直到朝鲜王朝时代的生活史，韩国过去的农业、手工艺、衣食住行文化，以及朝鲜王朝时代普通韩国人的生活面貌等。

DATA
地图 p.50-B
●从兴礼门步行10分钟
●门票3000韩元（与景福宫通用） 9:00~18:00、11月~2月9:00~17:00 * 周二闭馆

康宁殿

国王生活的地方。国王在中央的房间就寝，女官在周围的房间里待命。后面有王妃的寝宫交泰殿。

康宁殿

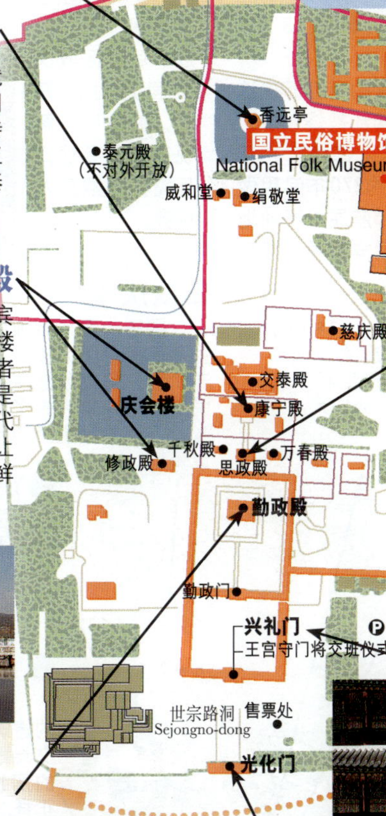

庆会楼、修政殿

建于水池上的迎宾馆，是韩国最大的木造楼阁，用于接待外国使者等。南侧的修政殿曾经是集贤殿所在之处，第四代国王世宗曾召集学者，让学者们在殿内创制了朝鲜文字。

倒映在池中的庆会楼

思政殿

思政殿与东面的万春殿及西面的千秋殿，是国王和臣下共商国政的地方之一。按照宫殿建筑物的设置方式，与光化门、兴礼门、勤政殿和康宁殿按南北方向排列在一条直线上。

国王执政的思政殿

兴礼门

位于光化门后面的正宫的第二扇门。韩国被日本占领期间遭拆卸，并在原先的位置上建起了巨大的朝鲜总督府官厅，2001年复原。

施工中的光化门

勤政殿

景福宫的正殿，曾用来举行国王的登基仪式和接见外国使者等。现在的勤政殿是1867年重建的。这座庄严的二层构造建筑物建在高而广的石筑基坛（月台）上，顶部很高，殿内中央有国王的宝座。基坛上有青龙和白虎等四神，还雕刻有十二生肖像。

气势恢宏的勤政殿

勤政殿的宝座

光化门

朝鲜王朝正宫的正门。在日本占领期间，被拆掉后转移到景福宫东面。后来因朝鲜战争而烧毁，1968年重建，现在还在进行复原工程。

* 闭园前1小时禁止入园

向今人展示朝鲜王朝的风貌 ⓒⓒⓒⓒⓒ

世界遗产

昌德宫 창덕궁

地图 p.51-C

●地铁3号线328安国站3号出口步行10分钟

●门票3000韩元　9:00~18:30（12月~2月至17:00，11月、3月~17:30）　后苑特别参观：5000韩元　10:30、13:30（需2小时），10:15、13:15、16:15（需1小时）　周一休息

是1405年作为王宫景福宫的离宫而建造的宫殿。正宫景福宫因壬辰倭乱被烧毁后，1615年光海君国王从庆云宫（德寿宫）迁来，将此处定为王宫，之后约270年间用做国王的居所。宫殿建筑中有13座原封不动地保留下来，最好地保存了朝鲜王朝宫殿建筑的原貌。1997年获批成为联合国教科文组织的世界文化遗产。

敦化门

参观时间内，游客可自由参观宫殿，但为了保护这一古迹，后苑区域仅在固定时间开放，并由导览解说员陪同参观，且需另外购买入场券。

寂静的后苑

宣政殿美丽的青瓦

●后苑

也称“秘苑”。1405年昌德宫创建时建造的庭园。完好地保存了与自然相和谐的韩国传统庭园建造技术。

●演庆堂

国王为了了解国民生活而模仿士大夫（上流阶级）的寓所建造的民房风格建筑，是了解当时上流阶级生活的宝贵资料。

精英教育的场所——宙合楼

●宣政殿

是国王与臣下共商政事的地方，现在的建筑物是1647年重建的。屋顶上的青瓦是只有国王才能用的，宣政殿是目前唯一一座使用青瓦的宫殿。

●宙合楼

位于后苑的芙蓉池旁边的两层楼阁，曾是一所研究机构，为国家未来的发展培养人才以及出版书籍。芙蓉池前有小卖店，可在此休息10分钟。

●仁政殿

昌德宫的正殿，与景福宫的勤政殿一样，是举行国家仪式等的地方。朝鲜王朝后期的建筑风格被很好地保存下来，殿内的屋顶绘有象征国王的凤凰。

威严的仁政殿

●大造殿

王妃曾在此生活过，现在的建筑物是1920年将景福宫的交泰殿移建过来的。王妃居所的房顶上没有正脊，景福宫的交泰殿和昌庆宫的通明殿也一样。

王妃曾经生活过的大造殿

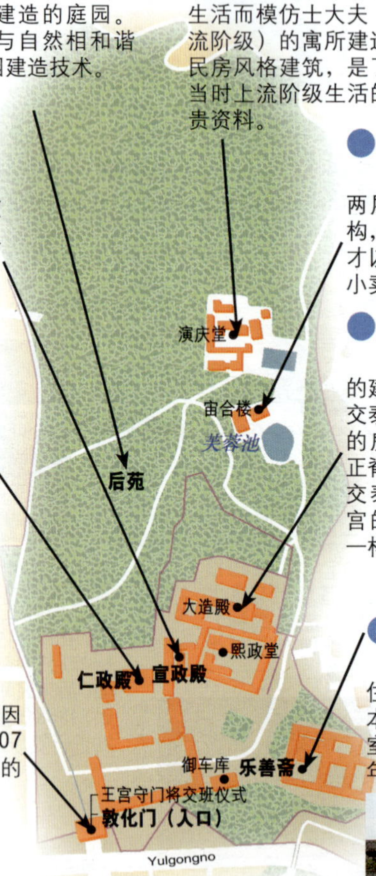

●敦化门

1412年创建的正门，因壬辰倭乱被烧毁之后，1607年得以复原。是首尔现有的双层门中最古老的一扇。

●乐善斋

1847年作为国王侧室的住所而建造的。李方子从日本皇室梨本宫家嫁到朝鲜王室，此处作为李方子度过晚年的地方而广为人知。

唯一一座朝东的王宫

昌庆宫 창경궁

地图 p.51-D

- 地铁3号线328安国站3号出口步行20分钟
- 门票1000韩元　9:00~18:30，12月~2月至17:00，11月、3月~17:30＊　周二休息

毗邻昌德宫的朝鲜王朝离宫之一。其前身是因创造了朝鲜文字而广为人知的世宗国王为其父太宗建造的寿康宫。李朝宫殿几乎都是朝南建造的，但昌庆宫却是朝东建造的。日本统治时期被用做动植物园，所以其中的王宫建筑大部分都是战后才修复的，不过正殿明政殿和正门弘化门是1616年重建之后保留至今的。内有植物园和水池，举家参观游玩的人很多。

可以远眺整个王宫

祭祀历代国王及王妃

世界遗产

宗庙 종묘

地图 p.51-H

- 地铁1号线130、3号线329、5号线534钟路3街站11号出口步行7分钟
- 门票1000韩元　团体参观时间为9:00、9:40、10:40、12:40、13:40、14:40、15:40、16:40（约1小时），周六自由参观为9:00~18:00、10月~2月至17:30＊　周二休息

供奉朝鲜王朝历代国王及王妃的牌位、举行祭祀的地方。李成桂建立朝鲜王朝、定都首尔后，于1394年开始营造此庙，翌年竣工。约18.65公顷的地域内绿意盎然，正殿、永宁殿和典祀厅等建筑散布其中，国王及王妃的牌位收藏在正殿和永宁殿内。首尔市喧嚣嘈杂，而这里却安静得出奇，许多松鼠之类的动物栖息在内。1995年获批成为世界文化遗产。

正殿 정전

殿内祭祀的都是有过很大功绩的国王和王妃，供奉着49人的牌位，包括李成桂、世宗和高宗等18个国王的牌位。是韩国木造建筑中最长的一座。

永宁殿 영녕전

1421年，由于正殿容纳不下更多牌位而增建此祠堂。殿内祭祀着34人，其中包括5个国王，还祭祀着第一代国王李成桂的祖先。比正殿整洁雅致。

园内有很多松鼠

摄影秘诀

要拍摄宗庙大祭，需找好地点

宗庙大祭是面向大众的，普通市民和游客都能自由参观和拍照。不用说，大祭当天自然是挤满了游客和摄影师，要想找个好地点拍照很困难。相对素雅一些的永宁殿祭典也是人山人海，因此建议最好早上9点之前到现场。

每年都吸引了大量民众和游客前来参观

小知识

留存于现代的朝鲜王朝气息——宗庙大祭

每年5月的第一个星期日，宗庙里都会举行宗庙大祭。王族一家齐聚一堂，祭祀沉睡在宗庙里的历代朝鲜国王。此祭典上午在永宁殿举行，下午在正殿举行。

宗庙大祭与其他王宫里举行的活动和仪式不一样，并非重现当时祭典的公开表演。参加祭祀的都是朝鲜王族的直系子孙，是祭祀历代国王的真实祭典。祭祀的时候演奏的祭典音乐也获批成为联合国教科文组织的世界无形文化遗产。

祭典在庄严肃穆的气氛中举行

出席者都是王族的子孙

放大镜

李方子

1901—1989。原为日本皇族梨本宫守正王的女儿，日本占领韩国期间嫁给朝鲜王室的李垠皇太子。战后留居韩国，将一生奉献给福利事业，居住在昌德宫的乐善斋里，往返于日韩两国之间。

＊闭园前1小时内禁止入园

传统与西方文化并存

德寿宫 덕수궁

地图 p.48-A

●地铁1号线132、2号线201市政府站2号出口步行1分钟

●门票1000韩元　9:00~21:00＊　周一休息

1470年建成，前身是第9代国王、成宗的哥哥月山大君的私宅。景福宫因壬辰倭乱被烧毁后，德寿宫被用做临时王宫。1611年光海君国王即位时改称庆云宫。有段时间曾用做别宫，1897年第26代国王高宗时期又再次成为王宫，其后改称为德寿宫。

不大的地域内，朝鲜王朝传统风格的宫殿与欧洲文艺复兴样式的建筑并存，产生了一种独特的氛围。形形色色的游人热闹喧哗，有午休的上班族，也有拍结婚纪念照的情侣等。

这里作为结婚纪念照的拍摄场所而受到欢迎

有着独特氛围的德寿宫

即将复原的头号国宝

崇礼门（南大门） 숭례문（남대문）

地图 p.48-E

●地铁4号线425会贤站5号出口步行10分钟

朝鲜王朝的都城汉城的正门。于朝鲜王朝建立后的1398年建成，是现存的最古老的朝鲜王朝建筑物，被认定为韩国头号国宝，但2008年2月被人纵火烧毁。现在的样子惨不忍睹，不过预计到2013年将连同城墙一起复原。

令人惋惜的破败的崇礼门

守护都城的东门

兴仁之门（东大门） 흥인지문（동대문）

地图 p.54-F

●地铁1号线128、4号线421东大门站1号口出即到

汉城的东门。现在的建筑物是王朝末期的1898年重建的。是典型的朝鲜时代式城门，前方有一道被称为“瓮城”的半圆形围墙，用于防止敌人入侵城内，可将敌人引到此处后从四面八方进行攻击。

小知识

留存在首尔的日本殖民统治时期建筑

除了朝鲜王朝的历史遗迹之外，首尔市内还保留了许多自1910年起处于日本殖民统治下的35年间建成的建筑。曾象征着日本统治朝鲜的朝鲜总督府官厅已被拆除了，但除此之外的很多建筑都作为历史遗迹得以保留下来。

●首尔市政府

1926年竣工，设计者为日本的岩井长三郎。2003年被认定为文化遗产得以保留。

地图p.48-B

●韩国银行旧主楼

1912年竣工，当时用做朝鲜银行主楼。设计者为设计了东京站的红砖建筑的辰野金吾。

地图p.48-F

●新世界百货店总店

1930年左右建成，当时用做三越百货店京城分店的新馆。

地图p.48-F

●国立明洞剧场

1934年竣工。日本统治时期称为明治座，战后直到1973年用做国立中央剧场。2009年作为明洞艺术剧场重新开业。

地图p.52-D

●广通馆

此建筑物竣工于“大韩帝国”（朝鲜王朝）末期的1909年，当时用做度支部（相当于财务部）。公认的“大韩帝国”时代最精细别致的建筑。

群山环绕的离宫

庆熙宫 경희궁

地图 p.46-E

●地铁5号线533光化门站7号出口步行10分钟

●免费　9:00~18:00、11月~2月9:00~17:00　周一休息

是朝鲜王朝第15代国君光海君下令建造的王室离宫，1623年建成，与昌德宫一起被使用了约280年。此王宫建在山的坡面上，虽然位于城市正中央，但似被山野环绕，环境清幽典雅。日本强占时期，为了修建学校而将所有的建筑都拆毁了，现在的庆熙宫是近几年修复的。崇政殿前的一小段石阶上留存着朝鲜王朝时代的雕刻。

清净幽雅的庆熙宫

祈祷丰收与繁荣

社稷公园 사직공원

地图 p.46-A

●地铁3号线327景福宫站6号出口步行5分钟

●免费　可自由入园

是开创了朝鲜王朝的李成桂于1396年与王宫和宗庙一同建造的带社稷坛的公园。社稷坛是向掌管土地和谷物的神明祷告、祈祷农业繁荣的地方，每年10月会举行社稷大祭。社稷坛内禁止游人进入，只能从周围的门向内眺望。

社稷坛正门，拥有双坡屋顶风格的简朴构造

小知识

一定要看的王宫守门将交班仪式

在首尔旅游，不能不参观的就是这个王宫守门将交班仪式。

朝鲜王朝前期，汉城（今首尔）城门的守卫和管理任务是由被称为守门将的军人接管的。当时，朝鲜王朝虽是太平盛世，但还是要通过严格的开关门仪式和交班，以确保对都城和王室的守卫与对外防御万无一失。

首尔市内的德寿宫大汉门，除了酷暑期及零下5度以下的酷寒日以及每周一，每天都会重现当时的开关城门和守门将的交班仪式。该仪式以学术考证为基础，再现了色彩鲜艳的服装、旗帜以及严肃紧张的气氛，吸引了众多游人的目光。在德寿宫和昌德宫可以穿守门将的服装拍纪念照，此外，还能体验蹴鞠和投箭等传统游戏。

景福宫的仪式在10:00~15:00间每个整点准时开始（周二休息），德寿宫的仪式一天三次，时间为11:00、14:00、15:30（周一休息）。一次仪式约40分钟。

守门将交班（昌德宫）

交班仪式的顺序

1. 巡视王城的接替守卫军一到达城门即开始进行交班仪式。
2. 之前守卫城门的守门军的参下（负责人）与接替军的参下交换暗号。
3. 鼓声响了六次后，守门军的参下将城门的钥匙交给接替军的参下。
4. 鼓声响了三次后，两军的守门将（最高负责人）举行确认交班命令真伪的仪式，交接证明自己身份的侍卫牌。
5. 鼓声响了两次后，守门军与接替军的各个士兵面对面交班。
6. 交接了任务的守门军开始巡视王城周围。

＊闭园前1小时内禁止入园

SPECIAL POINT GUIDE

光化门、钟路

●광화문 · 종로

地图 p.50-E

●地铁5号线533光化门站、1号线131钟阁站下车

看点
◎景福宫和北汉山的秀美风景
◎李舜臣将军铜像
◎钟路的小摊街

包括从景福宫正门光化门前面的世宗路向东延伸至钟路的一片区域。世宗路有8条单行车道，是韩国最宽的道路，其中心有在壬辰倭乱中战胜日军的名将李舜臣（p.168）的铜像。从这里北眺，能望见秀丽的景福宫及其后面的北汉山，还有韩国总统府青瓦台，景色美不胜收。

钟路是首尔的一条繁华热闹的大街，快餐店、精品店、酒馆等鳞次栉比。傍晚会摆出很多小摊，花2000韩元左右就能品尝到年糕和关东煮等平民风味的小吃。

救国英雄李舜臣像

明码标价，语言不通也能购买品尝

小知识

到钟路的中心聆听除夕的钟声

位于钟路1街十字路口的普信阁（地图p.50-J）是朝鲜王朝时代的钟楼。过去每天凌晨4点和晚上10点都会敲钟作为开关城门的信号。现在每年只敲一次钟，即大年三十夜里的“除夕钟声”。由市长和市民代表敲钟，共敲33下。这一活动每年都吸引十多万人聚集观看，已成为首尔一道独特的风景线。

平日里静悄悄的普信阁

●서울역사박물관

首尔历史博物馆

地图 p.46-E

●地铁5号线533光化门站7号出口步行7分钟
●免费　9:00~21:00（周六、周日和节日至19:00）、11月~次年2月9:00~21:00（周六、周日和节日至18:00）＊　周一、元旦休息

此博物馆位于朝鲜王朝第15代国王光海君下令建造的离宫庆熙宫内。馆内展示了从史前时代到现代的首尔历史及文化，其中的重点放在朝鲜王朝时代。朝鲜王朝时代的平民生活和经济活动的展示尤其丰富，通过可以触摸的复制展品和运用CG技术的说明等，参观者可身临其境地感受当时人民的生活及文化。此博物馆还客观地展示了日本统治时期的首尔面貌，包括当时的杂志和地图等。

将整个馆一一细看需要2~3个小时。

馆内广泛展示了政治、艺术等多方面内容

●청계천

清溪川

地图 p.46-F

●地铁5号线533光化门站5号出口步行2分钟（光化门广场）

是位于钟路南侧的东西流向的小河。这条朝鲜王朝时代修建的人工城河，20世纪70年代被高架桥覆盖。自2004年起开展河流复原工程，使从光化门到马场洞之间长达5.8公里的河流恢复了原貌。虽然是人工河，但河里有许多水生植物和鱼类繁衍生息。河岸修筑了供人们散步的小路，河上架有22座多姿多彩的小桥。尤其是光化门附近的广通桥，还保留着朝鲜王朝时代的桥身，一定要去看看。步行走完整条河约需2~3小时。

很多市民在河边散步，十分热闹

＊闭馆前1小时内禁止入内

운현궁
云岘宫

地图 p.53-B

●地铁3号线328安国站4号出口步行1分钟
●门票700韩元　9:00~19:00、11月~次年3月9:00~18:00＊　周一休息

云岘宫是**兴宣大院君**（1820—1898）的私宅，高宗12岁之前都生活在这里，高宗的正室**闵妃**也在此学习了王妃的礼仪和修养等。现在建筑的一部分已成为德成女子大学的校园等。宫内整洁而雅致。保留下来的老安堂是大院君去世的地方。此处曾用做裴勇俊主演的电影《丑闻》的外景地。参观的游客很少，清静、安宁。

可以近距离观赏其建筑风格

북촌
北村

地图 p.51-C

●地铁3号线328安国站3号出口步行10分钟

北村是夹在景福宫和昌德宫之间的住宅区。朝鲜王朝时期曾是王族以及在王宫任职的高级官僚生活的高级住宅区，现在也保存着许多韩式住宅。有棱有角的砖瓦房在狭窄的小巷里排开，有一种怀旧的氛围。地铁站附近的北村文化中心里展示着北村的历史。

北村给人一种穿越时空的感觉

小知识

壬辰倭乱（万历朝鲜之役）

日本的丰臣秀吉于1592年和1597年两次发动了对朝鲜的侵略战争。当时处在太平盛世中的朝鲜军不敌经过战国时代千锤百炼的日本军，一开始大部分国土都遭到了日本的践踏。不久后，应朝鲜国王之请，明朝出兵援朝，加上朝鲜民众的抵抗以及李舜臣等人的努力，最终击败日本，但是朝鲜国土已成一片废墟，许多文物也流失到了日本。这场战争是日本对朝鲜的侵略战争，也有观点认为丰臣秀吉的目的其实在于侵略中国（明朝）。

대학로
大学路

地图 p.47-C、放大图 p.55

●地铁4号线420惠化站下车即到

这里过去是首尔大学的所在地，因此命名为大学路。现在有很多剧场和现场演奏厅，成为文化和艺术的发祥地。位于中心的马洛尼埃公园一到周末就聚集大量人群，举行哑剧和舞蹈等各种各样的表演活动。公园周边会有剧团的人招揽观众，看看他们的戏剧也很有意思。公园在惠化站东侧，那一带是装修雅致的咖啡店及酒馆的集中地。

马洛尼埃公园就像在举办校庆活动

서촌
西村

地图 p.50-A

●地铁3号线327景福宫站3号出口步行3分钟

景福宫西侧一带有一片区域，至今还保留着朝鲜王朝时期的街道和房屋。医师等有专门职业的“中人”阶级人士曾在这里生活过，留存着约600座韩屋。这里也是有名的艺术家聚集地，由于观光旅游的推进，画廊等都从仁寺洞集中到了这里，现在已达20家之多。

这里也被称为首尔的“SOHO区”

放大镜

兴宣大院君

1820—1898。朝鲜王朝第26代国王高宗的父亲。让年幼的儿子继承王位而掌握实权。他整顿了先前腐败王朝的朝纲，施行改革政策，但是彻底的锁国政策及其与闵妃之间的激烈对抗成为朝鲜王朝灭亡的间接原因。

闵妃

1851—1895。朝鲜王朝第26代国王高宗的王妃。颇有参政才能，排斥兴宣大院君势力，掌握了实权。因力抗日本，在景福宫被日本公使三浦梧楼等人暗杀。

梨泰院

●이태원

地图 p.44-F、放大图 p.54~55

●地铁6号线630梨泰院站下车即到

看点
- ◎可定做的皮革制品店
- ◎著名烤肉店
- ◎喧闹的繁华街道

南山南侧的梨泰院路位于驻韩美军基地附近，很早以前就作为面向外国人的购物街发展起来了。如今街上依然有大量欧美人和中东人穿行，街道两侧有很多出售鞋、包和体育用品的商店。North Beach、Intoto（→p.96）等店是很受顾客好评的定做皮革制品店，熟客中也有很多外国人。走进小巷里还会发现一些个性小店。要走出去时，店里的韩国人就开始用外语揽客，起初还会让人有些紧张，但适应之后也觉得很有趣。其中也有一些店非法收费，因此遇到强拉客的人时最好坚决拒绝。这里有不少干净正规的著名烤肉店，还有很多韩定食专营店，既有比较便宜的小饭馆，也有极其高级的餐厅。夜晚，面向欧美人开放的地道的酒吧生意很兴旺。

小巷里有种独特的氛围

附近就是美军基地，街上的美国人特别多

●N서울타워

N首尔塔

地图 p.46-J

●地铁4号线424明洞站3号出口步行10分钟，再从南山缆车（空中索道）搭乘点乘坐缆车3分钟

●瞭望台8000韩元　10:00~23:00（周五、周六、周日~24:00）　无休

※缆车票价：往返7500韩元、单程6000韩元　10:00~23:00

N首尔塔是位于海拔265米的南山山顶的瞭望塔。铁塔高236.7米，登上瞭望台后可从380米的高度眺望首尔市。瞭望室是三层构造。除了普通瞭望室之外还有瞭望餐厅。夜晚在这里远眺，城市里的灯火如宝石般镶嵌在夜幕中，黑漆漆的汉江横穿而过，景色绝佳。

要上塔可从明洞乘坐缆车，单程需3分钟。从缆车上往外看，南山和明洞的高楼大厦近在眼前，景象十分震撼。也可以从缆车搭乘点走5分钟到南山公园，然后步行上塔。山上有为步行者准备的路线，行程需20~30分钟。

乘缆车上塔又快又舒适

首尔塔是一座电视发射塔

●서울역

首尔站

地图 p.48-I

●地铁1号线133、4号线426首尔站，步行1分钟

●不可入内

是韩国处于日本殖民统治下的1925年建成的车站，当时称京城站。设计者是日本建筑师塚本靖。2003年新车站建成之后，这座旧车站就不再使用了，但是由于它将20世纪初叶的建筑风格完好留存了下来，因此作为文化财产保留至今。现在只能在外面参观，不能入内。

新旧车站并排而建

●전쟁기념관
战争纪念馆

地图 p.44-F

●地铁4号线428、6号线628三角地站12号出口步行5分钟

●免费　9:00~18:00＊　周一休息

此博物馆建在原韩国陆军总部的遗址上，向人们介绍史前时代到现代的韩国国防及战争的历史。一方面，朝鲜民族同各国战争的历史动人心弦；另一方面，通过观看出动大规模兵力的越南战争的展示和现代韩国军队的兵力展示，可以了解韩国的国防观。

战争纪念馆别称“护国殿堂”

●국립중앙박물관
国立中央博物馆

地图 p.44-J

●地铁4号线430、中央线K111仁村站2号出口步行10分钟

●免费　9:00~18:00（周三、周六~20:00，周日、节假日~18:00）　周一休息

2005年10月迁移至此并开馆。此建筑物规模宏大，包括地下一层和地上六层，总展示面积为近3万平方米，里面收藏了韩国各种各样的历史文物。展示厅以“历史的街道”为中心，按考古、历史、捐赠品和美术等类别设置展室，有许多从史前时代到现代的文物。

宏大的国立中央博物馆

●남산골한옥마을
南山谷韩屋村

地图 p.49-H

●地铁3号线331、4号线423忠武路站4号出口步行5分钟

●免费　9:00~22:00、11月~3月9:00~20:00　周二休息

这座公园位于南山山麓，约7920平方米的地域内保存着从首尔各地移建至此或在此修复的朝鲜王朝时期的传统民居。其中5栋具有很高历史价值的民居对外开放，包括朝鲜王朝最后一代国王纯宗的妻子的娘家。

公园里有供游人散步的路，登上南山平缓的斜坡还可以眺望刚才一路看过来的韩屋村。

周末会举行传统文娱表演，游客可以免费观赏。

儿童节当天举行的传统表演『农乐舞』

＊闭馆前1小时禁止入内

小知识

首尔站与东京站出自同一设计师之手？

旧首尔站给人的第一眼印象是与东京站的红砖建筑很相似。出于这个原因，有人说首尔站的设计者就是设计了东京站的辰野金吾，许多文献中也是这么记载的。但是，这完全是一个误会。辰野金吾在首尔站动工前4年就去世了，他并没有参与首尔站的设计。公认的设计者实际上是塚本靖。

塚本靖主要研究建筑设计装饰，做过日光庙建筑及装饰的实测研究。他游历了欧美、中国、朝鲜半岛等世界各地，后来就任日本东京帝国大学工程系的系主任。其代表作有东京目黑区驹场公园里的旧前田侯爵宅邸（西式建筑）。该宅邸入口处的设计与首尔站贵宾室入口有相似之处，这一点让人很感兴趣。

→东京站确实有一种类似于首尔站的感觉

←西方建筑风格的旧前田侯爵宅邸，周末可以入内参观

SPECIAL POINT GUIDE

新村、梨大

●신촌 · 이대

地图 p.44-F、放大图 p.56,57

●地铁2号线240新村站、241梨大站下车即到

看点

◎首尔最大的学生街

◎超级便宜的饭馆、个性小店

◎香辣烤猪肉

新村和梨大是首尔首屈一指的学生街，周围有著名的延世大学、梨花女子大学和基督教大学西江大学。新村有许多面向学生群体的廉价饭馆，梨大则密密麻麻挤满了女大学生专属的袖珍精品店。推荐的一般路线是先去梨大，同女大学生一起享受购物的乐趣，然后步行或乘出租车到新村吃烤猪肉。

推荐的美食是新村的香辣烤猪肉。新村文化街西侧有一条“烤猪肉街”，一入夜，饭馆甚至把桌子摆到路上，烧烤香辣猪肉和烤猪五花肉的烟雾四处弥漫。一个人花1万韩元左右就能吃到饱了。

街上挤满了熙熙攘攘的学生

小知识

梨大购物一条街

梨大正门旁边的巷子里一家挨一家地挤满了个性小店。此区域地处女子大学前面，而且能充分利用地铁线旁边狭小的空间以低成本开店，因此立志做设计师的年轻人的小店和出售同款网络人气商品的个性品牌小店都集中到这里。店的更替频率很高，不过也形成了独特的文化，喜欢购物的人一定要到这条购物街上逛逛。

隐藏在小巷里的购物点

●서대문형무소역사관

西大门监狱历史馆

地图 p.44-F

●地铁3号线326独立门站5号出口步行3分钟

●门票1500韩元　9:30~18:00、11月~2月9:30~17:00　周一闭馆

西大门监狱是日本统治时期逮捕和关押抗日独立运动者的地方，此历史馆为其遗址。被称为韩国的“圣女贞德”的**柳宽顺**也死在这个监狱中。馆内展示的内容有日本非人道主义行径及为韩国独立而斗争的人们的事迹。除了7栋牢房外，还能参观单身牢房和死刑执行室。

为了纪念1897年朝鲜王朝脱离中国清朝成为独立国家而修建的独立门就在这附近。独立门是以法国凯旋门为原型的韩国第一个西式建筑。后来，随着日本侵朝步伐的加快，独立门也成为抗日独立运动的象征。

这里有时也用于拍摄电影

●서울월드컵경기장

首尔世界杯体育场

地图 p.44-E

●地铁6号线619世界杯体育场站下车即到

●门票1000韩元　9:00~18:00（体育场开放时间）　有体育比赛时不开放

2002年，日本和韩国共同举办了世界杯，当时在这个足球专用体育场举行了开幕式。体育场的设计表现了传统风筝与帆船交错的样子，很引人注目。周围设施一应俱全，有公园、家乐福超市和电影院等。现在也用来举办国家代表队选拔赛，没有比赛的时候可以入场参观。也有世界杯展示馆。

体育场作为综合娱乐设施而极具人气

放大镜

柳宽顺

1904—1920。1919年，柳宽顺还是女学生时就参加了三一独立运动，于故乡天安被逮捕。她在京城监狱（西大门监狱）里遭受严刑拷打仍不屈不挠，服刑期间死于狱中，年仅16岁。

小知识

弘大的艺术自由市场

从新村乘地铁，一站就可到达。弘益大学是一所以美术系出名的综合性大学。大学周边有很多美术用品店和美术学校，充满了艺术气息。

其中不可错过的是每周六的13点至18点在弘大正门前的公园里举办的自由市场。年轻的艺术爱好者们在市场上出售自制的小饰品、日记本和小玩偶等物品，此外还能买到独一无二的特产和礼物。公园里还有踢踏舞和爵士乐的表演，只是在一旁看着都令人愉快。也有很多人在学习外语，还可以进行小型国际交流。（地图p.44-E）

出售的东西全都是原创的

踢踏舞表演“塔浦昆”

SPECIAL POINT GUIDE

汝矣岛

●여의도

地图 p.44-E、放大图 p.60

●地铁5号线526、9号线915汝矣岛站，5号线527汝矣岛码头站下车即到

看点
◎首尔的商务办公区
◎春季的樱花美不胜收
◎浩瀚的汉江江水

是位于汉江上的人工岛。过去是军队的飞机场，现在已成为国会议事堂和证券公司等集中的商务办公区。公园设施完善，成为首尔市民的休闲场所之一。

汝矣岛公园内留有飞机跑道的遗址，还有自行车道、文化广场以及再现了沼泽地带和森林的自然生态林区等，让人无法想象是置身于办公区之中。另外，汉江沿岸有个汉江市民公园，春季樱花盛开得极其灿烂，每年10月还有烟花大会。这里也是汉江游览船（p.85）的停靠地点之一，可以在此乘船到乐天世界的所在地蚕室。

公园与商务办公区共存

早春时节樱花绚烂的国会议事堂

●63빌딩

大韩生命63大楼

地图 p.60-F

●地铁5号线527汝矣岛码头站3号出口3分钟车程
●瞭望台1.2万韩元、联票3万韩元　10:00~22:00（瞭望台）　无休

这座超高层大楼共有60层，高264米。由于在阳光照耀下金光闪闪而被称为“金色的塔”。从最顶层的瞭望塔可以观赏到浩瀚的汉江江水。地面高度比首尔塔低，但它是建在河岸的平地上的，因此比首尔塔更具有视觉冲击力。乘电梯从1层上到60层仅需1分钟20秒。此电梯也是眺望工具之一，首尔的面貌会因高度而异，此景不容错过。地下1~2层有饲养着两万多条（只）海洋生物的水族馆“Sea World”和IMAX剧院等，也很有人气。

蓝天下的金色大楼

●국회의사당

国会议事堂

地图 p.60-E

●地铁5号线526汝矣岛站5号出口5分钟车程
●免费　9:00~18:00（周六、周日~17:00）　每月第2和第4个周六、节假日及国会召开期间休息

1975年竣工。外围的24根柱子具有“圆形屋顶将国民各式各样的意见集中到一起”的含义。入口在后面，除了召开国会之外的时间都可以进会场参观。里面还有韩国政治史的展示，只看看照片和选举海报也颇有一番趣味。

SPECIAL POINT GUIDE

狎鸥亭洞

●압구정동

地图 p.58-E、放大图 p.60

●地铁3号线336狎鸥亭站下车即到

看点
◎韩国的流行发源地
◎常常路遇艺人
◎名牌店的集中地

狎鸥亭洞是首尔的流行发源地。以南北走向的宣陵路为界，东侧是高级品牌专卖店，西侧是罗德奥街，聚集了许多面向年轻人的精品店和快餐店。罗德奥街一带有很多韩国原创品牌小店和杂货店。逛逛散布在狎鸥亭路上的二手品牌店也是一件乐事，不过没有眼力的人最好不要轻易购买。最近受到瞩目的是从中央路的星巴克到岛山大路的Cine City之间的一片区域。小小的道路两旁有许多富有个性的杂货店和酒吧、意大利餐馆等。狭窄的小巷里也暗藏不少商店，可以悠闲地边走边逛。商店的更替十分频繁，无论什么时候去都会有新的发现。

狎鸥亭洞的地标——GALLERIA百货店

摄影秘诀

在韩国拍照和摄影需注意

在韩国，在街头随意抓拍景物可没有那么常见。因此，韩国人一看到你把相机对准景点之外的景物时常常会觉得不可思议。拍摄别人的时候自然要向对方打声招呼，而单纯地想拍摄风景的时候，可能有些韩国人也会抱怨，在意你是否把他（她）也一起拍进去了，或者担心照片的用途，所以这一点需要注意。

●COEX Mall

COEX Mall

地图 p.58-F

●地铁2号线219三成站6号出口步行3分钟
●10:00~22:00营业（因设施而异） 无休

是首尔最大的综合休闲及购物中心。作为具备食、买、游、看几大要素的重要地点而出名。餐馆种类繁多，包括快餐店、韩国料理店及世界各国料理店。如果想购物，COEX免税店等各种各样的商店鳞次栉比。在这里，你一眼就能了解韩国的流行趋势。也有电影院和水族馆，还可以参观具有韩国特色的泡菜博物馆。

规模庞大的购物中心

●롯데월드

乐天世界

地图 p.59-G

●地铁2号线216、8号线814蚕室站出口步行5分钟
●门票2.4万韩元（16:00后2.1万韩元）、通用联票3.5万韩元（16:00后2.8万韩元） 9:30~22:00开放（周五~周日至23:00） 无休

是由载入吉尼斯世界纪录的世界上最大的室内主题公园“Adventure”和漂浮在室外人造湖上的“Magic Island”组成的综合主题公园。各种各样充满尖叫和幻想的助兴节目及表演和游行等着你去体验。首尔市内的旅游咨询处都备有通用联票的折扣优惠券，去之前一定要拿上。

推荐傍晚入场。“Adventure”虽说是世界上最大的主题公园，但毕竟是室内的，所以白天去也许会觉得有些狭小，不

充满欢乐的乐天世界

摄影秘诀

拍出美丽汉江的小贴士

汉江是首尔市民心中的母亲河。这条在大城市的中心流淌的大河也是摄影者眼中永远的风景。

从南岸向北拍摄

如果想拍出汉江的真实面目，那么建议先从江的南侧拍摄。这个角度可以把江对岸的南山和首尔塔一同拍进去，形成一幅颇具首尔风情的画。

盘浦大桥的夜景令人陶醉

如果想从上空向下拍摄浩浩荡荡的江水，那么可以选择63大楼的瞭望台作为拍摄点。由于镜头前还隔着一层玻璃，所以为了不让室内的光反射到镜头里，拍摄时最好将镜头贴紧玻璃。夏季高空视野不太好，建议尽量在冬日的晴天进行拍摄。

在电视剧里也出现过的汉江

汉江上的桥也是不错的拍摄景物。万豪酒店（Marriott Hotel）附近的盘浦大桥周围的河岸上开满了油菜花，风景美得不像位于城市的中心。这片场景作为电视剧的外景地广为人知，在《美丽的日子》里就出现过。

河岸边花草繁茂

带着家人乘坐汉江游览船也能玩得尽兴

乘坐汉江游览船时可以从水上拍摄首尔的高楼大厦。游览船共有7个乘船点，不过最容易拍出美景的是汝矣岛乘船点。有在周围环绕一圈的路线，也有开往堤岛和蚕室的路线，两条路线都需要1小时左右。

主要乘船点

汉江游览船码头●1.1万韩元起　11:00~21:30左右

汝矣岛码头●地铁5号线527汝矣岛码头站3号出口步行5分钟　地图p.60-F

蚕室码头●地铁2号线217新川站7号出口步行13分钟　地图p.59-G

堤岛码头●地铁7号线728堤岛游乐园站3号出口步行5分钟　地图p.59-G

过，一到晚上就会打开照明设备，会感觉欢乐的气息一下子凝聚到一起。

游行在白天和晚上各进行两次，扮演角色的工作人员还会与游客握手或拥抱，现场的气氛足以让每一个人都开心起来。

●롯데월드민속박물관

乐天世界民俗博物馆

地图 p.59-G

●乐天世界内

●门票5000韩元　9:30~22:00＊　无休

是通俗浅显地介绍韩国的历史和民俗文化的博物馆。展示的珍贵文物比较少，但在展示方式上费了一番工夫，不只是单调的陈列，而是让参观者观赏影像和模型并从中获得享受。此馆最适合在愉快的氛围中学习韩国的民俗文化和历史。推荐想了解韩国历史的游客到此参观。

只看看展品也是一大乐事

＊闭馆前1小时内禁止入场

●가로수길

卡罗斯路

地图 p.58-E

●地铁3号线336狎鸥亭站5号出口步行10分钟；337新沙站8号出口步行5分钟

位于狎鸥亭洞以西的购物街，是艺人与名人的聚集地。街道约600米长，两侧是美丽的银杏树，时尚雅致的咖啡店、时装店和杂货店鳞次栉比。这些店大多数的价格都比较合理，可以轻松随意地浏览橱窗里的商品。街上也有不少露天咖啡店，可以舒舒服服地歇歇脚。小巷子里也有许多商店，如果你想逛逛风格独特的店，这里是个不错的选择。

新店正陆续开张

美食 Eating

在首尔，您可以品尝到烤肉等各种韩国美食

在首尔的大小餐厅，您可以尽享所有韩国美食。韩国美食绝不仅仅是烤肉，您还可以品尝到其他各种美食。很多美食并不是非常辛辣，一定会有一道美食适合您的口味。

明洞　牛肉、猪肉烤肉

●복청

福清

※ 可用信用卡　地图 p.52-D

交 地铁4号线424明洞站8号出口步行8分钟
✉ 中区明洞2街2-9 ☎ 02-774-6226
营 10:30~24:00 休 无休 ₩3万韩元起

分量保足的高品质烤肉店

和其他烤肉店相比，这家烤肉店提供的用餐量要多出一人份，游客在此能够尽情品尝韩国烤肉的风味。推荐的菜品主要有：牛舌、牛排、酱牛排、盐焗牛舌，还有牛小排烤肉拼盘。牛小排烤肉拼盘中的烤肉分量很足，大约够3人吃，消费约9.3万韩元。酱牛排大约需要消费2.7万韩元，将水果酱汁用做调味品，甜度适中，口感美味。夜晚店里生意火暴，如要晚上用餐需要提前预约。

明洞　黑猪肉烤肉

●툇마루집

烤肉店

※ 可用信用卡　地图 p.52-D

交 地铁4号线424明洞站8号出口步行7分钟
✉ 中区明洞2街3-3 ☎ 02-777-1529
营 11:30~23:00 休 无休 ₩1.5万韩元起

色香味美的韩国国产黑猪肉

烤肉店的食材有8000韩元一份的黑猪肉，是店家的力推招牌菜。店内所有食材均选自全罗道智异山山脚下专业饲养场的优质黑猪。店家的独创菜品有特色大酱汤小锅和传统大酱汤，配上米饭味道会更香美，一份大约5000韩元。

明洞　牛肉、猪肉烤肉，海鲜料理

辛氏火炉烧烤

●신씨화로

※可用信用卡　地图 p.46-A

交 地铁3号线326景福宫站3号出口步行3分钟 ✉ 钟路区通义洞66 ☎ 02-741-8592 营 11:00~14:30、16:30~23:00 休 无休 ₩4万韩元起

火炉烤肉餐厅，弥漫时尚气息

辛氏烤肉店的外观是由木头和瓦片构筑，漂亮无比。餐厅内缓缓回响着爵士乐曲，光线明亮，很多情侣也都选择在此用餐。餐厅使用七轮火炉和煤球作为烧烤工具。为了最大限度地提炼烤肉鲜美的口感，店家使用的七轮火炉均选自全罗南道灵光邑地区，据说传承至今已有500余年历史。此外，店内设有排油烟机，因此顾客不必担心用餐后衣服会沾上油烟味。A号套餐有牛舌、烤肉等，很受大众欢迎，一份大约需要6.9万韩元。另外还提供葡萄酒，美酒加烤肉，味道鲜美无敌。

梨泰院　牛肉烤肉

梨泰院烤肉店

●이태원갈비

※ 可用信用卡　地图 p.55-C

交 地铁6号线630梨泰院站2号出口步行3分钟
✉ 龙山区梨泰院洞112-5 ☎ 02-795-9716
营 10:30~22:30 休 无休 ₩3万~5万韩元

悠闲享受烤肉的美味

烤肉店和地铁梨泰院站相隔很近，占据优越的商业地段。店内美食不仅价格便宜，而且食材经严格把关，游客在此可尽情享受烤肉的美味。梨泰院烤肉店的五香烤肉2.7万韩元。另外，烤肉店的生牛肉都是事先经过芥末酱油浸泡，然后放在冰箱保鲜3天后食用。这样可以保证烤肉的口感鲜美滑嫩。除了烤肉，还有2.2万韩元的香葱饼；店里7000韩元一份的石锅拌饭更是让许多游客慕名而来。如果从汉江北部来此消费，4人以上就会有餐厅专车接送。

梨泰院 牛肉、猪肉烤肉

●단풍나무집

红叶烤肉店

※可用信用卡 英 地图 p.55-C

交 地铁6号线630梨泰院站2号出口步行3分钟
✉ 龙山区梨泰院洞116-1汉密尔顿酒店附属楼1层
☎02-790-7977 营 11:30~22:30 休 无休 ₩2万韩元起

令人内心纯净安宁的室内设计

如同店名“红叶”一样温馨，室内设计选取丰富的原木素材，是一家装潢时尚的烤肉店。店家的人气食材是牛肋骨肉，售价1.4万韩元一份，切片轻薄，推荐游客在品尝时和特别腌制的白苏叶一起入口。除此之外，还有烤牛舌（3.4万韩元）等很多高品质、味道鲜美的菜品。

江南／狎鸥亭洞 牛肉烤肉

●삼원가든

三元花园烤肉店

※ 可用信用卡 地图 p.60-A

交 地铁3号线336狎鸥亭站2号出口步行8分钟
✉ 江南区新沙洞623-5 ☎ 02-548-3030
营 11:50~22:00 休 无休 ₩4万~7万韩元

秀丽庭院和美味韩餐——视觉和味觉的双重享受

餐厅建筑颇具规模，大厅可以容纳1000人同时用餐，设有传统韩式庭院，内置花池和水车。用餐的同时您还可以远眺美丽的庭院，院内风景随季节缤纷变幻，舒适的用餐环境会令您备感身心愉悦。餐厅一份生五花肉3.9万韩元，烤肉是3万韩元。夜晚来客众多，生意火暴，需要提前预约。

江南／三成洞 猪肉烤肉

●흑돈가

黑豚家

※ 可用信用卡 地图 p.58-F

交 地铁2号线219三成站5号出口步行5分钟
✉ 江南区三成洞147-16 ☎ 02-2051-0008 营 11:00~翌日5:00（周日至22:00） 休 无休 ₩3万韩元起

源自济州岛的最高品质食材

首尔黑豚家总部在济州岛，这里是新开设的首尔分店。黑豚家所选用的黑猪肉均取自用特别饲料严格喂养的黑猪，比普通猪肉味道鲜美。首尔黑豚家秉承高品质追求，所使用的特级猪肉食材每日都从济州岛空运，弹力十足的肥肉和柔软厚实的肉块是首尔黑豚家的特色，价格每份1.4万韩元。

江南／狎鸥亭洞 牛肉烤肉

●한우리

韩国传统料理店

※可用信用卡 地图 p.60-B

交 地铁3号线337新沙站1号出口乘车5分钟
✉ 江南区论岘洞91-18 ☎ 02-545-3334
营 11:30~22:00 休 无休 ₩4万~10万韩元

奢华感十足的韩式餐厅

在狎鸥亭洞区，这家韩式餐厅绝对称得上是一家高级、奢华的韩国风味餐厅。价格虽说高于一般餐厅，但服务水准和食材质量却无可挑剔。店家的生五花肉标价一份6.2万韩元，午餐套餐有标价为2万韩元的A号套餐。

江南／宣陵 牛肉、猪肉烤肉

●화로사랑

火炉舍廊烤肉店

※可用信用卡 英 英 地图 p.58-F

交 地铁2号线220宣陵站1号出口步行5分钟
✉ 江南区大峙洞896-52 2层 ☎ 02-555-6696
营 10:00~22:00、周日16:00~22:00
休 无休 ₩2万~5万韩元

人气爆满、别具一格的韩式烤肉

餐厅的烤肉制作理念是“肉质鲜美是重中之重”。室内装潢时尚，秘制的舍廊坊霜花牛肉风味自成一家，有独特的保存方法。舍廊坊霜花牛肉肉质鲜美，是肥瘦均匀相间的牛肉，一份大约消费2.7万韩元。餐厅内设有带帘子的小包间，可以保证私人用餐环境不被打扰。

英 菜单有英语标记 英 店员会用英语交流

明洞　石锅拌饭

●고궁

古宫石锅拌饭

※可用信用卡　地图 p.49-G

交 地铁4号线424明洞站9号出口步行8分钟

✉ 中区忠武路2街12-24 ☎ 02-776-3211

营 10:00~22:00 休 无休 ₩9000~1.5万韩元

富有艺术感的传统石锅拌饭

餐厅自古开设于韩国全州，是一家极具文化传承史的石锅拌饭专营店。外国游客很喜欢9000韩元一份的石锅拌饭。在此推荐的料理是：1.1万韩元的全州石锅拌饭。拌饭用黄铜制作的小锅盛放，将米饭和牛肉一起混煮，并用特制的汤汁煨熟，诱人的蛋黄放在米饭的中间，周围摆放着瘦牛肉松、核桃仁、蕨菜等野生山菜，色彩丰富，是一道色香味俱全的韩国风味料理。餐厅装潢档次高雅，氛围宁静朴素。

明洞　石锅拌饭

●전주중앙회관

全州中央会馆

※可用信用卡　地图 p.52-F

交 地铁4号线424明洞站5号出口步行4分钟

✉ 中区忠武路1街24-11 ☎ 02-776-3525

营 8:30~22:30 休 无休 ₩9000韩元起

品尝元祖石锅拌饭

店内菜单上有各种烤肉和冷面等，在此向您推荐的是传统的全州石锅拌饭，一份9000韩元，以牛肉为主，共有43种食材。全州被称作是石锅拌饭的发祥地，这是一家拥有50年石锅拌饭制作历史的老字号店，在此可以品尝到正宗的石锅拌饭。

明洞　手擀面、饺子

明洞饺子店

●명동교자

※可用信用卡　地图 p.52-D

交 地铁4号线424明洞站8号出口步行5分钟

✉ 中区明洞2街25-2 ☎ 02-776-5348

营 10:30~21:30 休 无休 ₩7000~1万韩元

人人称赞的手擀面餐厅

提到明洞的手擀面，大家一定首选这家明洞饺子店。来此消费的客人们大都品尝标价7000韩元的手擀面汤面，面条口感稍软，鸡肉高汤味道醇美。饭前开胃菜辣白菜泡菜口味独特，为此有很多食客慕名前来。餐费需要在上菜前预先支付。

明洞　冷面

明洞咸兴面屋

●명동함흥면옥

※可用信用卡　地图 p.52-D

交 地铁4号线424明洞站8号出口步行7分钟

✉ 中区明洞2街26-1 ☎ 02-776-8430

营 9:30~22:00 休 无休 ₩7000~1万韩元

品尝纯天然冷面

明洞咸兴面屋专营冷面，餐厅制作的冷面拒绝使用一切化学调味品。您只要品尝过刚出锅的肉片汤、高汤，就会明白此处所说的纯天然的冷面味道。餐厅的石锅冷面包括30种食材，一份7000韩元。其中，店家秘制卤汁是冷面美味的关键。店内的水冷面味道不错，一份7000韩元。

忠武路　粥

松竹

●송죽

※可用信用卡　地图 p.49-H

交 地铁3号线331、4号线423忠武路站5号出口步行3分钟 ✉ 中区笔洞1街3-1 ☎ 02-2265-5129

营 7:00~20:00 休 无休 ₩7000~1.2万韩元

外国游客频繁光顾的老字号粥店

粥店传承近半个世纪，秘制的汤汁久熬浓醇。8000韩元的虾粥和9000韩元的鲍鱼粥很受欢迎。如果您想放松地吃点儿什么，这家粥店是不错的选择。

景福宫　参鸡汤

●토속촌

土俗村参鸡汤餐厅

※可用信用卡　地图 p.46-A

交 地铁3号线327景福宫站2号出口步行5分钟

✉ 钟路区体府洞85-1 ☎ 02-737-7444

营 10:00~22:00 休 无休 ₩1.4万~2万韩元

富含营养的谷物，外加30余种药材

只需用筷子轻轻拨动炖好的参鸡，鸡肉就会滑落于汤中，而且还能很轻松地把鸡骨剔除干净。如此滑嫩松软的参鸡肉汤仅需消费1.4万韩元就能饱餐一顿。选用的食材有高丽人参、大枣、栗子、银杏、瓜子仁等，另外还使用30余种药材和其他食材，即使不添加胡椒粉等作料，汤汁依旧味道鲜美。餐厅建筑是传统的韩式房屋结构，店内通风良好，炎热的夏日中也很凉爽。

明洞　牛杂汤

●신선설농탕

新首尔牛杂汤店

※可用信用卡　地图 p.52-D

交 地铁4号线424明洞站6号出口步行5分钟

✉ 中区明洞2街2-2 ☎ 02-777-4531

营 24小时 休 无休 ₩6000~1万韩元

口味清淡、滋补养身

将牛骨和牛肉慢火煨煮直至泛起白色泡沫，用此作为煲汤食材，食用时配上米饭和辣白菜。一份味道鲜美的牛杂汤标价6000韩元。过去，过多使用作料导致餐厅饭菜味道咸重，经过改良后清淡适宜，而且可以依据个人口味进行调味。餐厅不仅游客爆满，还有很多当地的回头客。另外，餐厅的辣白菜备受好评，有密封袋装，称得上是餐厅的小小人气料理。该店在新村有分店。

东大门　大酱汤

东大门大酱汤餐厅

●가나안해장탕

※可用信用卡　地图 p.47-L

交 地铁3号线333、6号线633药水站2号出口步行2分钟 ✉ 中区新堂洞374-10 ☎ 02-2234-5200

营 24小时 休 无休 ₩6000韩元起

味道丰富的韩式大酱汤——宿醉的良药

众人皆知，东大门大酱汤餐厅专营大酱汤，一律标价5000韩元。单人份土豆排骨酱汤也算是一道韩式料理。煲好的猪排骨汤里加入大量蔬菜，大酱汤里尝不出丝毫的猪排骨腥味，口感稍稍有些辛辣，肉质滑嫩，是一份极其出色的料理。据说大酱汤对解除宿醉有良好的功效。很多客人路过餐厅也会进去喝一份大酱汤。餐厅内的菜单只用韩语书写，不过餐厅只提供一种菜品，所以来此品尝美味的游客不会有任何困扰。

钟路　牛杂汤

里门牛杂汤店

●이문설농탕

※可用信用卡　地图 p.53-E

交 地铁1号线131钟阁站3号出口步行3分钟

✉ 钟路区公平洞46 ☎ 02-733-6526

营 8:00~21:30 休 无休 ₩6500~1万韩元

传承百年风味的老字号

里门牛杂汤店历史悠久，创业至今达100余年，是制作牛杂汤的老字号店铺。将整头牛宰割后，从头到脚，包括内脏、骨头等全部放入一口大锅中，充分煨煮后制成的牛杂汤标价6500韩元。汤中飘着悠悠古风气息，尤其是炖好的牛肉，细嫩爽口。汤中富含动物胶原蛋白等营养元素。坛子里浸泡的大棵泡菜深受当地人喜欢，也是店家的老字号招牌菜，每棵泡菜都散发着岁月沉淀的醇厚香味。

仁寺洞　鸡肉料理

禧嫔鸡肉料理餐厅

●옥정

※可用信用卡　地图 p.53-A

交 地铁3号线328安国站6号出口步行10分钟
✉ 钟路区宽勋洞84-22 ☎ 02-733-5412
营 11:30~22:00 休 无休 ₩1万~2万韩元

店家招牌菜可美肤和治疗贫血

餐厅的鸡汤用水十分讲究。水源取自庆尚北道周王山，也是餐厅老板的故乡，水质良好，是一种富含铁元素和钙元素的天然碳酸水和青松达基矿泉水。据说鸡汤正是因为使用了如此高品质的水煲制，所以对美肤和贫血有一定的功效。一份鸡汤标价4.8万韩元，足够3~4个人享用。鸡汤选用上等鸡为主要食材，并同高丽人参、大枣、绿豆一起煨煮煲制而成。由于水质

中含有铁元素，最终熟透的鸡肉色泽微微泛红。虽然做法简单，但吃起来回味无穷。因为煲制鸡汤需要一定时间，所以想要品尝禧嫔鸡汤料理的话，一定要事先预约。另外，本店还推出1万韩元的韩式套餐。

仁寺洞　饺子

●사동면옥

寺洞面屋

※可用信用卡　地图 p.53-D

交 地铁1号线130、3号线329、5号线534钟路3街站5号出口步行5分钟 ✉ 钟路区宽勋洞29-21 ☎ 02-735-7393 营 10:00~22:30 休 无休
₩1万~2万韩元

味美量足的朝鲜饺子锅

自30年前开店以来，寺洞面食餐厅一直向顾客呈现出多种朝鲜料理的韩式吃法。将朝鲜大饺子放入什锦火锅中，煎饺子小份1.8万韩元，大份2.5万韩元，很受欢迎。什锦火锅中煮着茼蒿、香菇、牛肉等食材，营养丰富，无可挑剔。另外还有5000韩元的冷面等一人份特

色料理，菜式种类丰富。仁寺洞的南面开设有分店。

东大门　辣炒鸡肉

●진할매원조닭한마리

陈婆元祖参鸡料理餐厅

※可用信用卡　地图 p.54-E

交 地铁1号线128、4号线421东大门站9号出口步行5分钟 ✉ 钟路区钟洞5街265-22
☎ 02-2275-9666 营 10:30~24:00
休 无休 ₩5000~1万韩元

20年回头客不间断的鸡锅店

菜单上只标记着一只水煮鸡1.5万韩元，其实真正的压轴菜就是水煮鸡。通常在一口大锅里盛满清汤，汤中煨炖着一只肥实的童子鸡。餐厅严格把关食材采购，只在有订单合同的农场中挑选童子鸡（出生大约35天）作为食材。吃完参

鸡料理后，花1000韩元买些面饼泡在剩余的鸡汤中，味道会更加鲜美。

东大门　酱猪蹄

元祖奖忠洞奶奶家

●원조장충동할머니집

※可用信用卡　地图 p.47-L

交 地铁3号线332东大入口站3号出口步行1分钟
✉ 中区奖忠洞1街62-18 ☎ 02-2279-9979
营 9:30~23:00 休 无休 ₩1万韩元起

韩式猪蹄料理——肌肤保养的王道

猪蹄料理中的卤汁味道浓厚，约50年间每天都用猪蹄不断熬制。炖煮烂熟的猪蹄标价2.5万韩元，没有特殊的味道，尝起来反而觉得味道上乘。

三清洞　面片

●삼청동수제비

三清洞面片餐厅

※可用信用卡　地图 p.44-B

交 地铁3号线328安国站1号出口步行5分钟
✉ 钟路区三清洞102 ☎ 02-735-2965
营 11:30~21:00 休 无休 ₩6000~1万韩元

具有韩国风味的面疙瘩汤、面片餐厅

餐厅由父子代代传承，专营面片汤。一份面片汤6000韩元。所有料理都是店家亲手煨炖，嚼劲十足。面片汤带有蛤蜊和海带，较清淡。喜欢吃青辣椒和紫菜的游客千万不要错过这家餐厅。

押鸥亭洞　韩式套餐（自然风味）

土豆之家

●감자바우

地图 p.60-A

交 地铁3号线336狎鸥亭站2号出口步行8分钟
✉ 江南区新沙洞621-4 ☎ 02-517-1160
营 11:30~22:00 休 无休 ₩3万韩元起

暖胃养身的韩式宫廷套餐专营店

土豆之家韩式套餐餐厅重视自然风味。套餐种类丰富，包括开水烧制的小锅什锦份饭、店家自制的豆腐、新鲜海鲜类等食材，每份料理都体现了店家手工制作的魅力，而且还蕴涵丰富的营养元素。菜单以韩式套餐为主，套餐有3万韩元和5万韩元两种，无论哪种套餐都配有20种以上的各式小菜，颇为壮观。室内装潢设计极具传统风格，朴素雅致。

仁寺洞　韩式套餐

山村韩式套餐餐厅

●산촌

※可用信用卡 英　地图 p.53-D

交 地铁1号线131钟阁站3号出口步行10分钟
✉ 钟路区宽勋洞14 ☎ 02-735-0312
营 12:00~21:30 休 无休 ₩2万~3.6万韩元

韩式素菜餐厅——蔬菜和野菜分量十足

餐厅布置富有韩国情调，氛围恬静。在如此宁静的用餐环境中可享用到的只有素菜料理，没有任何肉制品和鱼类，而且也不使用任何化学调味品。据考证，佛教僧侣的饮食就以蔬菜和蕨菜等野菜为主要食材，是极具健康特色的素食料理。餐厅菜单上只有一种特色套餐，以豆腐和蔬菜天妇罗为主，各种菜品盛放在高级奢华的小碟子中。一份午餐2.2万韩元，一份晚餐3.96万韩元。餐厅设有韩式座席，就餐时可以直接坐在铺有垫子的地面上。客人还可以免费享用饭后甜点，一般是以韩式传统茶和传统糕点为主。每天20:00有传统韩式舞蹈表演。

大学路　韩式套餐

野草韩式套餐

●들풀

※可用信用卡　地图 p.55-G

交 地铁4号线420惠化站4号出口步行5分钟
✉ 钟路区明伦洞4街71-1 ☎ 02-745-9383
营 11:30~22:00 休 无休 ₩1万~4万韩元

自然风味套餐——发挥食材天然风味

餐厅极力发掘各种食材的自然风味，拒绝使用一切化学调味品，从地方专营农场中直接采购所使用的全部食材。每种餐厅料理均有上乘品质，分量充足。在铺着垫子的韩式土炕上就餐，轻松惬意，感觉很像去朋友家做客。餐厅内气氛柔和，拥有良好的用餐环境。药用套餐（糯米小豆饭）仅供午餐，一份1.1万韩元。普通套餐的价格在1.2万韩元起。

梨泰院　韩式套餐

伽倻廊餐厅

●가야랑

※可用信用卡　地图 p.54-A

交 地铁6号线630梨泰院站2号出口步行7分钟
✉ 龙山区梨泰院洞239-4 ☎ 02-797-4000
营 12:00~14:30、18:00~22:00 休 无休
₩2.8万~7万韩元

极尽奢华的韩式套餐高级店

伽倻廊餐厅位于首尔标志性建筑物附近。满墙的爬山虎点缀着整座餐厅建筑，不失为最好的餐厅标志物。餐厅包间气氛质朴。您可以在此品尝到传统的韩国王宫菜肴，一律选用天然食材，沿用古代菜肴烹饪法制作而成。菜单上只有一套菜系，午餐标价从2.8万韩元起，晚餐的标价从5.5万韩元起。餐厅内设有西式餐桌和各种大小独立餐室，在安宁恬淡的用餐环境中缓缓地播放着传统乐器伽倻琴弹奏的乐曲。若要在此就餐，可以肯定的是无论午餐还是晚餐都需要提前预订。

新村　河豚料理

●삼호복집

三湖鳆家河豚料理店

※可用信用卡　　地图 p.56-E

交 地铁2号线240新村站1号出口步行2分钟
✉ 西大门区沧川洞30-10 ☎ 02-337-9019
营 11:30~22:00 休 无休 ₩2万~5万韩元

河豚料理餐厅中的老字号品牌店

餐厅专门经营河豚料理，是一家有30年历史的老字号餐厅。无论当地居民，还是日本驻韩国办事处的工作人员，都是这家餐厅的回头客。餐厅弥漫着浓郁的民俗气息，供应的料理一一都有品牌鉴定书。2~3人份的河豚涮锅消费5.8万韩元，分量充足。餐厅中标价2.5万韩元的河豚麻辣香锅也是一道人气料理。当餐厅顾客尚未爆满时，不妨试着品尝一下1.2万韩元的杂炒河豚。餐厅的河豚生鱼片是时令价，如果想要在此品尝，最好提前预约。

明洞　日本料理

●가쓰라

月桂屋日本料理餐厅

※可用信用卡　　地图 p.52-C

交 地铁2号线202乙支路入口站6号出口步行5分钟
✉ 中区明洞2街87-4 ☎ 02-779-3690
营 11:30~15:00、16:30~23:00 休 无休
₩9000~6万韩元

正宗日本料理

月桂屋日本料理餐厅陈设着各种名为月桂冠的日本酒，是一家不可多得的正宗日本料理餐厅。店内有8000韩元的升酒等多种可轻松畅饮的酒水饮料。餐厅午餐时间会提供8000韩元的烤鱼套餐等菜式，套餐种类丰富。地下室还有日式小酒屋，能让情侣们感受到舒适安心的消费体验。

新村　烤鸡肉

●춘천집닭갈비

春川鸡肉烧烤店

※可用信用卡　　地图 p.56-A

交 地铁2号线240新村站2号出口步行10分钟
✉ 西大门区沧川洞52-22 ☎ 02-323-5597
营 24小时 休 无休 ₩7000~1万5000韩元

便宜实惠的鸡肉烧烤餐厅

这家餐厅专营烤鸡肉，深受学生族欢迎。价值6000韩元的鸡肉烤肉不仅提供辣椒酱，还附赠咖喱辣汁，啤酒畅饮。餐厅的独创菜肴是辣炒鸡肉，一份6500韩元，分量超大。很多顾客通常在最后都要单点一份1000韩元的米饭，搭配鸡肉做成诱人的鸡肉炒饭。

江南／新沙洞　蟹酱

●프로간장게장

酱油蒸蟹餐厅

※可用信用卡　　地图 p.58-E

交 地铁3号线337新沙站4号出口步行4分钟
✉ 瑞草区蚕院洞27-1 ☎ 02-543-4126
营 24小时 休 无休 ₩3万~5万韩元

令人垂涎三尺的美味螃蟹

餐厅的酱蟹使用梭子蟹作为食材，用秘传的酱油汁腌制而成，没有一丝海腥味，反倒是海鲜的美味令人垂涎三尺，是绝好的上等海鲜料理，为时令价格。酱汁以20年原味底料熬制而成，香浓美味。享用完螃蟹后，可以把蟹壳盖在米饭上，浇上特制的酱汁，单是品尝白米饭也不错。另外您还可以消费2万韩元享用螃蟹味大酱汤和鸡蛋石锅拌饭。

仁寺洞　韩式传统茶艺

●전통다원

传统茶院

※可用信用卡　地图 p.53-D

交 地铁3号线328安国站6号出口步行7分钟
✉ 钟路区宽勋洞30-1 ☎ 02-730-6305
营 10:30~23:00 休 无休 ₩5000~1万韩元

调动所有感官体会韩国的传统美

传统茶院位于仁寺洞中央地带，耕仁美术馆内。在仁寺洞是一家历史悠久的传统品茶屋。客人座位设在带有土炕的房间，面向庭院，可以轻松愉悦地体会到韩国传统茶院的氛围。内设漂亮雅致的客室，房间内装裱着字画。在这里，即便下雨您也能优雅地品茶歇脚。茶院有外语菜单。踏入这家古老的茶院，会让您身心愉悦，备感亲切。此外，游客还可以品尝到每份6000韩元的香甜柚子茶，以及各种韩式传统茶，价格大约6000韩元左右。同时还可以享用茶院赠送的传统韩式糕点。

钟路　韩式传统糕点、传统茶艺

●질시루

吉喜路咖啡馆

※可用信用卡　地图 p.51-H

交 地铁1号线130、3号线329、5号线534钟路3街站6号出口步行7分钟 ✉ 钟路区卧龙洞164-2
☎ 02-741-0258 营 9:00~21:00（周日~19:00）
休 无休 ₩4000~8000韩元

品味韩国传统年糕和其他糕点的艺术

旨在发扬传统文化的韩国传统饮食研究所设在餐厅1层。西式咖啡馆也有传统年糕等糕点。室内的装潢设计颇具现代都市感，不论男女老少都可以在此尽情享受美食。每块年糕都是手工制成，价格从1000韩元起，也有日式糕点，所有糕点都堪称精美的艺术品。餐厅提供外卖送餐服务。除了介绍韩国传统的年糕和民俗酒，还提供文化体验服务，能够体验韩式年糕的制作过程。

三清洞　传统茶咖啡馆

●YEON

缘分咖啡厅

※可用信用卡　地图p.44-B

交 地铁3号线328安国站1号出口步行16分钟
✉ 钟路区三清洞63-10 ☎ 02-734-3009
营 13:00~23:00 休 无休 ₩6000韩元起

享受“世界之茶”的浓香

缘分咖啡厅隐藏在街道的深处，主人曾经环游世界，精心泡制的一款“世界之茶”非常有人气。店内的韩式传统茶选用采摘自韩国智异山的茶叶，每份6000韩元起售，价格不等。

明洞　咖啡馆

Coin

Coin咖啡屋

※可用信用卡　地图 p.52-D

交 地铁4号线424明洞站6号出口步行8分钟
✉ 中区明洞2街54-20 2层 ☎ 02-753-1667
营 11:30~23:00（周日和节假日~22:30） 休 无休
₩4000~1万韩元

味道浓香、价格不菲，繁华明洞的休憩处

咖啡屋由原木搭建而成，洋溢着温暖的气息。整体设计通风、开阔。店内服务生动作敏捷。咖啡的价格从4000韩元起，订餐后都会赠送顾客咖啡豆。

梨大　蛋糕屋

PERA蛋糕屋

※可用信用卡　地图 p.57-D

交 地铁2号线241梨大站3号出口步行5分钟
✉ 西大门区大岘洞54-1 108 ☎ 02-313-6085
营 8:30~23:00 休 无休 ₩8000韩元

低调的超人气蛋糕名店

编者曾听说PEAR蛋糕屋的价格实惠而前去品尝，发现店内一些蛋糕的口味一点儿也不逊于国内的蛋糕，是一家网络上广受追捧的咖啡餐厅。餐厅氛围温暖舒适，也会让您的心情无比愉悦。无论消费咖啡还是其他店内美食，每次点餐后都会赠送纯天然咖啡豆。每杯咖啡的价格从5000韩元起，蛋糕价格在4500韩元以上。

购物 Shopping

首尔购物，价格实惠，时尚商品目不暇接，令人无限陶醉

体验首尔购物，最具魅力的莫过于传统工艺品、化妆品、眼镜、免税品。物价超低的商店近来有所减少，但设计风格适合亚洲人的商店日渐增多。

明洞　大型百货商店

LOTTE DEPARTMENT STORE

乐天百货店总店

※可用信用卡　地图 p.52-A

交 地铁2号线202乙支路入口站 ✉ 中区小公洞1 ☎ 02-771-2500 营 10:30~20:00 休 每月1次

无所不包的韩国最大百货商城

一层和四层销售各种名品，二层和三层是女性服装卖场，五层销售男士绅士服装。青年广场位于百货店附近，汇集了众多休闲品牌专卖店和名品店。附近一带的商店琳琅满目，足以满足您的购物之旅。地下一层的食品城是您选购旅游纪念品的最佳去处。

明洞　女装精品店

异色衣女装店

●이색의

※可用信用卡　地图 p.52-D

交 地铁4号线424明洞站7号出口步行5分钟

✉ 中区明洞2街31-6 ☎ 02-774-4849

营 10:30~21:30 休 无休

打造纯手工时尚精品女装

异色衣精品女装店由一些年轻的服装设计师独立开办。许多外国游客慕名而来选购服装，是一家低调但极具人气的时尚女装店。从设计到剪裁缝制都由店主们亲手完成，服装样式仅此一家。设计风格独树一帜，以简单朴素为主打元素。

明洞　眼镜

VIENNA眼镜专卖店

●비엔나안경

※可用信用卡　地图 p.52-D

交 地铁4号线424明洞站7号出口步行4分钟

✉ 中区明洞2街31-7 ☎ 02-753-4677

营 9:00~22:00（周日、节日10:00起） 休 无休

为您定制理想的眼镜

VIENNA眼镜专卖店不仅汇集了韩国的国产镜框，还有香奈儿等国际知名品牌眼镜产品，价格不等。韩国的国产镜框从6万韩元起，价位不等。完成视力检查后，最快可在20分钟后取镜。还可以打电话事先咨询相关事项。一般情况，该店配镜包括镜片大约7万~10万韩元即可，性价比良好，推荐您前去体验。眼镜店服务周到，在眼镜制作好后为您免费送到下榻酒店。

明洞　化妆品

MISSHA

※可用信用卡　地图 p.52-C

交 地铁2号线202乙支路入口站6号出口步行5分钟

✉ 中区明洞1街74-1 ☎ 02-775-6957

营 10:00~22:30 休 无休

超人气低价化妆品名店

走在首尔的大街小巷，随处可见谜尚（MISSHA）平价化妆品连锁店，极具人气。最初只是网络销售，后来渐渐发展成极具品牌魅力的实体店。店内所有商品均由公司自行研发，甚至化妆品的容器都由公司专门生产，从而省去中间的价格差额，真正实现超低价格。生产的商品首先在网上试卖。其中，标价2000韩元的彩色指甲油有40多种颜色，富含乳酸菌的护肤霜标价3300韩元，而且还有多种面膜护肤品等男性化妆品。

仁寺洞　杂货、艺术品

Ssamji Gil商城

●쌈지길

※可用信用卡　　地图 p.53-D

交 地铁3号线328安国站6号出口步行5分钟
✉ 钟路区宽勋洞38 ☎ 02-736-0088
营 10:30~21:00 休 无休

年轻的服装设计师迈向成功的必经之地

Ssamji Gil商城是由备受欢迎的服装品牌Ssamji Gil经营的户外商街。商城建筑一共四层，是不同于传统建筑风格的水平结构，以中间大厅为中心，整栋建筑旋转为螺旋状。商场的地下商城最吸引游客眼球，其中汇集了许多年轻艺术家开设的商店，销售的商品均是年轻艺术家收集的古董、串珠工艺品、手工制作肥皂等。游客漫步其中，既能大饱眼福又能心情愉悦。

仁寺洞　书画

●동서표구화랑

东西方屏风画廊

※可用信用卡　　地图 p.53-D

交 地铁3号线328安国站6号出口步行2分钟
✉ 钟路区宽勋洞38 ☎ 02-739-0095
营 8:30~21:00 休 无休

囊括各种风格的书画挂轴和屏风

拜访这家店的客人90%是日本人。画廊空间窄小，随处装饰着书画，除了有韩国知名艺术家的作品外，还有2万韩元起的挂轴、60万韩元起的屏风等各种风格的作品。标价1万韩元的韩国传统面具是您馈赠亲友不错的选择。

仁寺洞　传统工艺品

●우리세계

我们的世界

※可用信用卡　　地图 p.53-D

交 地铁1号线131钟阁站3号出口步行10分钟，或者是地铁3号线328安国站6号出口步行2分钟 ✉ 钟路区宽勋洞157 ☎ 02-735-9661
营 10:00~20:00 休 无休

绝不可错过的小杂货店，舒服清新的购物氛围

杂货店的商品风格秉承韩国传统色彩元素，融入多种现代元素。印象最深的是，店内商品的制作工艺上乘、色泽柔和。还有一些布制品和韩纸制成的高级小物件也备受外国游客追捧。另外，店内的丝扇标价1.8万韩元不等。所有的商品均是店主自创，同时也得益于店内的六位专业设计师，他们每月在此展示各自的新作。

小贴士

在首尔购买CD、DVD

在韩国，一般都是在网站购买DVD和CD，很少看见街上有实体销售店。位于钟路区的大型书店教保文库里销售的CD、DVD的质量不错。此外，在地下商城偶尔也可以淘到珍品。一般，DVD的价格是2万韩元起，电视剧DVD的价格是7万~12万韩元。CD的价格通常是1.2万韩元

还有，韩国的DVD画面信号和中国的“地区代码”信号不同，因此使用中国的普通DVD播放器可能不能显示影像。如果用带有DVD播放器的中国笔记本电脑播放，也需要把特定的“地区代码”转换一下才能收看。所以，想要在中国观看韩国DVD的人最好还是用笔记本电脑比较合适。

近年来，各种电视剧DVD摆满柜台

仁寺洞　工艺品

阿园工艺房

●아원공방

※可用信用卡　地图 p.53-D

交 地铁3号线328安国站6号出口步行5分钟
✉ 钟路区宽勋洞38 ☎ 02-734-3482
营 10:30~19:30 休 无休

品质上乘的手工艺品专卖店

阿园工艺房是由姐妹俩共同经营的金属工艺品专卖店。姐妹二人自学自创20余年，经营的工艺品种类繁多，不仅有项链、耳饰，还经营室内设计专用品。柜台的陈设、装饰也是煞费苦心，与其说是商店，倒更像是画廊。店内的艺术品价格不菲，标价大约在4万韩元左右，但究其精细的做工，还是物有所值的。

仁寺洞　茶具、工艺品

首尔茶生园

●서울차생원

※可用信用卡　地图 p.53-C

交 地铁3号线328安国站6号出口步行5分钟
✉ 钟路区宽勋洞33 ☎ 02-730-2983
营 9:30~21:00 休 无休

韩式传统茶及茶具专卖店

首尔茶生园专营韩国茶品和茶具。纯天然的艾蒿茶是店家的头号招牌传统茶，标价2万韩元。此外，还销售绿茶、人参茶、草药茶等30种以上的茶品。狭窄的空间里摆放着种类繁多的茶具，不乏许多适合日常使用的茶具，价格在1万~2.5万韩元。店内还陈列着价值数十万韩元的高级陶艺品。除了茶具以外，还有柚子茶和五味子茶等一些能简便冲泡的传统茶品，都是您馈赠亲友的最佳礼品。

梨泰院　革制品

North Beach

北极海岸皮革店

※可用信用卡　地图 p.55-C

交 地铁6号线630梨泰院站1号出口步行1分钟
✉ 龙山区梨泰院洞119-11 ☎ 02-798-2266
营 9:30~21:00 休 无休

皮革制品店，可量身定做质感良好的皮衣

北极海岸皮革店可以定做各式皮制品，从皮夹克到皮包，大约2周就可以收到货。顾客也可以将自己喜好的设计从图纸上剪下来，带去请店家制作。皮夹克售价30万韩元起，皮质风衣最低价35万韩元。

梨泰院　专门定做鞋子

Intoto鞋店

※可用信用卡　地图 p.55-C

交 地铁6号线630梨泰院站4号出口步行3分钟
✉ 龙山区梨泰院洞64-33 ☎ 02-796-0379
营 9:00~20:00 休 每月的第二个星期三

数日就能完成定制的皮鞋

Intoto鞋店创业已有30年历史，是一家专门定做皮鞋的门面。拥有自己的制鞋工厂，可以在3~4日内完成顾客的要求。顾客的鞋码数据将会在此保存3年，可发传真定制。长靴定制费用大约23万韩元起。

梨大　革制品

●씽

歆

※可用信用卡　地图 p.57-A

交 地铁2号线241梨大站2号出口步行10分钟
✉ 西大门区大岘洞142-8 ☎ 02-392-6909
营 13:00~21:00 休 雨天

全球唯一的手工皮革制品屋

“歆”皮革制品屋是皮革制品艺术家朴允英先生倾心打造的纯手工皮革制品专卖店。每种商品只生产一款，用习惯后会令您爱不释手。店内皮包和钱包的最低价格为5万韩元，同时还标有成品完成的最终日期。

明洞　免税店

LOTTE DUTY FREE

乐天免税店总部

※可用信用卡　　地图 p.52-A

交 地铁2号线202乙支路入口站 ✉ 乐天百货商店总部9、10层 ☎ 02-759-6550 营 9:30~20:00 休 无休

逛商场的同时光顾首尔最大的免税店

乐天免税店总部是首尔规模最大的免税店，位于乐天百货商城的9、10层，汇集了30余种世界名牌，比如香奈儿、普拉达、路易威登、古奇等许多深受国内消费者喜爱的世界名牌。想提醒游客的是，乐天免税店购买的爱马仕和宝格丽要支付一定数量的购物税。2004年末商厦扩建到第9层，主要销售化妆品。此外，这里还有很多刚刚进驻百货商厦的品牌店。倘若时逢韩国的一些节假日，会举行打折优惠活动，如果和国内的连休日一致，游客可以前去淘宝。

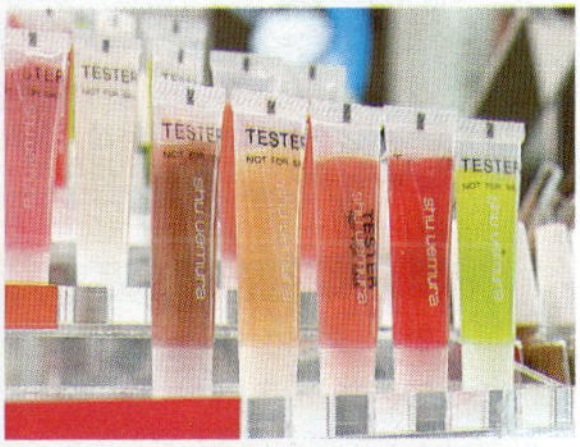

东大门／奖忠洞　免税店

新罗免税店　THE SHILLA DUTY FREE

※可用信用卡　　地图 p.47-L

交 地铁3号线332东大入口站5号出口步行5分钟 ✉ 中区奖忠洞2街202 ☎ 02-2639-6000 营 9:30~20:00 休 无休

最能代表韩国的著名免税店

新罗免税店毗邻首尔新罗大酒店。地下一层、地上一层有大规模卖场，里面汇集了路易威登、古奇等很多世界名品店。入住新罗大酒店，服务至上，酒店会在您的住宿券上打印乘车联票的优惠标志。除此之外，附近还有前往明洞等旅游观光地的免费巴士，大约一小时一趟。

广津　免税店

Duty Free Walker Hill Shop

华克山庄免税店

※可用信用卡　　地图 p.59-D

交 地铁5号线546广渡口站1号出口乘坐巴士5分钟 ✉ 广津区阿且城路175 ☎ 02-450-6350 营 10:00~21:00 休 无休

畅享悠闲从容的购物之旅

华克山庄免税店位于广津步行街，营业时间直至深夜。因远离繁华闹市，店内顾客相对较少，您可以在此享受悠闲购物的乐趣。从酒店山庄的窗口向外眺望，还可以看到远处的汉江。来这里体验一次极尽奢华的购物之旅吧。

店　名	地址、电话	前往附近的交通路线	营业时间	休息日	参　考
东和免税店 Donghwa Duty Free Shop	参照地图 p.50-I部分 位于钟路区世宗路211, 光化门大厦B1　02-399-3000	地铁5号线533光化门站6号出口步行2分钟	9:30~20:30	无休	首尔最古老的免税店，化妆品种类繁多，满足消费者的不同需求。
乐天国际免税店 LOTTE WORLD DUTY FREE	参照地图 p.59-H部分 乐天百货店蚕室店10层 02-411-7565	地铁2号线216、8号线814蚕室站下车	9:30~20:00	无休	毗邻乐天世界乐园，是一家主要面向男性的品牌免税店。
乐天COEX免税店 Lotte COEX Duty Free	参照地图p.58-F部分 COEX洲际大酒店B1-B2 02-3484-9777	地铁2号线219三成站步行10分钟	10:00~20:30	无休	和COEX购物商街相连。
大韩民国免税店 Duty Free Korea	参照地图p.119-A部分 仁川国际机场内 032-743-2000	仁川国际机场内	7:00~21:30	无休	位于仁川国际机场的候机大厅，满足您回国前的最后购物血拼。

畅游首尔市场

漫步批发市场是观光韩国的一大乐趣。首尔的各个大小商场与人们的生活息息相关。每个批发市场风格不同，各有千秋。南大门市场全是普通市民喜好的物品；东大门市场上挤满了来自全国各地的批发商，其中许多是年轻人；鹭梁津水产市场可谓韩国的地标建筑；还有销售普通市民的生活用品的东京市场。倘若您只把旅游行程集中在畅游韩国的市民市场，将会体验到一种独特的旅游风情。

南大门市场

●남대문시장 地图 p.48-F

●地铁4号线425会贤站5号、6号、7号出口

看点
- ◎韩国最古老的批发市场
- ◎熙熙攘攘的气氛
- ◎可以在此定做眼镜

若谈起首尔的批发市场，首推南大门市场。南大门市场开设于1414年，是韩国最古老而且也是最大规模的综合批发市场。据说，最初在南大门附近汇集了许多专门为朝廷官府供货的商铺，为此而得名“南大门市场”。市场目前拥有10万平方米的占地面积，汇集了1万多家商铺，店内商品应有尽有，比如：服装、眼镜、餐具、文具用品、高丽人参以及各种食材等。白天和夜晚的批发市场景象迥异，可谓两重天地。通常从上午9点到傍晚6点左右，面向普通民众开放小型卖场。之后，许多店家开始短暂休息，以迎接后期大规模的进货批售，通常从深夜零点一直持续到第二天黎明。

市场内的商品种类繁多

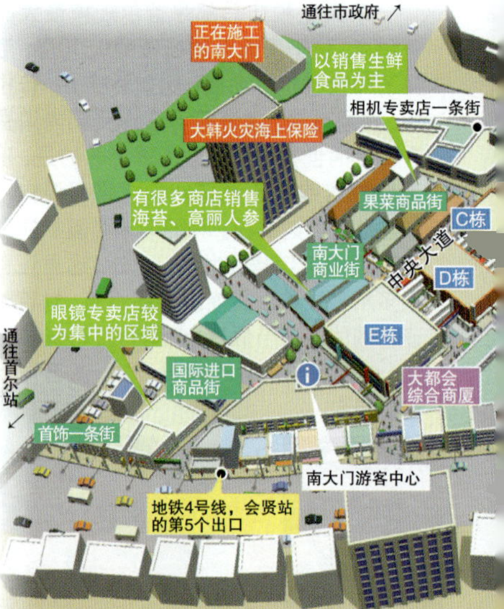

批发市场的乐趣 1 紫菜、高丽人参

有很多商店面向游客，店内摆满了圆盘紫菜和高丽人参的精华提取物。和百货店相比，价格并不便宜，仅仅少量选购也会花费很多。如果您的观光时间宽裕，不妨逛一下附近的新世界百货店的地下商城，通过多家商铺的价格比较，再决定是否在此购物。

有很多高丽人参专卖店

批发市场的乐趣 2 能够定做眼镜

明洞等地方有许多价格低廉的眼镜店，而在南大门批发市场，眼镜生意的竞争也相当激烈。如果您能顺利和卖家砍价成功，也可能以相当便宜的价格买到心仪的眼镜。漫步市场，常会看到很多广告牌上写着“立等可取”的广告宣传词。但是如果您选用高折射率镜片，可能要花费一些时间。市场中很多眼镜店会在眼镜做好后为您送到住宿酒店。通常大约花费3万韩元就能配一副普通眼镜，10万韩元左右的眼镜质量良好，总的来说，性价比高，是一笔很划算的消费。眼镜制作风格基本以韩国本土化为主，建议和同伴相约而去，从中国人自身的审美角度选镜，效果会更佳。

值得信赖的眼镜店

批发市场的乐趣3 饭馆、路边小吃

有食品样本，很容易弄懂

中央大道是批发市场的中心区域

若要体验韩国普通百姓的饮食餐馆，南大门市场的餐饮街最合适。有摆出的食品样本，每份大约6000韩元左右，菜式和当地人吃的一样，并非专门为游客制作，这样就能享受到当地饮食的纯正风味。路边小吃摊常产生麻烦、纠纷，还是尽量不去为好。

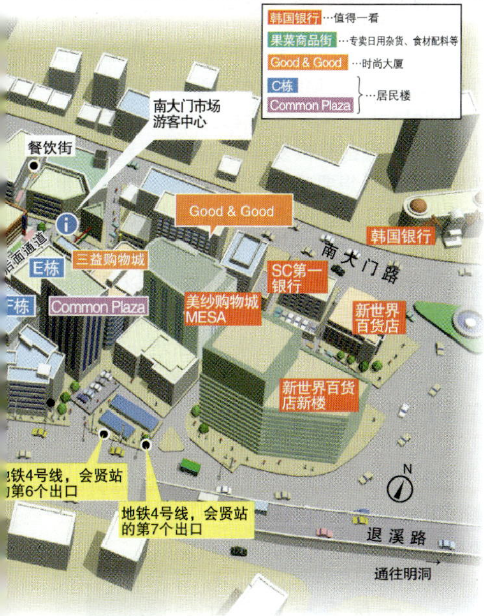

南大门市场畅游攻略

如果想要体验南大门市场的热闹气氛，下午3点到5点之间是最佳时段。因为傍晚正是当地主妇的购物时间，此时应该是市场中最热闹的时段。一旦过了晚上6点，许多店铺就会关门，开始着手准备深夜的进货批售。整个市场一般都是上午显得比较冷清和无聊。

南大门批发市场的魅力来源于庞大的民众号召力。来这里购物的人非常之多，分外嘈杂。市场上的便宜服装质量并不是很好，质量好的服装也不会很便宜，价格与其他地方一样贵。与其在这里购物，还不如充分享受这里的市场氛围。市场建筑的设施错综复杂，许多游客担心进去后会迷路。但是，深入市场，会看到有销售进口杂货、饰品、餐具、鲜花等各种各样的商铺，随便闲逛也会觉得乐趣无限。

宛如迷宫的建筑物

超强的市场号召力

批发市场的乐趣4 服装

批发市场的街道上，处处是卖服装的店铺。遗憾的是，这里很少能淘到质量上乘的服装。路边手推车上待售的衣服堆积如山，在挑选衣物时，向成群结队的韩国大婶们学习几招购物妙招，也是不错的体验。

在此买衣服，砍价是最基本的常识

批发市场的乐趣5 餐具

南大门市场有很多销售餐具的商店，商品丰富多彩，有石锅拌饭所需的石锅，还有吃石锅料理时单人份的小锅等。别看餐具体积较大，可能不易携带，但质量有保障，您可以尽情挑选，当做一份韩国之旅的纪念品吧！

此处的餐具价格划算

摄影秘诀

摄影镜头中的市场景象

如果想要拍摄批发市场的景象，需要注意的就是人物的拍摄。身为摄影者，总会有一种冲动，想要把热情洋溢的销售员纳入镜头。但是，韩国民众很反感自己被拍照，所以拍照时需要多加注意，以免引起误会。如果想要拍摄市场内的热闹景象，可把焦距调至远处，压缩远近距离后再选角度拍摄。这样，您的照片中就会囊括各种广告灯箱，凌乱错杂的电灯、电线杆，还有远处的人物影像。看到这样的画面，仿佛能隐约听到市场上充斥的嘈杂声音。

在熙熙攘攘的人群中，注意保持拍摄距离

首尔的市场

东大门市场 ❶❶❶

●동대문시장

地图 p.54-E, F

●地铁2号线205、4号线422、5号线536东大门运动场站

看点
◎年轻人文化的发祥地
◎汇集了韩国所有的服装商
◎深夜最繁华

霓虹灯彻夜闪烁，来自韩国各地的民众聚集在这里，这里就是传说中的东大门市场。东大门市场汇集了数万家商铺，种类繁多。商家们经营服装、鞋子、体育用品、进口的日用杂货等。

东大门市场中最热闹的莫过于西区，美利来（Migliore）、都塔（Doota!）、“Hello!apM”等潮流品牌商家都在这里。这一地带之所以被称作年轻人文化的发祥地，是因为整个商街光线明亮，和“批发市场”的感觉相比，更多地流露出一种现代感。另一方面，一街之隔的东区在晚上就成了商家进货批售的集中地。NUZZON是耸立于东区的新建购物大厦，与第一和平市场等原有建筑群融为一体。

东大门市场创立于1905年，是销售布匹绸缎的集中地带。直到1995年，还有很多专营进货批售的老商铺，专门面向老人和零售业者开放。近10年新建了许多面向年轻人的时尚大厦，这一地带也随之成为时尚潮流的发源地。

在「Hello!apM」的舞台上，舞动着青春的身影

小贴士

品尝路边小吃

和普通的小吃店相比，韩国路边小吃摊的价格并不便宜。如果您想亲身体验韩国路边小吃摊的风味，可以前去品尝东大门市场的路边小吃。从新和平市场的前方到第一和平市场，整条街上随处摆设着以动物内脏烧烤、韩式饺子等为主的小吃摊点。道路两边有餐桌，您可以在此畅饮啤酒和烧酒。只是千万别忘了在点餐时事先确认价格。

人们在小吃摊上畅饮啤酒或烧酒

东大门批发市场夜晚很繁华

西区 ●10:30~第二天清晨5:00

现在，提起“东大门市场”，一般都是指西区。以美利来（Migliore）、都塔（Doota）、“Hello!apM”等时尚品牌为主的时尚大厦鳞次栉比，每天都有很多消费者来这里购物，热闹繁华。如果想要感受年轻人的热闹氛围，最好在傍晚5点前去观光。在美利来和都塔购物商厦的户外舞台上，经常举行各种活动。许多学生放学后直奔这里的时尚大厦，所以这里总是拥挤不堪。若想要悠闲自在地享受购物，最好还是在平时的白天前来。商品统一明码标价，可以放心购物。从性价比来看，别太期待在这里买到物美价廉的商品。

主要的时尚大厦

都塔 Doota!

星期日23:00~第二天19:00休业

卖场面积居西区之首。商场地下一层有一片名为“douche”的区域，据说是年轻设计师迈向成功的必经之地。在这里，商家不断推陈出新，展现最新的时尚设计。

美利来 Migliore

星期六休业

美利来引领当季最新的流行时尚，20岁左右的年轻人非常喜欢这里，这也是美利来时尚大厦的最大卖点。商厦在韩国有很高的知名度，同时在明洞等其他地区也有很多分店。

Hello! apM

星期二休业

商场内光线明亮、布置整齐。淑女系列时尚商品占70%，除此之外还销售免税品，设有嘻哈风（Hip Hop）专区。

光熙市场的皮制品专卖店

东区 ●20:00~第二天早上11:00 星期六休业

和西区市场一样，商店鳞次栉比，是进货批售的专门市场。每晚8点左右开始营业，一直到第二天天亮，买主们在此进行忙碌的采购交易。每座大厦前都挂着标牌，上面写着某座城市的名字，门前的统一包装大号塑料袋内装着发往当地的货物，堆积如山。和时尚气息浓郁的西区相比，东区进货批售市场的物价更加便宜。但东区懂外语的店员不多，而且商品没有明码标价，加之质量好的商品又很少，所以建议您最好不要在此购物。深夜后出租车很少，所以要尽可能在晚上11点前返回住宿的酒店。

东区的地标性建筑——NUZZON时尚大厦

“Designer's Club”购物商厦内挤满了韩国各地的买主

普通批发市场 ●不同于商厦的营业时间

拥有悠久历史的进货批售市场沿清溪川路而建，各种商品分门别类，专卖店分布在道路两旁。其中有鞋专卖店、箱包专卖店、面料专卖店以及皮制品专卖店等。在此向您推荐第一和平批发市场和光熙批发市场。第一和平批发市场有许多面积仅为3.3平方米的格子铺，很多店主是年轻的设计师。光熙批发市场的皮制品专卖场很有名，长款风衣标价最低20万韩元，十分便宜。即使在夏季，商店也会轮流营业。

一定不要忘了观赏第一和平市场夜景

首尔的市场 不可错过的其他批发市场

首尔的批发市场，景象万千，各有千秋。如果您有充足的观光时间，参观完南大门批发市场和东大门批发市场，不妨前去漫步体验一下接下来为您推荐的其他批发市场的氛围。

地图 p.45-C

京东市场

●경동시장

●地铁1号线125祭基洞站2号出口步行2分钟
●营业时间：4:00~19:00（不同商店的具体营业时间会有差异） 周日休业

对于土生土长的首尔人来说，如同自家厨房

京东市场是一座大型综合市场，位于首尔东部，地铁清凉里站附近。市场上销售的中草药很有名，同时作为一个综合市场，也销售野菜、水果、韩式泡菜和狗肉，别有一番景象。另外，韩国粮食主产区江原道的食物和药材也在此销售并得以推广，是首尔人厨房的主打食材。市场里的猪肉价格每600克1200韩元，两只小鸡也只需5000韩元，这样的价位连韩国本地人也觉得异常便宜。

以市场中央交叉点为界，西边是中草药批发市场，东边是厨房食材批发市场。中草药市场中，有的商店药材堆积如山，有的商店专营朝鲜人参，附近数量最多的莫过于环境安静的中医院和药店。药材外表并不起眼，但其独特的清香弥漫着整条街道。中药店里的店员有的会说点儿外语，您可以用打手势的方式告诉他们疼痛的部位，医师会向您推荐疗效不错的药材。多数情况下，中药都是用专用的沙锅煎成的液体，但也有捣成粉末或真空包装的中药。市场的药材由产地直接送货，所以这里的高丽人参要比百货店的便宜。

中草药材堆积如山

到了秋季，店家门前摆满了各种山菌

市场里也有纯天然高丽人参

能够看到普通市民的日常生活

食材批发市场上，各种食材应有尽有，外观漂亮，做法精致，驻足欣赏一番，令人赏心悦目。清凉里站东边是水果批发市场，您可以买到既便宜又新鲜的水果。到了秋天，商店门前摆满了香菇等各种山菌，价格要比南大门批发市场的便宜。

地图 p.47-G

广藏市场

●광장시장

●地铁1号线129钟路5街站7、8号出口步行1分钟
●营业时间：不定 周日休业

韩国最古老的国营批发市场！

广藏市场是韩国早期的国营批发市场，始建于1905年，时值朝鲜王朝末年，经由汉城府（现在的首尔市政厅）批准开设。广藏批发市场永远都是人气爆满，在此游客可以轻松愉悦地观赏市场风景，切身感受独特的韩式风情。

批发市场内各种专卖店鳞次栉比，销售种类繁多，有生鲜食品类、布匹类、韩服、毛巾、五金产品等。但是，引人注目的莫过于美食街，位于市场中央区，许多饮酒小摊位整齐地排列着，常有当地市民和游客光顾，犹如欢庆节日般的热闹。夜晚的市场里飘扬着手风琴的弹奏声，置身于此，令人流连忘返。

市场西侧的“元祖麻药烤鸡肉”是美食达人不容错过的摊位之一，这里的烤鸡肉由芥末酱油烧烤，十分美味。周围也有很多类似的美食小店。韩国人通常讨厌排队，但是为了品尝鲜美的麻药烤鸡肉，竟然也会连日排队等候。通常市场美食街的摊位是在晚上9点左右营业，但是有的摊位白天也营业。

市场生意火暴的小吃摊

元祖麻药烤鸡肉的招牌标志

地图 p.60-F

鹭梁津水产市场
●노량진수산시장

●地铁1号线136鹭梁津站2号出口步行3分钟
●营业时间：24小时　无休业时间

首尔最具代表性的水产批发市场

鹭梁津水产市场位于汝矣岛南侧，是韩国最大的河岸鲜鱼市场。从古至今，许多渔船在大海退潮后，沿汉江相反方向逆流而上，将所捕的鱼在此装船送岸，久而久之形成鹭梁津码头。现在的鹭梁津水产市场占地7.26万平方米，为2层建筑物，每天有3000多人在此劳作。通常是每天清晨开始进行交易，商店和餐饮店24小时营业。此外，观光鹭梁津水产市场最大的乐趣是，您可以在鲜鱼店购买新鲜的鱼产品后，直接让餐厅师傅为您收拾、烹调。

首先，为您介绍市场买鱼常识。当地主要有比目鱼和鲈鱼等白肉鱼类，购买后您可以当场要求剔除鱼身上不必要的东西，还可拿到地下大众餐厅要求烹调。二层有很多海鲜餐厅，在这里您可以享受干净卫生的用餐环境。您不仅可以拎着购买的鲜鱼要求餐厅为您烹调，还可以单点品尝特色的鲜鱼料理，只是价格稍微有点儿贵。

水产市场的商店24小时营业

现场马上就能剔除鲜鱼身上不必要的东西

在韩国，加吉鱼也是很受欢迎的高级鱼

地图 p.119-F

牡丹市场
모란시장

●地铁8号线826、盆唐线K225牡丹站5号出口步行3分钟
●营业时间：逢4和9日的早上到日落

五天集市——保留了传统风俗

首尔南部的城南市，每逢4和9的日子都会举办名为“五日市”的传统集市，沿袭了古集市的传统氛围。集市上销售的物品多而杂，既有食材、药品、小宠物，也有水鸭、家鸭和兔子等许多活家禽、家畜。狗肉料理在独特的韩国饮食文化中很有名气。另外，集市上也有牛肉、猪肉、鸡肉的买卖。初次看到这种景象的游客可能会感到很惊讶，但这也是我们亚洲饮食文化圈不可或缺的一部分。必须注意，当地禁止拍摄肉市场。

保持数十年未变的市场风貌

可以深切感受到韩国的乡村气息

地图 p.44-I

九老数码园区户外卖场
구로공단아울렛

●地铁1号线P142、7号线746加山数码园区站步行10分钟
●营业时间：10:00~20:30　无休业时间

工业园区变成巨大的户外卖场

韩国物价逐年上升，近来也是如此，很难有超便宜的购物机会。在这样的情况下，特地向您推荐九老数码园区户外大卖场。卖场之前是制衣工业园区，很多商家是由工厂直接改造而成，伴随着工厂向海外迁移和直营模式的发展，现在仅由20户商家组成，整体感觉很像一个廉价购物区。卖场内有很多韩国国内品牌服装，相比起市内店面，有些服装可以半价买到。

有很多商家打折，基本都以五折起销售

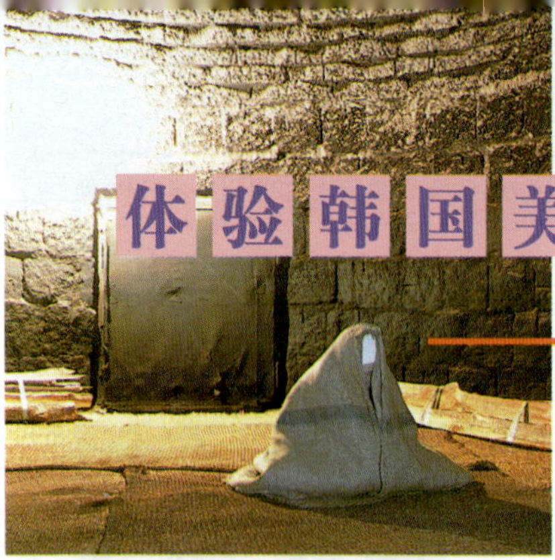

体验韩国美容院、桑拿浴——将漂亮变身进行到底！

从汗蒸风潮到美容摄影

韩国美女的皮肤柔美是公认的。保养皮肤的秘方，首先得益于传统的桑拿洗浴——汗蒸，还有种类多样的美容疗法加桑拿洗浴。近些年，美容业发展势头犹如雨后春笋，开始出现很多面向韩国普通消费者的器材，操作简便，广为大众接受。汗蒸是一种富含肌肤保养等美容效果的综合疗程，与此相对，桑拿洗浴是只需缴纳一定数额的入场费便可自由选择适合自身需求的一种健康、放松的休闲理疗。现在，追求“美”的各种器材与日俱增，如果想要体验艺术彩妆和美容摄影，每家美容院都可以为您提供无可挑剔的美容服务。

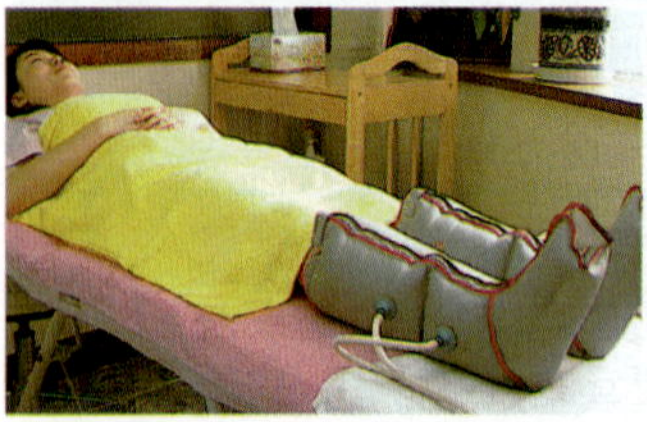

正规的美容器材设施

选择组团汗蒸还是个人汗蒸？

旅游团大都会安排让游客体验韩式汗蒸的日程。即使参加的旅游团只负责酒店住宿接送，也会提供汗蒸体验项目供您选择。如果直接向当地的旅游公司申请，一个人大约8万韩元，偶尔会有些打折机会（详情参照p.42）。虽然旅游公司有不同的服务价格，但一般情况下，通过包价旅游团申请，游客可以享受一定的优惠价，所以具体的消费价格一定要事先确认妥当。本书介绍了一些韩式汗蒸幕服务点，可以事先打电话预约。如果是2~4人的组团旅游，店家还会附加接送服务。

丰富多彩的美容项目

汗蒸幕

15世纪左右，人们为了治疗疾病发明了韩式桑拿。由岩石和富含氧化铁的黄土堆砌成的巨蛋形窑屋内放置松木，加热至90度以上进行汗蒸。通常，汗蒸幕会赠送您肌肤保养和按摩等项目的服务。

桑拿房

韩式健康保养设施。只需交1万韩元的入场费，就可以充分享用汗蒸等各种桑拿洗浴。客人们身穿长袍睡衣，男女共用，这也称得上是韩式桑拿的一大特色。

肌肤保养

以脸部保养为主，进行头部、手、手腕、肩膀等部位的皮肤按摩，使用的营养液里富含中药成分等。很多美容院都有护肤服务。

彩妆护理

彩妆护理是在肌肤表皮最底层的真皮组织中植入颜色，从而使肌肤看起来更加漂亮。不同于整形手术，随着时间流逝，颜色会日渐变浅。通常在眉毛和睫毛处进行彩妆护理。

美容摄影

主要由专业摄影师和化妆师为您打造一款专属于您的模特风格写真。您可以自行选择服装和写真风格，当天即可做好。

体验韩式汗蒸幕的基本美容疗程

美容院里最受欢迎的莫过于汗蒸幕。现以明洞汗蒸幕为例，为您详细介绍韩式汗蒸的基本疗程。

1 汗蒸和桑拿洗浴

通过汗蒸，可以使全身变暖，促进身体的新陈代谢，有助于排除体内废物。汗蒸幕内飘着淡淡的松木清香，让人身心放松。直到服务生为您进行专业的美容保养之前，您都可以在公共大浴场内自由出入，可以享受商家各种洗浴服务，比如人参洗浴、绿茶洗浴等。游客不妨尝试一下不同类型的洗浴服务。

2 搓澡美容服务

搓澡美容服务不仅仅是为您搓去污垢，通过专业的搓澡技术还能达到舒筋活血的功效，这是基本美容疗程中具有代表性的服务。

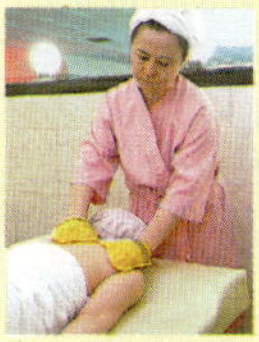

蒸桑拿和洗澡之后，皮肤变得柔软光亮，这时服务生会佩戴专门的搓澡手套为您搓澡。有时也可能被搓得很痛，难以忍受时可以告诉服务生。搓背之前应摘掉隐形眼镜和戒指等，并妥善保存。

3 橄榄油按摩

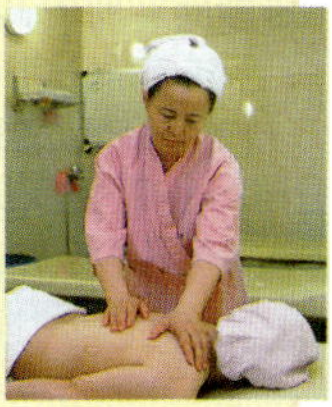

搓澡之后，肌肤稍微受到刺激，此时涂抹橄榄油进行按摩可以让肌肤恢复正常。服务生为您涂抹一些婴儿橄榄油等乳液，进行温柔的按摩，顿时会令您感到水分渗透至肌肤深层，内心也变得安宁。

4 脸部肌肤保养（黄瓜）

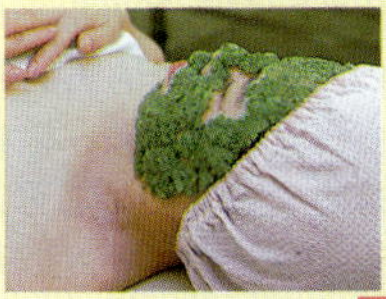

把捣碎的黄瓜泥平铺在脸上进行脸部肌肤保养。黄瓜的冷却效果不仅不会让肌肤紧绷，反而会增加肌肤的弹性，也会有一定的美白效果。

5 脸部肌肤保养（中草药）

把多种草药混合制成的护肤药剂涂抹在脸上，洗净后肌肤会有舒缓、光滑的感觉。中草药肌肤保养对皱裂的肌肤和干性皮肤特别有效。完毕后进行最后一道美容疗程——香波洗发。当然，根据您的个人喜好，顺序也可有一定的变化。通常在报名的时候需要事先咨询好具体的美容项目。

所有的选择都是为了更加漂亮！

和上述基本美容疗程相比，接下来为您介绍的美容项目更多、更具代表性。如果您有充足的观光时间，一定不要忘记尝试体验哦！

艾蒿汗蒸

艾蒿汗蒸是专门为女性开设的一种美容汗蒸项目，做法简单便捷，在椅子的座位上穿凿一个小洞，椅子下边放置熏燃的艾蒿等多种中草药材，美容者只需半弯身体，让烟熏面部即可。同时，还可以温热下半身，对治疗下半身发冷有很好的功效。

盐袋

汗蒸幕有专用美容盐袋，内装有粗盐。美容师将温热的盐袋置于客人皮肤表层，盐袋的重量和热量，对活血化淤很有帮助。

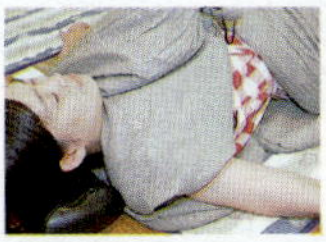

指压美容疗法

韩式指压美容疗法的动作较粗重，但也能达到刺激身体穴位的疗效。如果经常接受指压治疗，完成美容服务后身体会感到极为轻松。

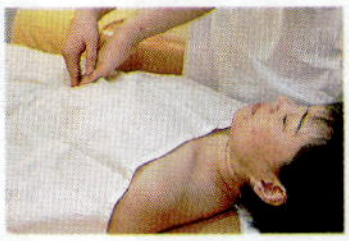

拔罐疗法

使用真空的吊钟杯可以拔起皮肤底部残留的毒素。拔罐后的印记大约会在一周后消失。

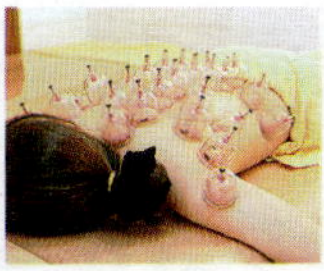

拔汗毛

将丝线卷成8字形，然后放在脸上拔汗毛。服务生还会帮您修眉。同样也有活血化淤的作用。

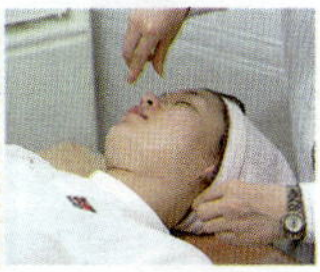

水疗美容

法国娇兰品牌的水疗美容

L'INSTITUT DE GUERLAIN

地图 p.47-L

法国美容业的最先进技术

法国娇兰拥有170余年的悠久历史，是享誉全球的知名化妆品品牌，在此为游客介绍一款韩国分公司旗下开设的水疗美容服务项目。韩国娇兰美容院有30余种美容服务项目，水疗师都是在法国娇兰总公司研修后归国从业的。内部设施完善，您可以一边享用美味饮品，一边享受服务生为您提供的私人美容咨询服务。韩国娇兰美容院很重视顾客的私密空间，可以提供10个独立空间。

韩国娇兰美容院的宗旨是通过去除肌肤角质层，达到缓解肌肤压力的作用。另外还设有多种矿物质洗浴室，包括去除皮脂洗浴室、矿物质泥土洗浴室，并提供简便易用的美容器材，这些美容器材对身心健康很有疗效。除此之外，美容院还有专设的化妆室，在此您可以体验韩国娇兰的试用服务，当然，您还可以购买一些适合自己的娇兰系列美容产品。总之，您可以在此享受到专业的国际美容服务。

置身于韩国娇兰的私人美容室，可以欣赏到南山的四季美景

专门的美容香粉放置屋，您可以在此体验独家试用服务

交 地铁3号线332东大门入口站5号出口步行5分钟 ✉ 首尔新罗酒店内 ☎ 02-2230-3392
营 7:00~22:00（具体受理时间至22:00） 休 无休
₩ 去角质：15.5万韩元（60分）／23.2万韩元（90分钟） 欧式紫罗兰精油护理：45万韩元（150分钟）

汗蒸幕

明洞汗蒸幕

명동한증막

地图 p.49-G

拥有最新设备的汗蒸幕

明洞汗蒸幕室内铺设木质地板，清新明亮，拥有很多最新汗蒸器材。如果游客想要给自己的肌肤补水，一定不要错过白金洗浴。此外，明洞汗蒸幕还设有纯金洗浴、沙土洗浴、远红外线桑拿洗浴等种类丰富的汗蒸洗浴项目。明洞汗蒸幕的内部使用百分之百的紫水晶原石，规模之大居首尔之最。男士在此也可以充分享受到专业的美容护肤和按摩服务。

交 地铁4号线424明洞站9号出口步行2分钟
✉ 中区忠武路2街62-12 ☎ 02-752-7506 营 女性24小时、男性9:00~24:00 休 无休 ₩ 入场费1.5万韩元；基本汗蒸程序8万韩元（含入场费）；艾蒿汗蒸2万韩元；石膏美容护肤4万韩元，等等

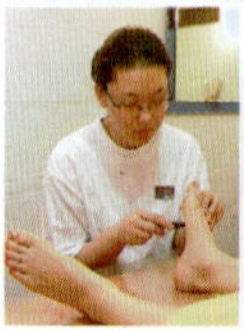

水疗美容

龙室水疗馆

Dragon Hill SPA

地图 p.44-F

设有户外浴池，水疗美容很有人气

近年来，水疗美容颇受大众追捧。龙室水疗馆设有传统汗蒸，不仅有普通汗蒸洗浴，还有韩国传统的炭火窑桑拿、松木炭火桑拿、柏树森林洗浴等多种桑拿洗浴项目，是一家很有人气的水疗美容馆。就连户外浴池也可以随意使用，一般最低价是1万韩元。超群的大众消费魅力来源于美容馆的超低价。游客在此可安心享受超值的洗浴服务。

交 地铁1号线135龙山站
✉ 龙山区汉江路3街40-713
☎ 02-797-0001 营 24小时 休 无休 ₩ 12小时之内1万韩元（夜间1.2万韩元）

足部穴位护理 Skin care LUCE 露丝肌肤护理中心

地图 p.48-B

想要体验足部穴位按摩的话，此处绝不可错过！

露丝肌肤护理中心开创了首尔足部护理的新风尚，前身是刘昭榛足部穴位护理室。在治疗足部疼痛方面，护理室经营者刘昭榛女士融汇东西方相关知识，经验丰富，为顾客提供高品质的足部护理技术和良好的服务项目，因而得到广大消费者的赞誉。即使是普通的护理程序，也一样种类繁多，有足部洗浴、足部涂擦按摩、足部穴位按摩、足部真空按摩等。

交 地铁2号线202乙支路入口站8号出口步行2分钟
✉ 总统酒店6层
☎ 02-773-6355
营 9:30~22:00（入场时间截至21:00）
休 无休
₩ 基本护理程序（60分钟）5.9万韩元

彩妆 静花美容院（SIZUKA）

地图 p.52-F

亚洲人喜爱的彩妆护理

静花美容院（SIZUKA）以彩妆和美甲为主。一般的韩式彩妆是在真皮部位浸染色素，从而达到数十年的持久化妆效果。美容院的经营者金静花女士深受外国游客喜欢。金女士会和客人充分交流后决定彩妆内容，让人感到很放心。另外，美容室一层可以进行美甲。

交 地铁4号线424明洞站8号出口步行2分钟
✉ 中区忠武路2街63-2 ☎ 02-776-3677 营 10:30~20:00 休 无休 ₩●彩妆：眉毛部位/上睫毛部位，每部分20万韩元；下睫毛部位，5万韩元●美甲：基本护理1.5万韩元●淋巴部位按摩：全身护理15万韩元

中草药美容 梨花美容院

地图 p.57-D

魅力源自双手被呵护的温润感

梨花韩式中草药美容院的经营者是日本人，使用天然的中草药，一直坚持用双手按摩为客人服务，拒绝使用任何机器进行护理服务。享受完按摩服务后心情也会爽快无比。美容院中备受好评的是中草药营养液和海藻护理液。中草药营养液包括16种未经加工的药材，海藻护理液含有从深海提取的盐分，具有很好的保湿疗效。梨花美容院的基本护理程序包括上半身按摩和低温结晶岩石洗浴。其中，低温结晶岩石洗浴独具风格，主要是将韩式草药营养液和海藻护理液按比例配制后使用的一种营养护理模式。

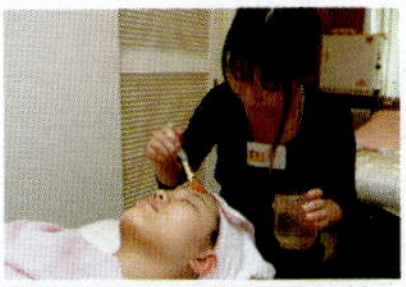

交 地铁2号线241梨大站2号出口步行5分钟
✉ 西大门区大岘洞50-90
☎ 02-313-8802 营 10:00~20:00 休 周日
₩ 梨花护理程序8万韩元，A套护理程序10万韩元，特殊护理程序28万韩元，另外还有其他项目供您选择

变身写真 It's me

地图 p.52-F

为您打造一款足以和明星相媲美的甜美造型

"It's me"摄影工作室的室内装潢时尚前卫，在专业化妆师和专属摄影师的精心打造下，使用凹版相片制作术，为客人拍摄一款能和明星相媲美的艺术写真。工作室的服装风格多变，有晚礼服、少女便装、传统服饰、比基尼泳装等，可以为客人打造符合亚洲人审美的身材曲线。如果上午拍摄，晚上就会给您送到住宿的酒店。同样，在下午照的话，第二天就能送到。当然，男士也可以前去拍摄彰显个人魅力的艺术写真。

交 地铁4号线424明洞站8号出口步行1分钟
✉ 中区忠武路2街65-6 4F ☎ 02-773-4247 营 9:30~19:00（入店截至17:30） 休 无休 ₩ 多种基本类型（照5次）15万韩元，迷你相册（照8次）20万韩元，普通相册（照8次）25万韩元

畅饮 Night Spot

首尔人选择在酒吧中结束美好的一天

经过一整天的首尔观光，您一定想寻找个地方小酌几杯。在首尔，游客可以选择一些洋溢着清新气息的韩式民俗小酒馆，也可以在夜景很漂亮的酒吧中独饮自酌。

明洞　民俗小酒馆

草家酒馆

●초가집

※可用信用卡　地图 p.52-F

交 地铁4号线424明洞站8号出口步行4分钟
☒ 中区忠武路2街66-6　☎ 02-778-1623　营 11:30~第二天3:00（用餐至21:00）　休 无休　₩ 1万韩元起

在草叶包围的酒馆中畅饮韩式民俗酒！

在明洞附近，草家酒馆是为数不多的民俗小酒馆之一。酒馆中央由一根巨大的木头支撑，让初次光临的客人不自觉地将自己的脚步迈向这家自然酒馆。游客可以在此用餐，草家套餐标价1.2万韩元，有烤肉、紫菜卷、烤鱼等，分量很足（足够2人食用，提供至20:00）。下酒菜也独具韩式风格。有辣白菜拌豆腐，标价1.5万韩元；还有标价2万韩元的五花肉铁板烧等一些韩式菜品。另外，韩国传统民俗酒8000韩元，扎啤3000韩元。

明洞　啤酒馆

Bier Halle

※可用信用卡　地图 p.52-F

交 地铁4号线424明洞站9号出口步行3分钟
☒ 中区忠武路2街11-1 2F　☎ 02-773-6901
营 15:00~24:00　休 无休　₩ 5000韩元起

炎热的天气里畅饮扎啤，酷爽至极

"Bier Halle"酒吧只有OB品牌旗下的冰镇啤酒，店家的经营理念是"为扎啤而存在"。酒吧墙壁由砖瓦砌成，天花板很高，室内设计独特，加之内设的德式啤酒畅饮大厅，给人一种很开放的感觉。酒吧的啤酒都是由利川工厂直接配送的生啤，口感清爽。啤酒的价格最低500毫升3000韩元。酒吧还会供应香肠（1.45万韩元）和下酒菜等，服务周到。

明洞　酒吧

Goody Goody

※可用信用卡　英📖　地图 p.52-F

交 地铁4号线424明洞站6号出口步行3分钟
☒ 萨伏依酒店　☎ 02-754-8996　营 周一至周五7:00~24:00、周六~22:00、周日~16:00
休 无休　₩ 1万韩元起

随时可以顺道小酌几杯的明洞酒吧

这家酒吧的每个餐桌上都点着蜡烛，消费价格合理。酒吧内的氛围让人觉得很安宁恬静。白天可以来这里喝咖啡。酒吧以威士忌和鸡尾酒为主，小杯最低9000韩元。农历新年也正常营业。游客只要记住这些信息，以后去就会感到很方便。

新村　民俗小酒馆

●짚동가리쌩주

韩式传统米酒、烧酒屋

※可用信用卡　地图 p.56-A

交 地铁2号线240新村站1号出口步行7分钟
☒ 西大门区沧川洞52-152　☎ 02-322-7856　营 17:00~第二天5:00（周日至3:00）　休 无休　₩ 1万韩元起

年轻人喜爱的民俗小酒馆

据说这里的韩式传统米酒、烧酒传承自忠清南道，其中采用中草药配方的韩式烧酒每份售价3000韩元起，味道醇美，有益于放松身心。酒馆内的五花肉火锅套餐每份1.39万韩元，十分美味。

江南／狎鸥亭洞　餐饮酒吧

T LOUND

※可用信用卡　英📖　英👤　地图 p.61-C

交 地铁3号线336狎鸥亭站2号出口乘车10分钟
☒ 江南区清潭洞83-13　☎ 02-517-7412
营 19:00~第二天4:00　休 无休　₩ 3万韩元起

"T LOUND"酒吧位于狎鸥亭洞区，昏暗的灯光下营造的独特魅力令酒吧在当地名声大噪，有很多明星都前来光顾。这里一楼是餐饮区，二楼是酒吧，提供各种白酒，大约200多种。一杯鸡尾酒2万韩元，晚餐套餐需要6万韩元。

英📖 菜单有英语标记　英👤 店员会用英语交流

▶江南／狎鸥亭洞　啤酒酒吧

PRATINUM micro brewery

小型啤酒酿制酒吧

※可用信用卡　英　英　地图 p.60-B

交 地铁3号线336狎鸥亭站2号出口步行20分钟
☒ 江南区新沙洞648-11 ☎ 02-540-0035
营 17:00~第二天4:00 休 无休

自家酿造啤酒，可痛快畅饮

酒吧内设有小型的啤酒酿造厂，畅饮自酿的生啤，痛快淋漓。酒吧从美国当地聘请职业啤酒师为您酿造的生啤一共有7种，有充满泡沫的黑啤，也有飘散雏菊香气的白啤，当然还有更多的口味期待您前去体验。酒吧的啤酒消费起价为5000韩元。

▶江南／狎鸥亭洞　餐饮酒吧

DREAM SQUARE

梦广场酒吧

※可用信用卡　英　英　地图 p.61-C

交 地铁3号线336狎鸥亭站2号出口乘车10分钟
☒ 江南区清潭洞89-6 ☎ 02-3448-4556 营 11:00~第二天2:00 休 无休 ₩2万韩元起

享受奢华体验

6层楼建筑的梦广场酒吧室内布置独特，拥有庭院风情的咖啡区等多种设施，每层楼均设有面包房、咖啡餐饮区、酒吧等。游客在此可以享受顶级奢华体验。酒吧内的韩式啤酒9000韩元起。

小贴士

去政府批准的赌场看看

首尔市区有政府批准的专门面向外国游客开设的赌场。出入韩国赌场的境外游客以日本人居多。韩国赌场不收取入场费。

政府规定进入赌场必须年满19周岁，必须出示护照，所以来此不要忘记随身携带个人护照。赌场有很多游戏，比如：轮盘赌、俄罗斯海盗游戏、老虎机等。如果初次去，最好还是多多询问比较稳妥。

轮盘赌

这里介绍一些简单易懂的轮盘赌游戏规则。首先，可以选择自己喜欢的座位，从发牌者手里换购一些零钱。每次大约交付2500韩元，只要准备1万韩元就能玩得很尽兴。

玩法很简单。只要对发牌者说："我要赌一把"，然后坐在自己喜欢的位置上，放好零钱。如果是直截了当地猜数字，最大有36倍，但是还得考虑奇数偶数和赌桌次序等其他因素，当然，如果比例小，就相对容易猜中得分。如果有庄家参赌，同桌还可以享受到免费的餐点和饮品。

首尔的赌场主要有三个地方，分别是南大门附近的首尔希尔顿千禧大酒店赌场、江南的COEX赌场，还有东部的华克山庄喜来登大酒店赌场。虽然现场参观首尔赌场也是一种不错的韩国观光体验，但我国对公民赌博是严令禁止的。

首尔江南7Luck赌场炫丽的灯光效果

华克山庄天堂赌场俱乐部

地图p.59-D
交 地铁5号线546广渡口站1号出口有直达巴士或乘车5分钟 ☒ 华克山庄大酒店 ☎ 02-450-4823

7Luck赌场（首尔江南）

地图p.58-F
交 地铁2号线219三成站5号出口步行7分钟
☒ 江南区三成洞159 ☎ 02-3466-6000

7Luck赌场（首尔希尔顿千禧大酒店）

地图p.48-I
交 地铁4号线425会贤站1号出口步行7分钟
☒ 首尔希尔顿千禧大酒店 ☎ 02-2021-6000
HP http://www.7luck.com/（与江南共用）
※无论何时都是24小时营业，没有节假日

华克山庄赌场都市感强烈

首尔江南7Luck赌场的休息室一角

住宿 Stay

在首尔住宿，团体游客钟爱高级酒店

首尔酒店种类繁多。通常，团体游客的“住宿标准”是1级~2级，而“高端旅行团”的游客大都居住高档酒店。

明洞　特1级 ★★★★★

Lotte Hotel Seoul　地图 p.48-B

首尔乐天大酒店

购物和观光旅行的最佳大本营

首尔乐天大酒店位于首尔市政府机关大楼附近，前期建成的酒店大厦38层，不久前落成的新一期酒店大厦35层，新旧两栋双子大厦堪称乐天大酒店最显眼的标志。酒店房间整体色调奢华，室内装潢高雅。新酒店大厦尤为高级。酒店距离乐天百货店的总部和免税店很近。

交 地铁2号线202乙支路入口站7号出口步行1分钟 ₩35万韩元起 室 1479间 ☎ 02-771-1000 FAX 02-752-3758 ✉ 中区小公洞1 问☎ 03-3255-2574 HP http://www.lottehotel.com/

客房特色之一：室内面积大，客床宽敞舒适

酒店距离明洞很近

梨泰院　特1级 ★★★★★

Grand Hyatt Seoul　地图 p.54-A

首尔凯悦大酒店

视野开阔、出类拔萃的避暑山庄

首尔凯悦大酒店位于南山中部，从最高处远望，汉江和所有首尔街道景色尽收眼底，景致无限美好。特别向您推荐的是，凯悦酒店是观赏首尔夜景的最佳位置。

交 地铁6号线630梨泰院站1号出口乘车5分钟 ₩ 23万韩元起 室 601间 ☎ 02-797-1234 FAX 02-798-6953 ✉ 龙山区汉南2洞747-7 问☎ 03-3288-1234 HP http://www.seoul.grand.hyatt.com/

有前往梨泰院的直达巴士

南大门　特1级 ★★★★★

Millennium Seoul Hilton　地图 p.48-I

首尔希尔顿千禧大酒店

服务热情，居住舒适

首尔希尔顿千禧大酒店位于南大门附近，有巴士直通梨泰院，附近观光游览交通便捷。客房设置虽然是欧洲标准，但也为亚洲游客准备了令人惬意的茶点和浴池。酒店内有国际特色餐厅为您服务，另外还设有赌场。

交 地铁4号线425会贤站4号出口步行7分钟 ₩33.6万韩元起 室 685间 ☎ 02-753-7788 FAX 02-754-2510 ✉ 中区南大门5街395 问☎ 03-6863-7700 HP http://www.hilton.co.kr/

位于南山山坡的首尔希尔顿千禧大酒店的风貌

市政府　特1级 ★★★★★

The Westin Chosun　地图 p.48-B

朝鲜威斯汀大酒店

拥有90年辉煌历史的传统酒店

朝鲜威斯汀大酒店堪称韩国历史最悠久的高级大酒店。客房整体色调由黑色和浅黄色相间而成，令顾客备感安宁、淡雅。酒店设施完善，顾客可以交费使用室内电话。酒店设计的整体感觉突出人性化。此外，还设有餐厅和酒吧等服务设施，期待着您的光顾。另外，地下室还有名声远扬的面包房。

交 地铁2号线202乙支路入口站7号出口乘车7分钟 ₩38万韩元起 室 453间 ☎ 02-771-0500 FAX 02-753-6370 ✉ 中区小公洞87 问☎ 0120-92-5956 HP http://twc.echosunhotel.com/

酒店建立在朝鲜时代末期的历史古迹圜丘坛遗址处

酒店位于市中心，周围绿树成荫

LAN 有无线网络或是有线网络　有商务休闲区

广津　特1级 ★★★★★

Sheraton Grande Warkerhill Seoul　地图 p.59-D

首尔华克山庄喜来登大酒店

极尽奢华的休闲居住场所

2002年秋天，喜来登华克山庄大酒店成为其连锁店中最高级别的酒店。站在酒店的高台上远望汉江，景致别具一格。酒店的餐厅和葡萄酒自不用说，还有免税店、华克山庄赌场等休闲设施，下榻该酒店可让您充分享受各种休闲乐趣。

交 地铁5号线546广渡口站1号出口乘坐直达巴士5分钟 ₩ 20.8万韩元起 室 623间 ☎ 02-455-5000 FAX 02-452-6867 ✉ 广津区广壮洞175 问☎ 0120-92-5956 HP http://www.walkerhill.com/

酒店大厅弥漫着高级、奢华的气息

酒店赌场颇有名气（参照p.109介绍）

市政府　特1级 ★★★★★

The Plaza Hotel　地图 p.48-B

首尔广场大酒店

位于市政府前，道路四通八达，交通很便捷

酒店位于首尔市政府广场对面，透过高层房间的窗户，整个首尔市一览无余。虽然室内设计风格简洁，但尽显档次。客房内设有传真机和笔记本电脑。在新建成的健身馆内可以一边欣赏首尔美景，一边酣畅淋漓地运动，一定会令您心情愉悦。

交 地铁1号线132、2号线201市政府站 ₩ 36万韩元起 室 400间 ☎ 02-771-2200 FAX 02-755-8897 ✉ 中区太平路2街23 HP http://www.hoteltheplaza.com/

充满艺术气息的室内设计

酒店位于真正的市中心地带

东大门／奖忠洞　特1级 ★★★★★

THE SHILLA SEOUL　地图 p.47-L

首尔新罗大酒店

代表韩国的最高级别的酒店

首尔新罗大酒店是代表韩国的最高级别酒店，众多全球重要人物均在此享受优质服务。即使入住酒店的普通房间也能令您身心放松。在50多平方米的客房中，顾客随时随地可感受到优质的酒店服务。每个房间均有无线电话，可以免费拨打。另外，酒店内有免税店，在此也可以乘坐直达明洞的巴士。

交 地铁3号线332东大入口站5号出口乘车3分钟 ₩ 20万韩元起 室 465间 ☎ 02-2233-3131 FAX 02-2233-5073 ✉ 中区奖忠洞2街202 问☎ 03-3586-7571 HP http://www.shilla.net/

酒店的外观设计兼有现代气息和传统格调

室内弥漫着高雅气息

江南　特1级 ★★★★★

The Ritz-Carlton Seoul　地图 p.58-I

首尔丽思卡尔顿大酒店

设施齐全，居住惬意

首尔丽思卡尔顿大酒店位于首尔市的一处山丘地带，从酒店各层均可以远眺窗外美丽的风景。房间色彩淡雅，让人感觉舒适清爽。酒店内的健身中心引进先进的器材，水疗美容中心为您提供搓澡服务。

交 地铁9号线925新论岘站4号出口步行3分钟 ₩ 28.5万韩元起 室 410间 ☎ 02-3451-8000 FAX 02-3451-8188 ✉ 江南区驿三洞602 问☎ 0120-853-201 HP http://www.ritzcarltonseoul.com/

代表韩国的最高级别酒店，众多全球重要人物均在此享受过优质服务

漂亮的酒店建筑外观

水疗、桑拿　内设游泳池　SB 室内有保险箱

江南 特1级 ★★★★★

Renaissance Seoul Hotel 地图 p.58-J

首尔万丽大酒店

传统和现代的完美结合

就连政治、财经界的重要人物也经常光临江南万丽大酒店。2002年，酒店完成全面改造，内部所有场所统一摆放樱桃树装饰。客房面积宽敞，齐聚各式家具，整体氛围恬静安宁。最重要的是，樱桃树的摆放令房间平添了几分高雅气息。

交 地铁2号线221驿三站8号出口步行10分钟 ₩ 31.2万韩元起 室 493间 ☎ 02-555-0501 FAX 02-553-8118 ✉ 江南区驿三洞676 问 0120-142-890 HP http://www.renaissance-seoul.com/

游泳池的建筑豁亮开放，备受顾客欢迎

江南／高速巴士客运站 特1级 ★★★★★

JW Marriott Hotel Seoul 地图 p.58-E

首尔JW 万豪大酒店

酒店美容院引进最新水疗设施

首尔JW 万豪大酒店与地铁的高速巴士客运站直接相连，地理位置便捷。附近有百货店和多功能电影院。客房面积堪称首尔酒店之最，客床宽大舒适。向您推荐的是酒店里最有名的美容院，很多国内外顾客慕名前来体验。

交 地铁3号线339、7号线734高速巴士客运站2号出口步行2分钟 ₩ 32.8万韩元起 室 497间 ☎ 02-6282-6262 FAX 02-6282-6263 ✉ 瑞草区盘浦洞19-3 问 0120-142-890 HP http://www.jw-marriott.co.kr/

房间内惬意的氛围令您全身心放松

酒店大楼和新世界百货店直接连接

江南／三成 特1级 ★★★★★

Grand Intercontinental Seoul 地图 p.58-F

首尔洲际大酒店

悠闲旅居，游客的最佳住所

酒店相邻COEX Mall购物娱乐商城。客房按照普通标准间设置，面积宽敞。室内设计充分发挥了韩国的传统特色，整体感觉舒适。附近交通便利，如果您想在江南一带购物，最适宜居住在此。

交 地铁2号线219三成站步行5分钟 ₩ 33万韩元起 室 535间 ☎ 02-555-5656 FAX 02-559-7990 ✉ 江南区三成洞159-8 问 0120-677-651 HP http://www.seoul.intercontinental.com/

偶尔在酒店里悠闲度假也是不错的选择

江南／蚕室 特1级 ★★★★★

Lotte Hotel World 地图 p.59-H

乐天世界大酒店

休闲和购物的天堂

乐天世界大酒店也设有百货店和免税店，居住方便。与地铁相连，交通非常方便。直达梨泰院的区间巴士也经过乐天世界大酒店。酒店内的休闲设施完备，有桑拿洗浴中心和餐厅等期待您的光临。

交 地铁2号线216、8号线814蚕室站步行5分钟 ₩ 31万韩元起 室 482间 ☎ 02-419-7000 FAX 02-417-3655 ✉ 松坡区蚕室洞40-1 问 ☎ 03-3255-2574 HP http://www.lottehotel.com

酒店大堂宽敞明亮

LAN 有无线网络或是有线网络 有商务休闲区

市政府 特2级 ★★★★★

Koreana Hotel 地图 p.48-A

韩国酒店

观光便利、地理位置优越

韩国酒店位于德寿宫、景福宫、明洞的步行范围内。附近有地铁站，交通便利。客房设置简单，清新舒适。客房设置在建筑物的10层以上，适宜观景。

交 地铁1号线132、2号线201市政府站3号出口步行3分钟 W 17.2万韩元起 室 337间 ☎ 02-2171-7000 FAX 02-734-0665 ✉ 中区太平路1街61-1 HP http://www.koreanahotel.com/

酒店位于德寿宫附近

市政府 特2级 ★★★★★

Hotel President 地图 p.48-B

总统酒店

眺望德寿宫的优越地理位置

总统酒店是一家商务酒店，位于德寿宫、明洞和南大门的步行范围内。客房宽敞、明亮、整洁。客房设置在建筑物的20层以上，远眺窗外，风光秀丽。酒店内还设有按摩足部穴位的足疗室。

交 地铁1号线132、2号线201市政府站6号出口步行2分钟 W 14万韩元起 室 303间 ☎ 02-753-3131 FAX 02-752-7417 ✉ 中区乙支路1街188-3 HP http://www.hotelpresident.co.kr/

酒店距离乐天大

明洞 特2级 ★★★★★

Seoul Royal Hotel 地图 p.52-B

首尔皇家大酒店

繁华闹市中安静休憩处

首尔皇家大酒店位于明洞中央区域，入住于此可以充分节省您的观光时间。客房虽说不是十分宽敞，但环境优雅，您在此可以尽情酣眠。房间内设置无限网络，只需携带个人笔记本电脑，连接即可使用。

交 地铁2号线202乙支路入口站5号出口步行8分钟 W 20万韩元起 室 307间 ☎ 02-756-1112 ☎ 02-756-1119 ✉ 中区明洞1街6 HP http://www.royal.co.kr/

便利性堪称众酒店之首

明洞 特2级 ★★★★★

Sejong Hotel 地图 p.49-G

世宗酒店

轻松体验韩国文化

世宗酒店的客房装饰简单，洋溢着明亮整洁的气息。向窗外远望，南山美景尽收眼底。在酒店餐厅可以品尝韩国宫廷菜式，酒店的日式餐厅也有很多回头客。酒店2楼设有韩式料理讲习课程，非常受欢迎。

交 地铁4号线424明洞站9号出口步行3分钟 W 14万韩元起 室 273间 ☎ 02-773-6000 FAX 02-755-4906 ✉ 中区忠武路2街61-3 HP http://www.sejong.co.kr/

酒店所有房间重装完毕，展现新的室内风格

广津 特1级 ★★★★★

W SEOUL WALKERHILL 地图p.59-D

W 首尔华克山庄酒店

靓丽时尚的外观设计

W首尔华克山庄酒店是首尔时尚酒店的最佳代表，很有人气。酒店风格由国际设计师一手打造，时尚的设计风格会让您忘记自己置身于韩国。客房宽敞，以红白为基础色调，极具都市风格。

交 地铁5号线546广渡口站1号出口乘坐直达巴士5分钟 W 22万韩元起 室 252间 ☎ 02-465-2222 FAX 02-450-4889 ✉ 广津区广壮洞175 HP http://www.wseoul.com/

崭新的室内设计带来意想不到的恬静氛围

2004年开业，是亚洲第一家W酒店

酒店的建筑形状是名副其实的『塔状』

水疗、桑拿 内设游泳池 室内有保险箱

东大门 / 奖忠洞　特1级 ★★★★★

Grand Ambassador Seoul　地图 p.47-K

格兰特尔国宾大酒店

高品质的韩法合资大酒店

踏入明亮的房间，奢华的气息扑面而来，整体感觉很漂亮。客床的旁边设有控制按钮，非常便利。遥控器不仅能遥控空调，还可以遥控“请勿打扰”等多种标示功能。位于酒店16层~18层的索菲特酒店俱乐部设有商业休闲功能区，可以免费使用休息室。您还能尽情享用酒店的桑拿洗浴和芳香水疗等设施。

交 地铁3号线332东大入口站1号出口步行6分钟
₩ 37.4万韩元起　室 409间　☎ 02-2275-1101
FAX 02-2272-0773　✉ 中区奖忠洞2街186-54
HP http://www.ambatel.com/

酒店指南不是冷冰冰的纸制手册，而是态度友好的工作人员

入住该酒店的性价比良好

极具都市风情的室内设计

江南　特2级 ★★★★★

Novotel Ambassador Gangnam　地图 p.58-E

江南诺富特国宾酒店

功能便捷的都市酒店

江南诺富特国宾酒店是法国雅高酒店和韩国大酒店合资开办的特级酒店。房间顶部设有大块天窗，通风良好。入住酒店可以免费游泳以及免费使用健身馆。

交 地铁2号线222江南站7号出口步行7分钟
₩ 29.7万韩元起　室 333间
☎ 02-567-1101　FAX 02-564-4573　✉ 江南区驿三洞603　HP http://www.ambatel.com/

相邻丽思卡尔顿大酒店

麻浦　特2级 ★★★★★

Best Western Premier Seoul Garden Hotel　地图 p.44-F

最佳西方第一花园酒店

酒店服务细致入微

最佳西方第一花园酒店经常会改建某一楼层，一直保持着漂亮的房间布局。室内电话不仅可以呼叫酒店前台，还可以拨打国际长途，使用便捷。

交 地铁5号线528麻浦站3号出口步行3分钟
₩ 17万韩元起　室 362间
☎ 02-717-9441　FAX 02-715-9441　✉ 麻浦区桃花洞169-1　HP http://www.bestwestern.jp/

房间整洁，功能便捷

江南　特2级 ★★★★★

Seoul Palace Hotel　地图 p.45-K

首尔皇宫酒店

酒店外的汉江美景和城市街景令人无限陶醉

入住首尔皇宫酒店，您会拥有开阔无限的景观视野。从客房眺望汉江和江南区域，呈现在您的眼前的是一片秀丽的风光。半数的客房都配备笔记本电脑。

远眺汉江旖旎风景

交 地铁3号线339、7号线734高速巴士客运站4号出口步行5分钟
₩ 20万韩元起　室 283间　☎ 02-532-5000　FAX 02-532-0399　✉ 瑞草区站盘浦洞63-1　HP http://www.seoulpalace.co.kr/

江南　特2级 ★★★★★

Ellui　地图 p.61-D

首尔埃露艾酒店

高级感十足的都市酒店

位于永东大桥附近，从北侧的客房能够领略到汉江美景。客房功能齐全，居住舒适，酒店内洋溢着浓郁的奢华感。酒店远离繁华闹市，安静的环境一定会让您的入住更加舒适。

交 地铁7号线729清潭站14号出口步行10分钟
₩ 16万韩元起　室 139间
☎ 02-514-3535　FAX 02-548-2500　✉ 江南区清潭洞129　HP http://www.ellui.com/

客房装饰简洁

LAN 有无线网络或是有线网络　有商务休闲区

江南 特2级 ★★★★★

Hotel Riviera 地图 p.61-D

里维埃拉大酒店

提供快捷、舒适的酒店服务

里维埃拉大酒店的整体建筑颇具现代风格，位于永东大桥附近，乘车5分钟即可到达COEX Mall购物商厦。入住酒店有一种回家的感觉，简单明快的室内设计一定会在您的心里留下深刻的印象。

交 地铁7号线729清潭站13号出口步行5分钟 ₩ 20.8万韩元起 室 320间 ☎ 02-541-3111 FAX 02-546-6111 ✉ 江南区清潭洞53-7 HP http://www.hotelriviera.co.kr/

2007年重新建好

梨泰院 特2级 ★★★★★

Hotel Capital 地图 p.54-A

首都酒店

酒店的人参桑拿洗浴远近闻名

首都酒店位于梨泰院南部，远离繁华的闹市，周边环境安静。室内设计犹如漫画一样，可爱又惹人喜欢。室内虽说是有些许陈旧，但依然干净整洁。酒店的人参桑拿洗浴远近闻名。游客入住酒店，可以享受半价优惠的人参桑拿洗浴。

下榻该酒店可以很安静地度过每一天

交 地铁6号线629绿莎坪站3号出口乘车4分钟 ₩ 18万韩元起 室 287间 ☎ 02-792-1122 FAX 02-796-0918 ✉ 龙山区梨泰院洞22-76 HP http://www.hotelcapital.co.kr/

江南／鹤洞 特1级 ★★★★★

Imperial Palace Hotel 地图 p.58-F

帝国皇宫大酒店

充满欧洲情调的大酒店

酒店的室内设计充分发挥了木质纹理的特色，欧洲情调十足，房间内洋溢着令人安心的柔和气氛。2005年完成了大规模的新建工程，客房数量大增。周围有许多名不见经传但饭菜味道鲜美的餐厅。

交 地铁7号线731鹤洞站1号出口步行7分钟 ₩ 30万韩元起 室 430间 ☎ 02-3440-8000 FAX 02-3440-8025 ✉ 江南区论岘洞248-7 HP http://www.imperialpalace.co.kr/

客房氛围恬静安宁

摄影秘诀

拍摄首尔夜景的小窍门

如果您想要将首尔的美丽夜景全部收入相机中，非常便捷的方法就是从酒店的房间进行拍摄。在观景视野良好的客房内，如果关掉一切照明设施进行拍摄，能够获得漂亮的夜景影像。在此，向您推荐首尔凯悦大酒店和首尔广场大酒店。其中，凯悦大酒店位于南山中部，客房使用的是巨大明亮的落地窗，是最佳的观景位置。如果在首尔广场大酒店的高层，您还可以拍摄到灯光照耀下的首尔市政府建筑以及光化门景致。

如果您想从观景视野很好的室内拍摄首尔夜景，建议您参加团体旅游，这样就可以提前预订拍摄所需的指定客房。

梨泰院 1级 ★★★★

Hamilton Hotel 地图 p.55-C

汉密尔顿酒店

位于梨泰院的中心，购物便利

汉密尔顿酒店是一家大规模的酒店，部分建筑是购物中心。原本是商务酒店，因为地处地铁站前，地理位置优越，所以很受游客欢迎，之后经改造打造成高级酒店。每个房间都有内置暖气功能的韩式火炕。

交 地铁6号线630梨泰院站1号出口 ₩ 9万韩元起 室 155间 ☎ 02-794-0171 FAX 02-795-0457 ✉ 龙山区梨泰院洞119-25 HP http://www.hamilton.co.kr/

汉密尔顿酒店是梨泰院的地标性建筑

明洞 特2级 ★★★★★

Pacific Hotel 地图 p.52-F

太平洋酒店

酒店地理位置优越，价格合算

2005年，太平洋酒店重新装修完成，客房变得愈加漂亮。酒店周边有许多人气餐厅，到了晚上，酒店附近灯火通明，您可以在此安心观光。步行到明洞地铁站只需1分钟，无论去哪里交通都十分便捷。

交 地铁4号线424明洞站3号出口步行1分钟 ₩ 16万韩元起 室 139间 ☎ 02-777-7811 FAX 02-755-5582 ✉ 中区南山洞2街31-1

专门为自助旅行者推荐这家酒店

水疗、桑拿　内设游泳池　室内有保险箱

明洞　1级 ★★★★

Savoy Hotel　　地图 p.52-F

沙威酒店

即使在深夜您也可以安心购物

沙威酒店位于明洞的繁华街市，独具欧洲风格，购物方便。重新装修的客房十分漂亮。酒店外围的繁华街市中有很多餐厅，您不必烦恼找不到就餐地点。酒店有很多外国游客入住，因为有许多会讲外语的工作人员长期在酒店内提供服务。是一家经济快捷酒店。

交 地铁4号线424明洞站5号出口步行5分钟 W 9.9万韩元起 室 103间 ☎ 02-776-2641 FAX 02-755-7669 ✉ 中区忠武路1街23-1 HP http://www.savoyhotel.co.kr/

漂亮的室内设计可以和高级酒店相提并论

酒店大厅的工作人员服务迅速利落

忠武路　特2级 ★★★★★

Hotel PJ　　地图 p.47-G

PJ酒店

设备完善的酒店

酒店经过全面装修，2007年重新开业，无论酒店外观还是客房设置都令人赏心悦目。因为以前是一所住宅建筑，所以房间面积宽敞，还附带阳台。另外，一改往日的客房配置的理念，将客房分为游客入住的房间和商务人士入住的房间，而且在游客房间里设置宽敞的沙发。

交 地铁2号线202、3号线303乙支路3街站8号出口步行6分钟 W 20万韩元起 室 247间 ☎ 02-2280-7000 FAX 02-2274-5732 ✉ 中区仁岘洞2街73-1 HP http://www.poongjun.net/

整体重装后，酒店服务力求快捷

游客入住的房间

市政府　1级 ★★★★

Best Western New Seoul Hotel　　地图 p.48-B

最佳西方新首尔酒店

酒店附近景观较多，很受游客的欢迎

最佳西方新首尔酒店位于首尔市中心，旅游观光最方便。酒店规模较小，室内空间狭窄。客房清洁整齐，有很多外国游客在此入住。另外，酒店也有会说外语的工作人员。

交 地铁1号线132、2号线201市政府站4号出口步行3分钟 W 12.6万韩元起 室 116间 ☎ 02-735-8800 FAX 02-735-0006 ✉ 中区太平路1街29-1 HP http://www.bestwesternnewseoul.com/

2004年酒店重装后的外观

市政府　1级 ★★★★

New Kukje Hotel　　地图 p.48-B

新国际酒店

酒店附近交通便捷，在游客中人气指数很高

新国际酒店位于首尔市政府的内侧，地理位置优越。附近交通便利，很多游客都选择入住这家酒店，其中，日本游客占大多数。酒店的客房稍嫌窄小，但是设计简单，干净整洁。

交 地铁1号线132、2号线201市政府站4号出口步行3分钟 W 15.15万韩元起 室 142间 ☎ 02-732-0161 FAX 02-732-1774 ✉ 中区太平路1街29-2 HP http://newkukjehotel.com/

清爽利落的室内设计风格

南大门　1级 ★★★★

Hotel Rex　　地图 p.48-F

丽士酒店

酒店位于购物街，交通便捷

丽士酒店位于南大门和明洞的步行街，再往前乘坐地铁4站地就是东大门，购物方便。客房设计完美，明亮简单。

交 地铁4号线425会贤站1号出口步行1分钟 W 11.7万韩元起 室 100间 ☎ 02-752-3191 FAX 02-755-9548 ✉ 中区会贤洞1街65 HP http://www.hotelrex.co.kr/

酒店周围有很多餐厅

LAN 有无线网络或是有线网络　有商务休闲区

明洞
地图 p.52-F

首尔王子酒店

Seoul Prince Hotel 1级 ★★★★

交 地铁4号线424明洞站2号出口步行1分钟
₩ 11万韩元起
室 100间 ☎ 02-752-7111 FAX 02-752-7119
✉ 中区南山洞2街1-1
HP http://www.hotelprinceseoul.co.kr/

酒店位于地铁站的前面，交通便利。酒店内经过重新装修后很漂亮。客房面积稍微有些窄小。

梨泰院
地图 p.55-D

IP精品酒店

IP BOUTIQUE HOTEL 1级 ★★★★

交 地铁6号线630梨泰院站2号出口步行7分钟
₩ 20万韩元起 室 133间
☎ 02-3702-8000 FAX 02-3702-8009
✉ 龙山区汉南洞737-32

酒店客房功能齐全，干净整洁。虽然酒店周围有很多酒吧，感觉很热闹，但是客房内却很安静。

弘大
地图 p.57-F

西桥酒店

Hotel Seokyo 1级 ★★★★

交 地铁2号线239弘大站5号出口步行5分钟
₩ 20万韩元起
室 135间 ☎ 02-330-7766 FAX 02-333-3388
✉ 麻浦区西桥洞354-5
HP http://www.hotelseokyo.co.kr/

酒店位于学生街，对于常去韩国的游客推荐这家酒店。到机场的交通也很便捷。

江边
地图 p.59-C

东首尔酒店

Hotel Dong Seoul 1级 ★★★★

交 地铁2号线214江边站4号出口步行2分钟
₩ 9万韩元起
室 102间 ☎ 02-455-1100 FAX 02-455-6311
✉ 广津区九宜洞595
HP http://www.idshotel.com/

酒店客房窄小，充满家的气息；距离车站和便利店很近，生活设施便利。

江南／站三洞
地图 p.58-E

三井酒店

Hotel Sam Jung 1级 ★★★★

交 地铁9号线925新论岘站4号出口步行7分钟
₩ 17万韩元起
室 159间 ☎ 02-557-1221 FAX 02-556-1126
✉ 江南区站三洞604-11
HP http://www.samjunghotel.co.kr/

在1级酒店中，酒店的设备称得上很完善。从酒店客房远眺，景致美丽无比。

明洞
地图 p.52-A

首尔大都会酒店

Metro Hotel 1级 ★★★★

交 地铁2号线202乙支路入口站5号出口步行2分钟
₩ 8.8万韩元起
室 75间 ☎ 02-752-1112 FAX 02-757-4411
✉ 中区乙支路2街199-33
HP http://www.metrohotel.co.kr/

酒店位于明洞市中心，价格便宜。酒店大堂可以免费上网。

小知识

韩国传统的暖气设备——火炕房

提起韩式取暖设备，一定要为您介绍韩式火炕房。酒店客房的取暖设施也常选用这种古老的方法，就是所谓的地暖。在韩国，为了度过寒冷的冬天，日常生活中，从古至今一直采用火炕房这种独特的取暖方式。朝鲜王朝时期，人们居住的韩式传统房屋的地板内设置密闭空间，用石头铺满，不留缝隙。这样一来，一边是做饭用的灶台，另一边和烟囱相连。当在灶台上生火时，产生的热量就会被铺满的石头挡回去，从房间的下边通过，从而温暖整个房间，只有烟雾从反方向的烟囱里冒出。整个地板铺着涂有“纯米酒”的多层油纸，这样做可以让热量充分传遍整个房间。据说韩式传统暖气设施不仅可以供热，还有防潮、防虫害的功能。凭借灶台产生的热量就能让整个房屋暖和，也算是一种中央供暖设备吧！现在，古老的取暖设备大都被电气化取暖设备取代，但是这种传统方法依然在韩国国民中代代相传。

酒店内设的“火炕房”，没有床位，只是在地板上铺着被褥睡觉。无论是便宜的小旅馆还是奢华的高级大酒店，大都有这样的居住设施。入住便宜的小旅馆，室内温度不能调节，有时也会感觉到温度过高。但是如果您入住高级酒店，会感到火炕房的室内温度适中宜人。对于不习惯地铺生活的中国游客来说，会觉得这种韩式火炕房间很新奇。酒店房间的被褥较薄，所以对于初次入住的游客来说难免会有些不适应，但是大概也能从中体验到别样的韩国文化吧！如果想要入住这种韩式火炕房屋，在预约团体旅游项目时最好与旅行社提前商量。

过去燃烧柴火取暖（昌德宫）

朝鲜王朝时期的烟囱

酒店里的火炕房屋

经常有很多游客参观水原华城

首尔周边一日游

如果想要游赏首尔近郊的小城镇，对于日程较短的旅游团来说，时间可能比较紧张。从首尔乘车1小时左右便可到达拥有世界文化遗产的华城，既可参观颇负盛名的水原城镇，还能品味韩国陶瓷器的悠久历史。另外，也可以去利川一览当地风情。总之，首尔周边的许多小城镇魅力四射，风光美好，吸引无数游客前去观光。几乎每个周边小城镇都被开发成为首尔市郊住宅区，前往当地的交通便捷。如果您参加的是自选旅游团，仅需半天便可以浏览全部景点。

当地风景多为固定模式，有很多影迷前去参观《冬季恋歌》等韩剧的拍摄场景。（p.10等）

电视剧的取景地的标示牌（春川）

虽说最初的观光热潮由影迷掀起，但郊区确实有很多风光秀丽的地方，即使不是影迷也能玩得非常尽兴。

对韩国传统文化感兴趣的游客来说，水原、利川、韩国民俗村等这些景点是必定要拜访的地方。

前往首尔近郊的自选旅游团

前往首尔近郊的自选旅游团数量很多。有些旅游团仅在一个地方慢慢游览观光。除此之外，也有多个景点组合的旅游项目。比如“韩国民俗村和水原华城”、“首尔市内观光和韩国民俗村”等多种组合方式。游客也可以到达当地之后再申请具体旅游项目。所以，如果临时决定要去当地旅游，也很简单方便，只需和当地导游或酒店大堂协商即可。有关自选旅游团的介绍参照p.42。

向您推荐当地的旅游特色景点

水原
→p.120

- 游览景福宫和东大门之后，深刻感受到“景色十分漂亮”的人，推荐来此。
- 适合喜欢徒步旅行和逛街的游客。
- 在此可以完成您品尝正宗韩式烤肉的心愿。

利川
→p.122

- 对陶瓷感兴趣的游客，利川不容错过。
- 想要看看韩国农村风貌的游客，利川是很好的选择。
- 喜食米饭的游客，可在此品尝到很棒的米饭。

韩国民俗村
→p.127

- 一听到“传统”就兴奋无比的游客，推荐您来此一游。
- 想要忘记都市喧闹的游客，不妨来这里放松身心。
- 想要品尝韩国美酒的游客，民俗村是不错的选择。

首尔近郊
Seoul Vicinity
0
10km
丰德
进凤山
▲310
通往开城
开丰郡
枫川
新凤
奉天山
▲291
军藏山
▲213
江华支石墓遗址
朝鲜
民主主义人民共和国
Democratic People's
Republic
of Korea
都罗山
临津阁
临津江
高丽山
▲436
普门寺
海明山
▲327
席毛岛
江华山城
江华
Ganghwa
江华岛
Ganghwado
甲串炖台
江华大桥
文珠山城
锦江山
▲443
斗云
郡下
临津江
汶山
Munsan
汶山
统一公园
Imjingang
金坡
马智
弥陀寺
金谷
坡州
Paju
坡州市
Paju-si
摩尼山
▲468
广城堡
传灯寺
金浦市
Gimpo-si
西岩
麻谷
48
金村
Geumcheon
汶山川
Munsanjon
老姑山
▲401
仙岩
336▲吉祥山
草芝镇
东检岛
大韩民国
Republic
of Korea
阳谷
曲陵川
新山
佳纳
道乐山
▲1441
大韩民国免税店 p.97
京义线
弥勒堂
普光寺
杨州郡
Yangju-gun
p.13《大长今》主题公园
3
信岛
▲215
歌弦山
汉江
大化
一山
Iisan
高阳市
Goyang-si
仁川国际机场
Incheon Int'l Airport
仁川国际机场高速国道
金浦
Gimpo
麻田
马头
日迎
西
白云山
▲256
机场铁道
黔岩
Hangang
新谷
元堂
Wondang
知道
Jido
神道
Sindo
议政府
议政府市
Uijeongbu-si
道峰山
740▲
京元线
国际机场
永宗岛
仁川市
Incheon-si
纸纽
北汉山
837▲
水落山
638▲
仁川
仁川
Incheon
2
月尾岛
富川奇幻物语工作室
京仁高速国道
桂阳
金浦国际机场
1
北汉山国立公园
九里市
Guri-si
仁川IC
富平
富川市
Bucheon-si
仁川大桥
第二京仁高速国道
长寿IC
富川
新月IC
安养川
首尔 p.32
Seoul
首尔
京春线
东九陵
C
D
京仁线
西昌JCT
始兴
光明市
Gwangmyeong-si
九老
龙山
清凉里
陶农
光明IC
衿川区政府
中浪川
乌耳岛
光明
始兴市
Siheung-si
冠岳山
629▲
宣陵
中央线
果川市
Gwacheon-si
炭川
安养市
Anyang-si
水色
板桥九里高速国道
安山市
Ansan-si
安山JCT
首尔大公园
P.44~45
河南市
Hanam-si
南汉山城道立公园
军浦市
Gunpo-si
外廊循环高速国道
1
仪旺
仪旺市
Uiwang-si
牡丹市场 p.103
城南IC
板桥JCT
沙江
半月IC
光教山
▲582
城南市
Seongnam-si
A.N.JELL成员的公寓 p.12
光池院
10
石桥
新葛安山高速国道
梧里
京釜高速国道
中部高速国道
南阳
两老
丰德川
文衡山
▲497
广州
Gwangju
Gyeongan
水原
水原 p.120
Suwon
华城市
Hwaseong-si
上里
京釜线
新葛JCT
器兴
Giheung
爱宝乐园
武甲山
▲578
大双岭
广州市
Gwangju-si
水原IC
旧葛
麻城IC
庆安川
旺山
E
F
莲莱寺
西海岸高速道路
京釜高速铁道
新葛贮水池
饼店
器兴IC
韩国民俗村 p.128
前贷
昆池岩
发安
发安IC
钵山
振威川
乌山市
Osan-si
西东滩
Korean Folk Village
泰华山
▲642
岭东高速国道
11
万仪寺
龙仁
Yongin
乌山
Osan
利川市
Icheon-si
水广
青北JCT
乌山IC
▲308
云峰山
龙仁
爱宝乐园
阳智
4
利川陶艺村
利川 p.122
Icheon
利川
平泽市
Pyeongtaek-si
通往大田
龙仁市
Yongin-si
龙仁滑雪场
通往江陵

水原华城的华西门勾勒出美丽的曲线

水原 수원

S U W O N

地图 p.119-E

水原是一座历史遗址和现代风貌共存的城镇。当地的水原华城被评为世界文化遗产，华城的壮观景色颇负盛名。水原城作为首尔的市郊住宅区日益发展，是一座现代化城市。

看点！

- 水原华城 ❶❶❶
- 水原烤肉 ❶❶❶

前往水原的交通

铁路▷从首尔站乘坐地铁1号线，大约1小时即可到达。

公交▷从江南站前乘车，大约1小时即可到达。

旅游信息中心

水原华城长安门附近，设有水原综合旅游信息中心。开放时间：7:00~22:00。没有休息日。水原市区各地均有小型旅游信息中心。

城市概况

about SUWON

水原市位于首尔南部大约40公里，自古以来一直是首尔的卫城。朝鲜王朝时期，大约18世纪末，当时在位的正祖决定迁都至水原，那里安葬着正祖被谋杀的父亲，之后便修建了水原华城。据说当时因为正祖猝死，修建计划也暂且搁置。

近代的水原城包围着首尔，成了京畿道的中心地带，人口超过100万。当时的水原以一种惊人的态势向前发展。

城市亮点

Highlight

来到水原，最值得一看的莫过于世界文化遗产水原华城。如果您的旅游时间允许，一定要到八达山附近走走看看。特别是从西将台经过华西门到达长安门这条线路，景致秀丽，您可以品味简单便捷的步行旅游乐趣。

水原的美食▶水原的烤肉很有名，市内有数十家专营店铺。

水原的节日▶每年10月有水原华城文化纪念日，届时将会举行各种各样的纪念活动。

看看 Sightseeing

●수원화성
水原华城
世界遗产
地图 p.120-A

●从水原站到八达门乘车10分钟；到华西门乘车15分钟
●能够自由观光

水原华城始建于朝鲜王朝第22代国王正祖时期，1796年正式完工。城郭构造科学严谨，外观优雅秀丽，以八达门、华西门、长安门、苍龙门4个城门为中心。另外还有48个辅助建筑，只是现存仅有41处，但当时的城墙设计图纸保存至今。水原华城对于研究朝鲜式城郭建筑群具有重要的历史意义，因此，于1997年被联合国教科文组织评定为世界文化遗产。

八达门

水原华城南门，韩国国家重要文物遗产第402号文件中指定，八达门是水原华城的正门。和首尔的南大门和东大门一样，门楼均为两层建筑，门楼前建有圆形的瓮城，目的是为了防止敌人轻易入侵。

八达门位于繁华街区的中心

西将台

将台，顾名思义，就是战时军事作战指挥总部，分为东西两处。西将台的位置略高过八达山顶部，在此可以尽览华城和水原市景致。从八达门到西将台步行大约20分钟，攀登路线过长会让您感觉很累，而这里的行走距离适中，是一个很好的散步去处。

西将台景致令人神清气爽

华西门

华西门位于华城西部，和南门八达门、北门长安门相比，规模较小，造型凸显女性的优雅美。如果从西将台开始散步，可尽览水原华城的全景，同时也能对城墙构造一目了然，会明白当时的人们是如何巧妙地通过城墙的曲线造型来防御敌人。相反的方向是东门苍龙门，它和华西门的造型基本相同。

从八达山看到的水原市街道景象

华虹门整体风格和周围建筑协调一致

华虹门

贯穿华城南北的河道流经于此，华虹门充当沟通南北城的桥梁。城门上并排着7个拱形水门，上方建有楼阁。雨后经常从水门涌出气势汹涌的水流，阳光下形成美丽的彩虹，被称为水原八景之一。

华城行宫

华城行宫是正祖国王祭奠父亲和游览水原的休憩场所。现将历史文物复原，面向广大游客开放。在此特地向您推荐华城行宫壮勇营守卫仪式，通常在4月~11月的星期日下午14点举行。届时您将能欣赏到弓箭、大炮、步枪等相关军事训练表演和国王阅兵仪式。

华城行宫内举行参拜国王行礼仪式

美食 Eating

▶水原烤肉

●가보정
佳甫亭烧烤店
地图 p.120-B

英 Card

交 地铁水原站出站后乘车大约2分钟即可到达
✉ 水原市八达区仁溪洞958-1 ☎ 031-238-3883
营 10:00～22:00 休 无休 ₩ 5万韩元起

佳甫亭烧烤餐厅室内设计高档，选用上等肉质，在当地很受欢迎，人气爆满。选用韩国本土肥牛精制的酱牛排肉汁甘甜鲜美，每份消费3.7万韩元（270g）。提供午餐持续到下午16时，游客可以品尝餐厅的精品韩肥，每份消费2万韩元（135g）。

餐厅专业厨师正在为顾客烹制美食

小知识

烤肉代名词——水原烤肉

水原作为盛产烤肉的城镇闻名全国。在水原，保留着为数不多的几处沿袭自古代的肉制品销售市场。据说最初在二战结束的1945年左右，市场外成立了以“华春屋”命名的餐厅，以独家秘方配制的浇汁为招牌开始经营烤肉。到现在，市内有数十家这样的烤肉专卖店。使用芝麻油和鲜梨调制的肉汁口味清爽，是水原肉汁的最大特色。另外一种略带甜味的肉汁也会令您垂涎三尺。每年10月都会举行“水原烤肉纪念活动”。

芝麻咸味肉汁是水原烤肉备受欢迎的秘诀所在

利川是闻名世界的陶艺制作城市

利川

이천

ICHEON

地图 p.119-F

利川被称作韩国首屈一指的陶艺故里。当地还盛产古时进献国王的大米。您可以在此尽情欣赏朴素的韩国田园风光。

看点

- 利川陶艺村 ★★★
- 利川米 ★★★
- 利川温泉 ★★★

前往利川的交通

巴士▶从首尔高速客运站出发，乘车大约1小时5分钟即可到达。从东首尔客运站出发，乘车大约1小时10分钟即可到达。

城市概况

about ICHEON

利川市位于首尔东南部大约60公里，是韩国的陶艺和温泉胜地，也盛产大米。古代，利川因为制作进献王室的白瓷而为外界所知。但是，随着朝鲜王朝的没落，制陶业在历史的舞台上逐渐退出，直到1950年才得以复兴。利川拥有优质的土壤和水源、丰富的木柴，当时一些陶艺家被如此良好的陶瓷烧制环境吸引，纷纷移居到利川。不久，以海刚窑著称的陶艺家**柳根滢**再现高丽青瓷。现在的利川成为韩国首屈一指的陶瓷生产基地。

城市亮点

Highlight

狭小的利川市内，除了温泉，值得观赏的景点很少。参观陶瓷制造厂是主要观光内容。沿着郊外的国道分布着许多陶瓷制造厂。走出市区街道，展现在眼前的是一派乡村田园风光。一般的团体旅行都会组织“利川陶艺村观光行”，但并不意味着集中于某个特定的主题去参观，仅仅是对观光陶瓷制作的旅游内容的统称。主要的旅游项目有：参观韩国陶瓷、高丽陶瓷的窑场；体验陶瓷制作；在陶瓷直销店观赏瓷器等。2001年召开的利川陶瓷器博览会会场现在已经变成公园，会场内设有利川世界陶瓷中心，这里经常召开一些关于陶瓷器和雕刻的宣讲会。

利川的美食▶利川大米闻名全国。沿着市内国道，有很多韩式套餐店，能够品尝到正宗的利川大米。

放大镜

柳根滢

1894—1993。陶艺家。被授予为第13号韩国国家非物质文化遗产（国宝级大师）。初代海刚。生前从全国各地收集了许多高丽青瓷断片。高丽青瓷在朝鲜王朝中期以后消失，有500余年的断层代。柳根滢为高丽青瓷的复兴奉献出宝贵的一生。

●이천 도예촌

利川陶艺村

地图 p.122-A

交 从利川市外巴士客运站乘车15~20分钟即可到达
营 11:00~21:30 休 无休

沿着韩国国道3号线分布着许多制陶器工厂，其中有很多制陶厂聚集在新屯面和沙音洞周边，所以这一带统称为“利川陶艺村”。从利川市的街道沿着国道3号线乘车7~8分钟就能到达沙音洞，附近设有很显眼的“利川陶艺村”的标志。如果去往新屯面，从沙音洞出发大约需5分钟的车程。在沙音洞狭小的区域内，聚集着大约20家制陶厂，陶瓷纪念品专卖店和美术画廊鳞次栉比。您可以现场学习陶瓷制作。停车场和洗手间等各种服务设施也很完善。

沙音洞附近有很多漂亮的陶瓷器专卖店

陶瓷器制造厂／陶艺馆

●광주요

广州窑陶艺馆

地图 p.122-A

交 从利川市外巴士客运站乘车12分钟即可到达 ✉ 利川市新屯面水广里453-1 ☎ 031-632-4864 营 9:00～17:00 休 无休

广州窑陶艺馆是由已故陶艺家赵小守开创，适逢利川陶瓷再次风靡的早期阶段。现在的经营者是第二代传承人赵太权，不仅继承了广州窑独有的传统品质和优雅风格，而且创新衍生了日常餐桌上的陶瓷用具，使陶瓷文化更加贴近生活。陶艺馆附近的近代建筑物2层是展览室，陈列的陶艺品造型美丽，散发着高贵气质。展品规格比较高级，适合馈赠亲友。其中，一套白瓷汤碗套装价格是15.4万韩元。

白瓷的光泽引人注目

陶瓷器制造厂

●한국도요

韩国陶瓷器

地图 p.122-A

交 从利川市外巴士客运站乘车15分钟即可到达
✉ 利川市新屯面小亭里49 ☎ 031-638-7037
营 8:30~17:30 休 无休

在利川，大规模的陶瓷器制造厂屈指可数。金正默的陶瓷器制造厂规模在当地名列前茅。在一间宽敞的韩式传统房屋内设有即制即售的成品商店。厂房、登窑（陶瓷器烧成窑的一种形态）等建筑也整齐地排列在这里。金氏的作品以镶嵌青瓷最为有名。所谓镶嵌青瓷，是在素烧坯的青瓷表层上雕刻精致的花纹，然后再将白色黏土覆在上边。经过烧制，光泽鲜明的靛蓝色瓷器坯层泛出白色纹理，外观美丽大方。

游客也可以在厂房内参观。厂房内还摆放着技师尚未完成的作品。登窑周围凌乱地堆放着一些失败的作品残片。这里的一切都能让游客产生浓厚的兴趣。

陶瓷器制造厂

●청파요

青坡窑

地图 p.122-A

交 从利川市外巴士客运站乘车10分钟即可到达
✉ 利川市沙音洞490 ☎ 031-635-5791
营 9:00~17:00 休 无休

陶瓷器制造厂由韩国的代表陶艺家李殷九建造，其代表作是“粉青”。瓷器的特色是：表层色泽清淡，但是很沉稳。手感柔和，很适合作为日常器具使用。在这家陶瓷器制造厂摆放着很多日用品的瓷器，价格合理。比如，一套“单人茶具”包括茶杯和泡茶时用的茶叶过滤器，价格5万韩元左右。

散发优雅气息的陶艺品

▶陶瓷器制造厂

●고려도요（지순탁요）

高丽陶瓷器（池顺铎制窑）

地图 p.122-A

交 从利川市外巴士客运站乘车20分钟即可到达
✉ 利川市新屯面水广里409 ☎ 031-632-7009
营 9:00~17:00 休 无休

这里是已故陶艺家池顺铎的陶瓷器制造厂，他也是利川陶瓷器的创始人之一。池顺铎再现了朝鲜王朝时期的白瓷，白瓷作为其独特的作品群为大众所认同。白瓷的主要特征是瓷釉独特，表层泛有淡蓝色光泽。陈设的展览室收集了池顺铎年轻时的作品，您可以亲手触摸这些瓷器。陶瓷制造厂现在由池氏第2代家族管理，内容、风格没有太大的创新，仍陈列着部分先人的作品。

美食 Eating

▶利川大米

老店米饭餐厅 ●옛날쌀밥집

※可用信用卡 地图 p.122-A

交 从利川市外巴士客运站乘车10分钟即可到达
✉ 利川市沙音洞641 ☎ 031-633-3010
营 9:00~22:00 休 无休

餐厅以利川大米为主要原料，氛围亲切。米饭套餐主要有石锅大米和石锅拉面（通常情况，最少2人份，一人份1万韩元）。看着热气腾腾的米饭，让人不禁想尝其美味。

※利川大米的介绍可见右页

住宿 Stay

▶利川温泉

Hotel Miranda

米兰达酒店

地图 p.122-B

交 从利川市外巴士客运站步行5分钟即可到达
₩ 16.5万韩元起 室 257间 ☎ 031-639-5000
FAX 031-639-5121 ✉ 利川市安兴洞408-1
HP http://www.mirandahotel.com/

米兰达酒店是位于利川温泉地带内的一家高级酒店。酒店内也设有温泉，充沛的水量是酒店温泉的最大亮点。

19世纪后期，人们发现了利川温泉，测定其是一种含有少量碱性溶质的低温单纯泉。据说温泉中富含的大量钠元素对治疗皮肤病有很大疗效。公共温泉也包含一些收费的水疗项目。除此之外，酒店还设有露天温泉洗浴以及各种各样的温泉洗浴项目，甚至还设有游泳池。距离市区较近，交通便捷，有很多来自首尔和当地的消费者前来享受舒适的温泉洗浴，当日即可往返。酒店客房内也设有温泉洗浴设备。

在韩国，一些露天温泉洗浴中心是用很珍贵的石料建造的

有无线网络或是有线网络　有商务休闲区　水疗、桑拿　内设游泳池　室内有保险箱

品赏韩国陶瓷器

朝鲜半岛最初烧制瓷器的历史可以追溯到高丽王朝早期，大约是公元918年到1392年。在这之后大约1000年间，历经无数兴衰，不断发展，最终成就了独特的韩式陶瓷风格。

富有柔美曲线的青瓷

韩国陶瓷器的历史蜕变

高丽王朝初期从中国传入青瓷技术，并开始独立发展。但是，在12世纪后期，青瓷和高丽王朝一起湮没在历史的烟尘之中。自此，高丽青瓷的身影也从陶瓷史中消失了，直到进入20世纪初期才重新得到发展。

朝鲜王朝的初期和中期（1392—1910年），粉青沙器在民间得到极大普及，当时的作品反映出民众质朴、自然的审美情趣，同时掀起了一股民众烧瓷的热浪。

利川有很多烧制陶瓷器的砖窑

在朝鲜王朝的全盛时期，白瓷在上流阶层中很受追捧。官窑生产的白瓷占领了朝鲜王朝陶瓷的主流市场。随后，相继受到战争的影响而一度废止，直到18世纪后再度兴盛，一直延续到现代。

小知识

利川大米和锅巴饭

若提及韩国国产的美味大米，一般就是指利川大米。利川有栽种大米得天独厚的自然条件：优质的水土加之适宜的气候。种植的稻米在朝鲜王朝时期就被进献给国王，十分香美。据说和通常的大米相比，虽然利川大米蛋白质的含量较少，但富含许多其他营养成分。如有促进新陈代谢的维生素B1，还有使皮肤富有光泽的水溶维生素等元素，对美容和健康很有帮助。

利川市内，有很多韩式套餐饭馆用利川大米作为主要食材。通常使用石锅烧煮，熟透的大米晶莹剔透，煞是好看。

石锅米饭的吃法，通常是先把煮熟的米饭从石锅盛到碗里，然后往石锅中倒入适量的汤汁，品尝泡软后的锅巴米饭。韩国民众通常以这种方法同时品尝原味米饭和烧焦米饭两种饭香。泡软的锅巴在韩国叫做“锅巴饭”，这种吃法是石锅米饭中不可或缺的一道程序，也经常出现在韩国民众的日常料理中，人们对这种吃法已习以为常。大家把倒入石锅中的汤汁叫做“锅巴水配汤”。

另一方面，为了充分品尝利川大米的美味，餐厅一般会在正餐开始时提供开胃小菜，其中有很多小菜的味道并不辛辣。对于同样以大米为主食的中国游客来说，是一定要亲自品尝一番的美味！

一定要前去细细品味美味的利川大米

韩国陶瓷器的主要特征

青瓷
韩国陶瓷器的代表性作品

韩国的陶瓷器专卖店中最引人注目的莫过于青瓷。虽然高丽青瓷一度从历史中消失，但是在20世纪50年代（1950年左右），经过研究利川瓷器的陶艺家群体的不懈努力，终于再现高丽青瓷的辉煌（详见p.123）。高丽青瓷的主要特征是瓷器通体呈现出一种清澈的绿青色。还有，瓷器周身美丽的曲线造型，散发着特有的韩式艺术美。

青瓷的魅力在于外观造型完美，技艺精湛

粉青沙器
为庶民而生的瓷器

粉青沙器在日本古代被称为“三岛陶瓷”。朝鲜王朝初期，大约从14世纪到15世纪，粉青沙器颇为盛行。粉青沙器是在高丽王朝后期流行的镶嵌青瓷的基础上发展起来的，主要特征是瓷器周身散发出一种健康的明亮色泽，力度感很强。在技术上，继承了镶嵌青瓷的制作手法，使用毛笔和刷子在坯体周身涂抹白土和红土，从而达到色彩的装饰性变化。在日本，这种技术也被称为“刷毛目”和“粉引”等。瓷器底层色泽温暖柔和，以黄白色和灰白色为主，与瓷器表层冷峻美丽的青色形成鲜明的色彩对比。陶瓷界普遍认为，粉青瓷器制作的鼎盛时期正值朝鲜王朝的初期，反映了当时民众的心理。瓷器造型柔和，手感舒适，深受大众欢迎。

粉青沙器和青瓷相比，属于低温烧制，给人的感觉比较柔和温暖

如果您的观光时间充裕，还可以亲自制作陶瓷器

白瓷
专属于王室贵族的高贵瓷器

朝鲜王朝中期，白瓷得到发展，相比起华丽的青瓷，白瓷拥有一种朴素的美感。在当时的时代背景下，受儒家教典的理念影响，制作的瓷器艺术性重于实用性。白瓷瓷器表层洁白，缺乏青瓷的冷峻刚硬，通体柔和雅静。瓷器周身多以朴素的绘图或色彩为主，可以说，正是这种简单色调愈发提升了韩国白瓷的魅力。据说在朝鲜王朝，越是纯白的物体，越是高贵的象征，这一理念也决定了王室的瓷器均为淡雅色泽。

美丽的白瓷拥有简单的造型

韩国民俗村位于首尔南部，是一座综合博物馆，完整保存了朝鲜王朝时期的生活方式。同时也是一座学习机构，旨在传承日渐消失的韩国传统文化。如果前去参观，也许您会产生一种错觉，仿佛回到了200余年前的李朝时代。

传承韩国传统文化 韩国民俗村观光

不是主题公园，而是“户外博物馆”

韩国民俗村是一座大型户外博物馆，占地面积70余万平方米，位于水原市郊外。博物馆内有从韩国各地迁移至此的260栋传统房屋，房屋都是从朝鲜王朝后期遗留到现在的建筑，房间内还保存着3万余件正宗传统家具。除了实物，这里还保存和传承了各个地方特有的、经过确凿的时代考证的信仰礼仪、生产技术、民俗活动等文化遗产。从上述特点来看，韩国民俗村的确是一座名副其实的文化博物馆。

如果您参加团体旅行，在民俗村观光的时间可能只有2~3小时，主要的观光项目是观看传统艺术表演。在民俗村自由观光的时间不多，如果略微细细品味，会感觉很快就到了回程的时间。入口处领取观光说明书，可以使您的参观更有效率。

主要的景点

传统房屋

民俗村中汇集了来自韩国南部、北部、中部各地区的平民家庭、农户家庭、富豪家庭的传统房屋。农户家庭的房屋构造质朴，与此相对应，富豪家庭的房屋占地面积广阔，还设有中庭。从这些建筑可以窥见当时的封建社会的阶级构成。

工艺美术品工作室

民俗村内有几栋平民房屋被改造成工艺美术品工作间，手艺人在此默默地制作着一些传统工艺品。分散的工作间主要制作竹制工艺品、柳条工艺品、机器工艺品和抄纸浆（造纸工序之一），也有各种工艺品的销售店。

民俗馆

民俗馆展示的是一些不易在户外再现的内容，比如传统的生活方式和风俗习惯。

户外公演

务农时吆喝的号子、跷跷板、走绳索等传统艺术表演经常举行户外公演。除此之外，在贵族阶级的房屋内，还将为您再现朝鲜王朝时期的结婚仪式。

有时也会举行真正的结婚仪式

韩国民俗村

한국민속촌

民俗村距离水原很近，一般可以从首尔出发乘坐火车或者巴士到达水原，然后再从水原乘坐巴士到达民俗村。另外，也有从首尔市内直接通向民俗村的巴士。

技艺绝佳的手艺人

●乘坐地铁1号线从水原站下车后，大约乘车30分钟即可到达。或者从首尔市中心开始坐车，大约1小时。

●巴士：◆从江南站（首尔）出发，乘坐巴士1560路，到达民俗村约为40分钟（1800韩元）。
◆蚕室站（首尔）出发，乘坐巴士1116路，用时大约1小时30分钟（1800韩元）。
◆在水原站前乘坐市内巴士37路，大约40分钟后（1300韩元以上）到达民俗村。
◆在水原站前的韩国民俗村向导处购买门票，就能享受免费的接送服务。

●预算：1.2万韩元　开放时间：9:00~18:30（11月16日~2月至17:00、3月~11月1~15日至17:30、4月~10月至18:00）　没有休息时间　地图p.119-F

在民俗村，就连小狗也在悠闲地生活

韩国的传统茶

韩国的茶一般不用传统意义上的茶叶泡制，而多用水果、五谷和中药材等煎煮而成。有的味道苦涩如药，也有的香甜如柠檬水。这些茶原本是做药用的，每一种的药效都很灵。由于口味不一，有些茶会让你喝不下去，所以还是先找找适合自己口味的吧！

柚子茶

此茶是用柚子糖浆冲泡而成的。甜味恰到好处，富含维生素C，可治感冒。

生姜茶

此茶用浸泡了砂糖的生姜制成，味甜辣。可养胃，促进新陈代谢。

花梨茶

此茶用花梨糖浆冲泡而成。甜味符合大众口味，可增强胃动力。

梅子茶

此茶用浸泡了砂糖糖浆的梅子制成，味酸。所含柠檬酸能净化血液。

五味子茶

此茶是用据说具备酸、甜、苦、辣、咸五种味道的五味子制成的。适合高血压的人喝。

人参茶

此茶用高丽人参煎煮而成。味道很独特，对促进血液循环有很好的疗效。

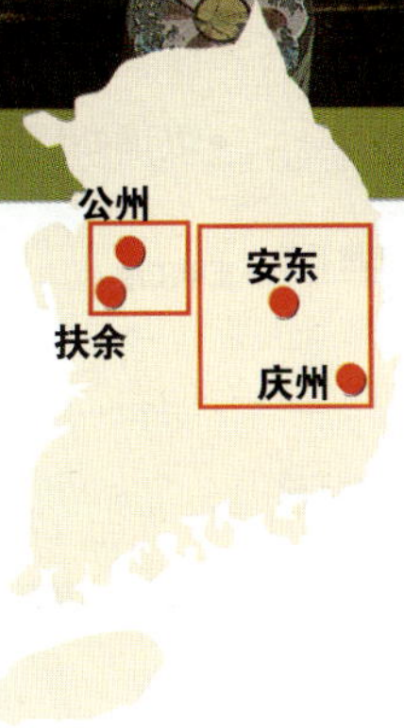

庆州

Gyeongju

交通

●从主要城市前往庆州的交通

从首尔出发，乘坐高速列车KTX约2小时5分钟。乘坐巴士需要4小时。

从釜山出发，乘坐巴士大约50分钟即可到达。

●从主要城市前往安东的交通

从首尔清凉里站出发，乘坐火车（无穷花号）大约3小时30分钟；乘坐巴士大约需要2小时50分钟。

通往金丈、浦项
通往浦项
通往良洞村
隍城洞
황성동
Hwangseong-dong
小金刚山
▲143
勿川里
물천리
Mulcheon-ri
锡丈洞
석장동
Seokjang-dong
庆州公共运动场
市立图书馆
栢栗寺
庆州乡村俱乐部
p.142 庆州豆腐汤店
庆州国立公园
花郎地区
Gyeongju Nat'l Park
庆州国立公园
小金刚地区
Gyeongju Na'l Park
A
B
北部洞
북부동
Bukbu-dong
脱解王陵
九黄路
Guhwangno
北川
Bukcheon
北军洞
북군동
Bukgun-dong
东川洞
동천동
Dongcheon-dong
通往新庆州站
西部洞
서부동
Seobu-dong
金庾信将军墓
庆州
旅游信息中心
庆州站
Gyeongju Sta.
宪德王陵
千军路
明活山城
庆州高速巴士
客运站
庆州路古墓群 p.137
九黄桥
芬皇寺
庆州市外
巴士客运站
太宗路
Jungangseon
大陵苑 p.135
皇龙寺遗址
九黄洞
구황동
Guhwang-dong
普门里古墓群
西岳洞
서악동
seoak-dong
p.135 瞻星台
雁鸭池
旅游信息中心
半月城
九黄里三层石塔
真平王陵
中央线
普门洞
보문동
Bomun-dong
武烈王陵 p.141
国立庆州博物馆 p.138
P.133
仁旺洞
인왕동
Inwang-dong
善德女王陵
兄山江
五陵
崇德殿
서라벌대로
Seorabeol Daero
通往大邱
獐山古墓群
神文王陵
孝恭王陵
徐罗伐大路
南涧寺遗址
磨崖雕像群
逸圣王陵
弥勒谷石佛坐像
神武王陵
E
F
Hyeongsancheon
塔洞
탑동
Tap-dong
南山城遗址
菩提寺
南川 Namcheon
문무로
庆州IC
排盘洞
배반동
Baeban-dong
京釜高速国道
花郎教育院
栗洞
율동
Yul-dong
鲍石亭遗址 p.137
三韓石佛 p.140
宪康王陵
定康王陵
포석로
拜洞
배동
Bae-dong
瞭望台
上禅庵
p.140 统一殿
统一路
Tongillo
文武路
三陵
望山
▲233
p.142 三陵故乡
手擀面餐厅
三陵
景哀王陵
Gyeongbu Expressway
三陵溪谷佛像群
石造如来座像
线刻六尊佛像
三尊石佛座像
南山洞
남산동
Namsan-dong
南山里寺遗址三层石塔
南山
467▲
鲍石路
望星里
망성리
Mangseong-ni
南山 p.141
茸长寺遗址
三层石塔
Poseongno
茸长里
용장리
Yongjang-ni
庆州国立公园
南山地区
Gyeongju Nat'l Park
1
花谷池
I
J
35
神仙庵摩崖菩萨半跏像
七佛庵摩崖石像
金鳌山
▲495
矢洞
시동
Si-dong
凫池里
부지리
Buji-ri
天龙寺遗址
景德王陵
德泉里
덕천리
Deokcheon-ni
通往釜山

庆 州
Gyeongju
0
1km
N
D
G
H
K
L
Sweet Hotel
现代大酒店 p.144
庆州普门乡村俱乐部
康科德大酒店 p.145
庆州观光酒店 p.145
朝鲜乡村俱乐部
庆州康莫德酒店 p.144
普门旅游开发区
普门户外公演场所
普门塔 p.141
庆州希尔顿大酒店 p.144
普门
旅游开发区
普门湖
普门湖畔旅
游信息中心
湖畔庄
庆州世界杯场地
千军寺遗址
新罗千年钟声主题公园
p.141
荪谷洞
손곡동
Songok-dong
暗谷洞
암곡동
Amgok-dong
普德路
Bodeongno
보덕로
德洞
덕동
Deok-dong
薪坪洞
신평동
Sinpyeong-dong
德洞湖
庆甘路
Gyeonggamno
경감로
庆州国立公园
吐含山地区
Gyeongju Nat'l Park
表忠寺
千军洞
천군동
Cheongun-dong
普佛路
Bobulro
보불로
漫湖峰
▲500
东方洞
동방동
Dongbang-dong
천군시도
千军市道
Cheongunsido
大德山
▲301
▲兄弟峰
鰕洞
하동
Ha-dong
庆州民俗工艺村
鰕洞池
庆州高丽紫水晶 p.143
新罗陶瓷器 p.143
吐含山
▲745
道只洞
도동동
Dodong-dong
石窟庵 p.140
佛国寺 p.138
圣德王陵
孝昭王陵
九政洞
구정동
Gujeong-dong
p.145 可隆大酒店
佛国寺前旅游信息中心
佛国寺民俗馆
佛国路
Bulgungno
佛国寺观光酒店
石窟路
Seokgulro
庆州温泉观光酒店
朝阳洞
조양동
Joyang-dong
进岘洞
진현동
Jinhyeon-dong
佛国寺站
Bulguksa Sta.
马洞
마동
Ma-dong
东海南部线
Donghae Nambuseon
庆蔚路
Gyeongulro
薪溪里
신계리
Singye-ri
挂陵里
괘릉리
Gwaeneung-ni
时来洞
시래동
Sirae-dong
影池
影寺遗址
挂陵 p.140
方于里
방어리
Bangeo-ri
通往蔚山、釜山

庆州的旅游观光胜地——佛国寺

庆州 경주

GYEONGJU

地图 p.7-I

庆州为古代新罗王朝都城，拥有繁荣昌盛的历史。当地至今保存着许多名胜古迹和历史建筑，是不可取代的宝贵财富。

看点！

大陵苑 ★★★
国立庆州博物馆 ★★★
佛国寺 ★★★
石窟庵 ★★★

前往庆州的交通

铁路▷从首尔站出发乘坐“新村号”大约需要2小时5分钟；从东大邱出发大约需要30分钟即可到达。

巴士▷从首尔客运站出发大约需要4小时即可到达。

旅游信息中心

位于庆州车站前。开放时间：8:30~18:00。无休。

※高速巴士客运站前和佛国寺前也设有旅游信息中心。

城市概况 about GYEONGJU

庆州也被称作“金城”，是古新罗王朝的都城，拥有近千年的繁荣历史。在中国唐朝时期，当地和中国的交流频繁。可以毫不夸张地说，庆州在当时称得上“东亚佛教文化之都”。皇龙寺古迹即是佛教圣地之一。还有现在的佛国寺，曾一度被丰臣秀吉的军队烧毁，现存寺院是之后重修恢复的建筑。

庆州保存着三处世界文化遗产——“佛国寺和石窟庵”和“庆州历史遗址区”，以及韩国历史村落“良洞村”。其中，“佛国寺和石窟庵”以佛像和建筑物享有盛名。“庆州历史遗址区”则拥有大片新罗时代的古遗迹，是颇具历史价值的综合性古迹区。

城市亮点 Highlight

在庆州，刻有历史印记的寺院和王室贵族古坟随处可见。凭借庞大的遗迹数量，庆州赢得了“露天博物馆”的美称。

庆州的景点区大致分为4个。

①庆州市中心周边的古坟和历史遗迹区。

②庆州市南部，地处南山山腰的南山古迹区。

③庆州市东南，位于吐含山山腰的“佛国寺和石窟庵”区。

④庆州市东部，也就是普门湖大型休闲区。

您绝对不能错过的景点是荣登世界文化遗产的①区和③区。

庆州的节日▶每年12月31日~1月1日在海边举行“庆州文武大王日出时刻之大型祭祀典礼”活动，当地还会燃放烟花以示庆祝。另外，每年3月末~4月初举行“庆州韩国酒和年糕”的纪念活动，届时游客将有机会亲自体验年糕制作和古代民俗活动。

庆州的美食▶庆州名菜数不胜数。如“菜包饭”，包含多种小菜，主要以野菜叶子为食材制成，在当地很有名气。

庆州的特产▶用糯米和曲子（粮食和糠等蒸熟后繁殖酵母菌而成的发酵剂，用于酿酒）酿制而成的“校洞法酒”是当地重要的非物质文化遗产，一直以来都是由居住在庆州市校洞的崔氏家族所传承。

市内交通

庆州市的主要交通工具有公交车和出租车两种。公交车站牌只有韩语标志，游客最好还是乘坐出租车。

市内公交车 Bus

高速巴士客运站对面有市内公交站点，始发站在此，经由庆州站驶向市内和郊外各个地方。如果不懂韩语，乘坐公交车较难顺利到达目的地，最好还是提前咨询导游。

观光巴士
Sightseeing Bus

想在有限的时间内高效率地参观各个景点，乘坐当地的观光巴士是一条捷径。共有3条旅游线路，这里为您推荐一条比较方便的路线：从高速巴士客运站前出发，沿途游览佛国寺和大陵苑等主要名胜，大约需要7小时50分，约需花费1.5万韩元（包含午餐费、入场费用等）。如果想要提前预约，可以咨询天马观光旅行社。咨询电话：054-743-6001（也可以使用英语）。

出租车
Taxi

如果在市内街道短途观光，或是从观光地返回市内，通常以米为单位打表计算价格。

出租车搭乘点

但是，如果从市内前往观光地，一般可以和司机协商价格。告诉司机前往的目的地后，司机可能会漫天要价，所以一定要学会和司机砍价。包租出租车的价格大致是半天最低8万韩元，一天大约花费13万韩元。如果您希望观光多处旅游胜地，包租出租车比较划算。

出租自行车
Rent a Bicycle

根据目的地和旅游线路的不同，有时候租自行车可能会比乘公交和出租车更方便。在庆州车站、高速巴士客运站、大陵苑等周边地区都设有自行车出租站点。租自行车的价格大致是平常每天7000韩元，周末1万韩元左右。

庆州篇

畅享自由行 enjoy Freetime

呈小山形状分散开来的古墓群

置身于庆州这座世界文化遗产古城，尽情漫游，悠闲地享受旅行的乐趣吧！游览最大的名胜古迹佛国寺之后，再游赏庆州郊外风景，会成为您在庆州的一次尽兴之旅。

庆州1日游 推荐路线1

环绕庆州名胜古迹的旅游线路图

国立庆州博物馆

在庆州这座古城分散着许多古寺、古墓等各种历史古迹。如果在国立庆州博物馆提前了解一些相关的历史知识，之后的历史名胜观光将会引起您更加浓厚的兴趣。各个景点相距较远，如果合理制订旅游计划，就可以悠闲自如地享受庆州之旅。

- **10:00 国立庆州博物馆** p.138
  → 步行20分钟
- **11:30 皇龙寺遗址** p.137
  → 步行25分钟
- **13:00 瞻星台** p.135
  → 步行10分钟
- **14:30 大陵苑** p.135
  → 步行5分钟
- **16:00 皇南面包** p.143

游览庆州这座古城之前，最好提前了解各个景点的主要特征和典故。还有，不要忘记参观正门附近的圣德大王神钟。

创建于公元574年，是保留至今最大的新罗寺院遗址。广阔的寺院内仅保留着庞大的寺院基石，建筑物已烧毁。现在供游客观光的只有复原后的建筑模型。

有着9米高的塔柱，堪称东亚最古老的天文台。古时，在此为农耕作业制定历法，进行气象预测和占星。

是一座古墓公园，公园深处的松林、水池和草地之间分散着23处古墓。其中最有名的古墓是“天马冢”，可以进入坟墓内部参观。

回去的途中顺便买一些庆州乡土特产皇南手工面包馈赠亲友。皇南面包不含任何人工调味料和防腐剂，味道天然，称得上是面包界的鼻祖。

庆州1日游 推荐路线2

世界文化遗产——佛国寺和石窟庵

佛国寺

庆州郊外的佛国寺是这条旅游路线的最大看点。对历史和佛教建筑感兴趣的游客可以在此尽情饱览古寺之韵，不用花太多时间就可游览后面的普门塔景点。观光线路比较随意，但一定要准确把握好每个景点的观光时间。

- **8:00 石窟庵** p.140
  → 步行和乘巴士总共需45分钟
- **10:00 佛国寺** p.138
  → 步行和乘巴士总共需30分钟
- **12:30 庆州民俗工艺村** p.143
  → 乘巴士10分钟
- **14:30 普门塔** p.141
  → 步行10分钟
- **17:00 普门湖畔酒店** p.144

石窟庵和佛国寺并称世界文化遗产，一定不要错过被称作佛教艺术杰作的本尊释迦如来佛像。从入口到山门处穿越山间小道需要步行20分钟。

佛国寺堪称庆州古城的地标性建筑物。古刹建于公元535年，地处海拔745米的山腰处，是韩国最大规模的佛教寺院。

这里是为了保护和传承韩国传统工艺建造的庆州民俗村。游客可以参观制作各种工艺品的工作室。也设有工艺品展销店。

在高20米的普门塔前有户外公演场地，经常在午后和夜晚表演各种古代宫廷舞蹈（周三休演）。

傍晚时分，您可以沿着普门湖畔散步，或者在湖畔酒店的休息室喝茶，让自己的思绪沉醉在庆州一日游的美好回忆中。

●대릉원
大陵苑
世界遗产
地图 p.133-A
●从庆州站步行10分钟即可到达
●门票1500韩元　9:00~21:00　无休

大陵苑位于庆州市中心，是一座修缮完整的古墓公园。公园占地面积宽广，大约有15万平方米。公园中有松林、水池和绿色的草地，分布着23处半圆形古墓。在如此庞大的古墓群中，只有一座确证为新罗第13代味邹王（262—284年在位）的古墓，其他墓主的身份尚未查明。古墓外观雄伟，据说均是新罗历代王室贵族的墓冢。

被草地覆盖的小山就是古坟，“天马冢”可以参观内部结构

这片古墓群中最值得一看的是“天马冢”。“天马冢”纵深居墓群之首，游客可以深入坟墓内部参观。1973年的发掘调查发现，坟墓内有很多关于马具的图案，主要以天马图为主，大都刻画在白桦树皮上，因此命名为“天马冢”。根据对出土文物的推断，“天马冢”是一处5~6世纪的王陵。出土的陪葬品包括奢华的金冠，还有纯金制品和玻璃制品等各类物件，合计1.2万余件。目前，公园展区只向游客展示一些陪葬品的复制品，其余均收藏在国立庆州博物馆内，面向大众公开展览。为了防止盗墓，古代王朝动用80余万民众，历时3年修建成积石木廓结构。据说如果挖掘了墓中的一部分石头，整座坟墓都会崩塌。

头冠上嵌有闪闪发光的装饰物

●첨성대
瞻星台
世界遗产
地图 p.133-B
●从庆州站徒步15分钟即可到达
●门票500韩元　9:00~22:00　无休

新罗第27代善德女王（632—647年在位）修建的东亚最古老的天文台。塔高大约9米，由362块石块分27层堆砌而成，象征阴历一年的天数。坛基由12块大石砌成，表示一年四季的12个月份。在历史上，主要用于观测，还被用在多个领域，比如：占星术、农耕历法、气象预测和治国工具等。现在是庆州历史地区的地标性建筑物。

据说当时人们在此观测星象后决定国家大事和农事活动

●계림
鸡林
世界遗产
地图 p.133-B
●从庆州站步行20分钟即可到达

相传在鸡林这片森林诞生了庆州金氏始祖金阏智。据说新罗第4代时期，一棵大树的树枝下悬挂着金色的箱子，旁边还有一只鸡高声鸣叫，箱子中有一个婴儿，于是小孩以“金”为姓，从此开始了金氏族谱的传承。森林深处有繁茂的柳树和榆树，第17代奈勿王的古墓坐落于此。

一边悠闲地散步，一边感受历史气息

석빙고
石冰库

地图 p.133-B

●从庆州站步行20分钟即可到达

石冰库位于半月城遗址建筑群中，是由花岗岩堆砌成的一座石冰库，高5.4米，长19米，宽6米，外观呈现山丘形状。冬天可以储藏好冰块，用于夏季保存宫中食物。公元505年，新罗王朝的智证王下令修建这座古老的“冰箱”。但是，现在的石冰库只不过是朝鲜王朝时期的仿造品。石冰库中还设有换气口，用来排放冰块升华的水蒸气。

古时宫廷的人们都是美食家吧！

안압지
雁鸭池

世界遗产

地图 p.133-B

●从庆州站步行20分钟即可到达
●门票1000韩元　9:00~22:00　无休

是根据新罗第30代文武王的命令，于公元647年修建的离宫庭院。据说这位文武王热衷夸耀个人权势，下令模仿中国的名山风景修建此地，种植珍稀林木，还要放养生灵等。现在已复建湖畔边的临海殿，殿堂之大可以容纳1000人，当时此殿经常设宴邀请外国宾客。根据发掘和考证，这里大约有3万件供游湖用的圆木舟等器具。

用来设宴招待外国宾客的离宫古迹

小知识

了解新罗文化的基础知识，寻访韩国文化的源泉

新罗王朝结束了古代三国割据的局面，实现了朝鲜半岛的统一。和百济、高句丽王朝一样，新罗的建国同样经历了错综复杂的过程，许多谜底直到现在依然尚未揭开。新罗源于以现在的庆州市周边区域为中心的斯卢部，后经考证，斯卢部是辰韩12部之一，由早期农耕社会衍生的共同生活体不断发展壮大，自成一国。据说建国始祖是公元前57年即位的朴赫居世。

根据中国古代历史史书记载，目前查明的最早使用“新罗”国号的时间是公元377年。之后，与中国隋唐王朝的友好交流往来促使新罗国家地位不断提高。随着百济和高句丽王朝的灭亡，新罗王朝一统朝鲜半岛。但最终还是因为王位继承问题而纷扰不断，致使国家混乱，于公元935年被高丽王朝打败，从而走向灭亡。

新罗时代相当于中国的唐朝、日本的奈良时代，处在 “丝绸之路”文化的全盛时代。深受当时繁盛的东西文化交流影响，新罗文化异彩纷呈。所以，观光庆州的同时也可以探寻新罗文化繁荣的奥秘。

佛国寺的正殿——大雄殿

新罗王朝时期分为两个阶段：一是公元676年以前的三国时代；二是统一的新新罗时代。三国时代的代表性遗产有古墓群和深受西域文化影响、光彩熠熠的陪葬品。新罗王朝将佛教定为国教，修建皇龙寺等早期寺院，推荐您前去参观。石塔代表韩国的石造艺术成就，是在统一后的新新罗时代实现的，代表性建筑有石窟庵。国立庆州博物馆内收藏着梵钟等贵重文物。其余的艺术成果也深受中国文化影响，三国时代以后开始确立特有的艺术表现风格，在统一后的新新罗时代造诣达到巅峰。

从6世纪到9世纪之间，新罗派出许多前往中国交流的留学生，在唐朝与新罗的文化交流和唐朝与日本的交流中，起到了重要的作用。

●반월성
半月城
世界遗产
地图 p.133-B

●从庆州站步行20分钟即可到达

半月城是新罗王宫古遗迹，据说始建于第5代娑婆王，公元101年正式建成。公元935年新罗王朝让位于高丽政权，王朝灭亡，但是王宫一直得以保存。半月城城墙方圆800米，外观呈现半圆形并因此得名。现存的仅有石垣和石冰库（详见p.136）。半月城是人们春天观赏樱花的佳境，深受大家喜爱。

半月城景象述说着王朝的盛衰荣枯

●경주로 고분군
庆州路古墓群
世界遗产
地图 p.133-A

●从庆州站步行10分钟即可到达

古墓群位于庆州市政府内侧，分为东西两部分。西里古墓群有金冠冢和瑞凤冢。1921年发掘的金冠冢出土了金冠等文物。夹道望去是东里古墓群，新罗最大的古墓凤凰台耸立其中。作为一座公园，整体修缮完备，是散步的好去处。

公园各处分散着古墓

●분황사
芬皇寺
世界遗产
地图 p.133-B

●从庆州站步行20分钟即可到达
●门票1300韩元　8:00~18:30　无休

芬皇寺修建于善德女王时期，即公元634年。历史上是一座宏伟的大型寺院，有中门、金堂、讲堂等不同建筑组成。现在寺院内仅存小小的法堂和三重石塔。三重石塔是将安山岩切割成长方形后堆砌而成。据推测，在古代最初是一座九重塔，原有高度达18米。底部装饰着石狮和石雕海狗，寓意着狮子守卫大陆，海狗守卫海洋，如此寓意表现在朝鲜半岛堪称独一无二。在通向寺院内部的入口处设有仁王雕像，这座雕像也是新罗佛教雕刻史上的杰作之一。三重塔是韩国现存最古老的塔，被认定为国宝。

直至今日，大寺院依然安静地伫立着

●황용사지
皇龙寺遗址
世界遗产
地图 p.133-B

●从庆州站步行20分钟即可到达

皇龙寺遗址位于芬皇寺南侧，是一座庞大的佛教寺院遗址。皇龙寺创建于公元574年，为新罗佛教中心，是繁华的新罗时代最大的古刹。耸立于寺院当中的九重塔（详见p.173）被赞誉为“新罗三宝之一”。但在1238年遭受蒙古军队入侵后，九重塔被烧毁，偌大的原野中只剩下支撑九重塔的巨大坛基，后人唯有无限缅怀当时寺院的宏大规模。寺院整体的建造风格和日本飞鸟寺很相似。在国立庆州博物馆可观赏其复原模型。

皇龙寺曾经是传播佛教文化的根据地

●포석정지
鲍石亭遗址
世界遗产
地图 p.130-E

●从庆州站出发，乘坐市内巴士10路、11路约10分钟，在鲍石亭遗址站下车，步行3分钟即可到达
●门票5000韩元　9:00~18:00，11月~2月9:00~17:00　无休

鲍石亭曾经是新罗王朝一座美丽的离宫，现在只剩下如同鲍鱼身形的水槽。当时的王室贵族们相聚至此设立曲水宴。先把流入南山的水引入水槽中，然后将酒杯漂浮在水面上，按规则酒杯停靠之处的人需作诗畅饮。公元927年，第55代景哀王在鲍石亭举行宴会，随后因攻入的百济军而当场毙命。以鲍石亭为大舞台，轮番上演了一幕幕新罗王朝日渐衰落直至灭亡的历史剧。

鲍石亭是新罗王朝灭亡的象征

●국립 경주박물관

国立庆州博物馆

地图 p.133-B

●从庆州站出发，乘坐市内公交11路5分钟，在国立庆州博物馆站下车，步行1分钟即可到达

●门票1000韩元（每月的第4个周六免费观光）9:00~18:00（周六、周日及节假日~19:00；元旦和周一闭馆）（在闭馆1小时之前停止售票）

国立庆州博物馆收藏着大约15万件从史前时代到新罗时代的文物，对外展出2500余件。博物馆由一个正馆、两个分馆以及室外展示点构成，规模仅次于首尔国立中央博物馆。进入博物馆，首先吸引游客的是正门附近的“圣德大王神钟”。大钟完成于公元771年，是韩国最大的古钟。关于大钟有一段令人悲伤的传说，相传当年在大钟快要铸造完成时，为了能让钟声拥有动听的音色，便把一名幼女和铜块一起融化铸造，因此洪亮神圣的钟声听起来仿佛是女童在用悠长的声音呼唤母亲。

圣德大王神钟高度约为3.3米，被认定为国宝文物

正馆的建筑物模仿新罗时代的建筑风格，馆内展示了丰富的先史遗物和佛教艺术品。第1分馆收集了新罗王陵出土的文物；第2分馆又称作雁鸭池馆，值得细细参观。在此特别要提醒游客的是，第2分馆收藏着新罗三宝——皇龙寺九层木塔复原模型，以及大陵苑的天马冢出土的金冠和装饰品，一定不要错过参观哦！此外，馆中还收藏着从庆州周边迁移过来的佛像和韩国国宝三层石塔的复制品。庭院中保存着石雕遗迹等，文物种类和数量丰富。

博物馆中展出很多新罗文化遗产，如果时间来不及，建议主要参观佛教艺术品和贵金属工艺品等文物

SPECIAL POINT GUIDE

佛国寺

●불국사

世界遗产

地图 p.131-L

●从庆州站出发，乘坐市内公交10、11路40分钟，在佛国寺站下车，步行5分钟即可到达

●门票4000韩元（大雄殿） 7:00~18:00 无休

看点

◎大雄殿

◎白云桥和青云桥

◎释迦塔和多宝塔

被评为世界文化遗产，国宝的宝库

佛国寺位于海拔745米的吐含山山脚下，1995年被评为世界文化遗产，其中有韩国国家认定的国宝6件，因拥有韩国最大的佛教建筑而声名远扬，代表着古都庆州的历史。

从佛国寺的入口进入，穿过天王门，通往令人大彻大悟的佛家世界的33级石阶，即为国宝级文物“白云桥”和“青云桥”。经过这两座漂亮的大桥后，穿过紫霞门，来到佛国寺的正殿“大雄殿”。由于壬辰倭乱，“大雄殿”被毁，在1695年才得以重建。殿内本尊释迦牟尼雕像的左右设有菩萨雕像。大雄殿的前方可以看到一对双子塔——“多宝塔”和“释迦塔”，互相照应，都是国宝级文物。紫霞门的西侧是安养门，内设“莲华桥”和“七宝桥”两处石阶，也被认定为国宝级文物。后侧是极乐殿，殿内保存着国宝文物金铜阿弥陀如来坐像。大雄殿的后方是毗卢殿，殿内供奉着国宝文物金铜毗卢遮那佛坐像。

天王门前立着四大天王

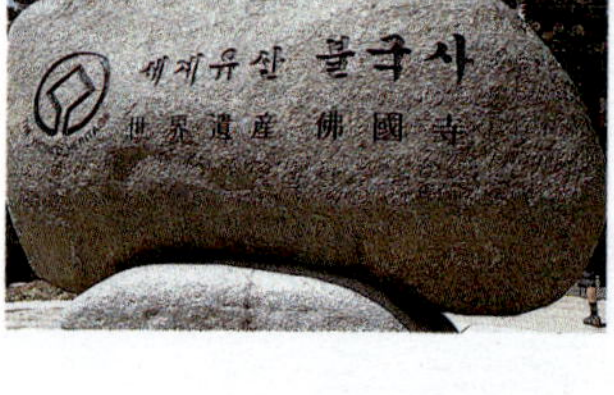

入口处的一柱门附近有一块很大的石头标示牌

台阶被分成两部分，上部分叫做「白云桥」，下部分叫做「青云桥」

彰显高超技艺，融合极致美感的建筑

始建于公元528年，之后在景德王执政时期（公元751年），历经17年扩建最终成型。鼎盛时期的寺院规模要比现在的大10倍，只可惜在1592年，丰臣秀吉出兵朝鲜，烧毁大量建筑物，只剩下紫霞门、大雄殿、极乐殿等石质建筑群。在之后的历史长河中，依然难以逃脱战火、火灾等劫难，历经数次重建、修复，现在的建筑物大部分是1969年复原成型的。这些建筑物是探寻当时历史的宝贵资料，其绝佳的建筑风格和炉火纯青的技艺也受到高度评价。比如“白云桥”和“多宝桥”的桥底下凿有拱形桥洞，从这一点就可以看出当时高超的石材建筑技术。其中，韩国最古老的“多宝塔”使用纯白花岗岩，雕刻线条柔和，风格宛如木质雕像一样。“释迦塔”的魅力源于简洁完美的平衡美，建筑风格备受关注。在此顺便提醒游客的是，由于“白云桥”和“多宝桥”尚在保护修复中，现在还不能走上去参观游览。

大雄殿是正殿

释迦塔建筑风格简洁明快

设计新颖的多宝塔

摄影秘诀

到处体现着统一后的新罗时代的理念

据说人们创建佛国寺的心愿是想要在现实中再现佛国。当时的建筑颇负盛名，即使是残留的建筑遗迹和剩下的装饰也值得游客前去一览。鲜艳的色彩反映了新罗统一时代的佛教艺术和贵族艺术风格，从中也可以领略到太平盛世下的优雅之美。

就连屋檐内部的装饰也十分细致传神

寺院大门的门把手的设计也独具一格

석굴암

石窟庵

世界遗产

地图 p.131-H

●乘坐佛国寺出发的直达巴士大约20分钟，在后山门站下车后步行20分钟即可到达（直达巴士约1小时1班，车费1500韩元）

●门票4000韩元 7:00~18:00 无休

从佛国寺前往吐含山山顶方向大约9千米处的山间地带，坐落着一座石窟寺院。用花岗岩堆砌成的半圆形屋顶，虽说是人工石窟，但看起来更像是天然洞窟。石窟内分为四角前室、通道和王室三部分。王室中放置着本尊释迦如来的雕像，线条纤细，表情温和，造型优美，被誉为韩国佛教艺术品的最佳创作。本尊佛背后是十一面观音菩萨的浮雕，雕工精致。石窟庵据说是公元751年由金大成所建，其艺术价值于20世纪初被“重新发现”。现在保存完好的雕像有38件，每件都体现着极高的艺术造诣。现在的石窟整体外围有一层建筑物保护，游客只能隔着玻璃窗参拜本尊佛等雕像。

深山中的石窟

石窟庵内的释迦如来雕像（图片由韩国旅游发展局提供）

삼체석불

三尊石佛

地图 p.130-E

●乘坐从庆州站开往市内的500路、505路公交车15分钟，在三尊石佛站下车后，步行15分钟即可到达

据相关考证推断，三尊石佛是韩国最古老的石佛，大约建于6~7世纪。石佛由三尊立佛构成，石像头顶三山宝冠，满面笑容，温文尔雅，体态丰盈。三尊石像原本分散在山间，现在看到的是聚集到一起的复制品。此处位于鲍石亭遗址南800米山间处。

建造亭子是为了防雨，但是看起来依然具有野外风情

괘릉

挂陵

地图 p.131-L

●从佛国寺乘车15分钟即可到达

据考证，挂陵是新罗第37代元圣王的陵墓。这座圆坟修建在宽阔的地域内，陵墓护石上雕有代表天干地支的12生肖，墓前守卫着石狮和石武士。在**统一新罗时代**的王陵中，挂陵保存最完好。石像的人物形貌具有波斯人体征，据此可以推断当时的新罗和西域文化交流很频繁。

통일전

统一殿

地图 p.130-F

●从庆州站乘车15分钟即可到达

●门票300韩元 9:00~18:00 无休

公元660年新罗降伏百济，公元668年灭高句丽，最终形成了一统天下的盛况。为了纪念统一后的新罗王朝，1977年修建了统一

放大镜

统一新罗时代

新罗先后征服了百济王朝和高句丽王朝，于公元668年统一朝鲜半岛。设庆州为都城，拥有体系完备的中央集权制和法律制度。当时大兴佛教，产生了很多寺院建筑和佛教艺术作品。新罗与其他国家之间进行频繁的贸易往来，到了8世纪，民间贸易成为主导。

武烈王

公元654年即位，正值百济、新罗、高句丽三国纷争时期。武烈王凭借唐朝援助，消灭其余两国势力，为朝鲜半岛的统一奠定了坚实的基础。即位当年就制定出一套体系完备的律法，是建立中央集权制国家不可或缺的重要因素。

殿。正殿体现了传统建筑风格，内设回廊，大殿装饰着武烈王和文武王的肖像画。

●무열왕릉
武烈王陵

地图 p.130-E

●从庆州高速巴士客运站出发，乘坐市内公交300路约10分钟后在武烈王站下车，步行1分钟即可到达
●门票500韩元　9:00~18:00　无休

武烈王陵是新罗第29代国王**武烈王**的古墓，他为后人统一朝鲜半岛奠定了坚实的基础，是享有盛名的国家英雄。王陵的外观呈圆锥形。保存至今的还有龟形的石碑台座，由花岗岩雕成，碑体已经遗失，龟趺被认定为国宝文物。龟趺头部昂起，表现出一副强势姿态，甲壳上嵌着浮龙雕刻。

直到现在看来，龟趺依然栩栩如生

●부문탑
普门塔

地图 p.131-C

●从庆州站出发，乘坐市内公交10路、11路20分钟后在普门旅游开发区下车，步行5分钟即可到达
※可以免费观看传统舞蹈公演

普门旅游开发区是位于普门湖东岸的综合休闲胜地，五重塔是标志性建筑。在高20米的六角形塔前经常举行户外公演，一般由艺术团上演大约1小时30分钟的华丽的宫廷舞蹈。以下时间可以免费观光：5月~10月的周四~周日和节假日（6月、9月的周六、周日和节假日）的19:30。

●신라밀레니엄파크
新罗千年钟声主题公园

地图 p.131-C

●从地铁庆州站出发，乘坐市内公交10、11路，大约20分钟后在庆州世界文化展览公园下车
●门票1.8万韩元　10:00~19:40（周五~周日闭馆，节假日至20:10）

新罗千年钟声主题公园规模宏大，再现了传统新罗文化。园区分为5大区域，公演区设置大型露天池塘，在此经常会上演一些三国剧。在公园文化展览区，游客可以亲身体验玻璃精工艺和陶瓷等艺术品的制作过程。

小贴士

世界遗产

漫步良洞村，感受500余年村舍古韵

良洞村位于庆州市北郊，街道宽阔，大约20公里长，环境优美。16世纪，即朝鲜王朝中期时，良洞村曾经是两班统治阶级的聚集地，至今仍保持历史风貌。

韩国保持古时风貌的民俗村有安东的河回村（p.153）、全罗南道顺天的乐安邑城民俗村等，不过良洞村的保存状态尤为良好。村内至今还保留着150户传统民居，其中大约100户的民居建筑历史超过200年。另外，还有多种物质文化遗产，比如无添堂、香坛、观稼亭，游客可以在此充分感受到朝鲜王朝时期人们的生活气息。2010年，良洞村和安东河回村共同成为联合国世界文化遗产。

如果是个人自助游，可以在地铁庆州站下车乘坐200、201、203、208等路公交车，在良洞入口下车即可。从公交站前往还需步行大约20分钟，所以建议游客最好参加团体游。（参照地图p.6-F）

良洞村环境舒适宜人，曾经是15世纪两班贵族阶级聚居地，当地风景优美、氛围淳朴，旅游景点的氛围并不浓烈

美食 Eating

庆州中心区　菜包饭

●이풍녀 구로쌈밥

菜包饭

地图 p.133-B

Card

交 从庆州站步行15分钟即可到达
✉ 庆州市皇南洞106-3 ☎ 054-749-0600
营 10:30~21:00 休 无休 ₩9000韩元起

庆州地方名菜——菜包饭，最大亮点是蔬菜丰盛

菜包饭的吃法简单，用菜叶卷着一些蔬菜和米饭混吃。蔬菜的种类大约有20种，随季节而有所变化。大约包括10种蔬菜，配有酱汁的石锅拌饭，只需花费9000韩元。在餐厅内就餐时，米饭和小菜自取。接待点餐服务一般不低于两人。

庆州中心区　冷面

●평양 냉면갈비집

平壤冷面烤肉餐厅

地图 p.133-A

Card

交 从庆州站步行10分钟即可到达
✉ 庆州市路东洞81-1 ☎ 054-772-2448
营 10:00~22:00 休 无休 ₩6500韩元起

创业50年的冷面老店，使用自家秘制面条

平壤冷面烤肉餐厅在当地人气旺盛。特别是午饭时间，要做好排长队的思想准备。酱汁冷面和十全十美冷面的人气指数很高，价格都是6500韩元。

普门湖　豆腐汤

●맷돌순두부

庆州豆腐汤店

地图 p.130-B

Card

交 从庆州站乘车15分钟即可到达 ✉ 庆州市北军洞229-1 ☎ 054-745-2791 营 8:00~21:30（周日、节日至21:00） 休 无休 ₩7000韩元起

豆腐汤主题餐厅，大清早就有顾客排长队等待营业

韩国人大都比较讨厌排队，却会连日排长队等待这家美食店的营业，它就是超人气的庆州豆腐汤主题餐厅。食材使用的是新鲜的豆腐，口感柔嫩，用它做好的汤也很美味。

庆州郊外　拉面

●삼릉 고향 손칼국수

三陵故乡手擀面餐厅

地图 p.130-E

英 Card

交 从庆州站乘车15分钟即可到达
✉ 庆州市拜洞821-1 ☎ 054-745-1038
营 8:30~20:30 休 无休 ₩4500韩元起

每日都能品尝到老厨师的手擀面

手擀面是一种筋道十足的面。小麦粉是精选小麦磨制而成的韩国国产面粉，口感和荞麦面相似。以作料汤加淀粉勾芡。每份4500韩元。

店　名	地址、电话	最近路线	营业时间	休息日	参　考
庆州炭火烤排骨店 영양숯불갈비 烤肉	庆州市西部洞76 地图 p.133-A ☎054-771-2627	从庆州站步行10分钟即可到达	9:30~22:00	无休	炭烧烤肉十分美味，烤五花肉是餐厅的人气菜品。1.7万韩元起。
富刚餐厅 부강식당	庆州市路西洞170-7 地图 p.133-A ☎054-743-9337	从庆州高速巴士客运站步行1分钟即可到达	6:00~22:00	无休	备受当地居民喜爱。小菜是人气菜品。有20多种套餐，5000韩元起。

英 菜单有英语标记　英 店员会用英语交流　Card 可用信用卡消费

购物 Shopping

庆州中心区　糕点

●황남빵

皇南面包

地图 p.133-A　Card

交 从庆州站步行5分钟即可到达

✉ 庆州市皇吾洞347-1 ☎ 054-772-2784

营 8:00~23:00 休 无休

具有65年历史的脆皮豆沙面包

实际上是指包馅的馒头。韩国的面包种类很多，但是当属皇南手工面包口味最鲜美。至今仍不使用任何添加剂，是您馈赠亲友的必备礼品。店内有坐椅，供您边吃边欣赏制作过程。每个面包600韩元。

民俗工艺村　陶瓷器

●신라요

新罗陶瓷器

地图 p.131-G　Card

交 从民俗工艺村站步行2分钟即可到达

✉ 庆州市蝦洞201-10 ☎ 054-746-1115

营 9:00~18:00、12月~2月至17:00 休 无休

再现古代陶瓷制作，亲自体验制陶过程！

民俗村中有陶瓷制作家柳孝雄的工作室，再现了公元前1世纪左右的新罗陶瓷器。游客可以参观旋转轱辘和登窑的制作过程。参加制陶体验需要提前预约，预计花费2小时，费用1.5万韩元。民俗村内销售陶瓷酒杯，3000韩元起，价格不等。

庆州中心区　地方特产酒

●교동법주

校洞法酒酿造厂

地图 p.133-A　Card

交 从庆州站步行15分钟即可到达

✉ 庆州市校洞69 ☎ 054-772-2051

营 9:00~20:00 休 无休

校洞法酒，韩国非物质文化遗产之一，仅此一家

在庆州法酒的酿造史上，校洞法酒酿造厂是拥有300年历史的老牌法酒酿造厂。酿造厂再现了新罗时代法酒的制作技术，所酿的酒口感细腻柔滑，是韩国三大名酒之一。每瓶售价3.2万韩元。

庆州中心区　糕点

●단석가 찰보리빵

断石家大麦铜锣烧

地图 p.133-A　Card

交 从庆州高速巴士客运站步行5分钟即可到达

✉ 庆州市沙正洞55-6 ☎ 054-741-7520

营 8:30~23:00 休 无休

口感十分柔软的韩式糕点

这里的大麦铜锣烧和皇南面包齐名，也是庆州美食的名片之一。食材使用韩国国产的大麦和小豆，口感柔软而又不失筋道，人气火暴。

民俗工艺村　紫水晶

●경주 고려 자수정

庆州高丽紫水晶

地图 p.131-G　Card

交 从民俗工艺村公交站步行2分钟即可到达

✉ 庆州市蝦洞201-8 ☎ 054-745-1750

营 9:00~18:00 休 无休

从原石到作品，饱览庆州紫水晶魅力

庆州紫水晶质量上乘，闻名世界。店家精挑细选，收集了许多上乘之作。商品种类丰富，从首饰到装潢饰品一应俱全。最令游客开心的莫过于能够参观紫水晶加工的工作室。

庆州是世界闻名的观光胜地，高级酒店主要集中在普门湖畔

庆州市的酒店分散在市区街道、普门湖畔、佛国寺周边三个区域。市区街道以快捷观光酒店为主，普门湖畔聚集着高级酒店，佛国寺主要有中等消费水平的酒店。

普门湖　特1级 ★★★★★

Hotel Hyundai　地图 p.131-C

现代大酒店

普门湖畔的国际休闲大酒店

外观呈现S形曲线，设有普门湖观景升降直梯，整体设计成一座休闲大酒店。很多外国游客都选择下榻这座庆州最大的高级酒店。客房分别设在湖畔和山边，每个房间的装潢极尽雅致。酒店设施完善，如：桑拿洗浴、游泳池、网球场、保龄球馆、健身房等。您在酒店餐厅不仅可以品尝到美味的中国菜、日本料理，还能欣赏到丰富多彩的韩国料理展。在湖畔的绝佳位置建有庭院，您不妨从庭院出发，沿着湖畔散步放松。

交 从普门观光开发区公交站出发，步行15分钟即可到达
₩ 27万韩元起　室 449间
☎ 054-748-2233　FAX 054-748-8235
✉ 庆州市薪坪洞477-2
HP http://www.hyundaihotel.com/

湖畔一侧的客房景致美好

从餐厅可以远眺湖畔风光

酒店建筑风格优雅，曲线漂亮

普门湖　特1级 ★★★★★

Gyeongju Hilton Hotel　地图 p.131-C

庆州希尔顿大酒店

既有温泉又有美术馆的高级大酒店

这里私立现代美术馆、室内外游泳池、高尔夫场地、赌场、各种风味餐厅等设施应有尽有。每个房间都可以泡温泉澡。

交 从普门观光开发区公交站出发，步行5分钟即可到达
₩ 22万韩元起　室 324间
☎ 054-745-7788　FAX 054-745-7799　✉ 庆州市薪坪洞370
HP http://www.kyongjuhilton.co.kr/

享受舒适的酒店生活

普门湖　特1级 ★★★★★

Commodore Hotel Gyeongju　地图 p.131-C

庆州康莫德酒店

酒店内的大浴场可以泡温泉

庆州康莫德酒店是庆州高级酒店的代表，也是一家休闲酒店。内设的大浴场使用天然温泉水，室外也有游泳池。

交 从普门观光开发区公交站出发，步行10分钟即可到达
₩ 11.49万韩元起　室 262间
☎ 054-745-7701　FAX 054-740-8349　✉ 庆州市薪坪洞410-2
HP http://www.chosunhotel.net/

酒店由庆州朝鲜大酒店改建而成

LAN 有无线网络或是有线网络

普门湖 特1级 ★★★★★

Hotel Concorde

地图 p.131-C

康科德大酒店

客房内都有温泉设施，舒适宜人

康科德大酒店位于普门湖对岸，从客房阳台可以远眺湖泊风光，部分客房中的温泉洗浴水源来自地下600米处的天然温泉。

交 从普门观光开发区公交站出发，步行7分钟即可到达
₩ 8.5万韩元起 室 307间
☎ 054-745-7000 FAX 054-745-7010 ✉ 庆州市薪坪洞410
HP http://www.concorde.co.kr/

一层拱廊中设有购物区，可以在此购物

佛国寺 特1级 ★★★★★

Kolon Hotel

地图 p.131-L

可隆大酒店

绿意盎然的高级大酒店，庆州首屈一指的传统酒店

韩国可隆大酒店拥有26.4万平方米的自然庭院，整个氛围淡雅清新。9层有高尔夫运动区、温水游泳池、韩国餐厅等各种完善的设施。

交 从佛国寺公交站出发，步行5分钟即可到达
₩ 18万韩元起 室 318间
☎ 054-746-9001 FAX 054-740-0547 ✉ 庆州市马洞111-1
HP http://www.kolonhotel.co.kr/

很多外国游客选择入住可隆大酒店

普门湖 2级 ★★★

Kyongju Tourist Hotel

地图 p.131-C

庆州观光酒店

不为大众所知的观光好住处

庆州观光酒店在2001年经过全面改装，客房设备堪比高级酒店，双人房的床位是分开摆设的。酒店地势略微高起，很适宜观看湖畔景致。

交 从普门观光开发区公交站出发，步行8分钟即可到达
₩ 6万韩元起 室 50间
☎ 054-745-7123 FAX 054-745-7129
✉ 庆州市薪坪洞645

普门开发区有很多休闲酒店，这里是一家低调的观光酒店

庆州中心区 3级 ★★

Kyongju Park Hotel

地图 p.133-A

庆州公园酒店

快捷便利的经济型酒店

从高速巴士客运站出发，步行2分钟就可以到达公园酒店。地理位置优越，价格合理。

交 从庆州站步行15分钟即可到达
₩ 5万韩元起 室 32间
☎ 054-777-7744 FAX 054-777-7344
✉ 庆州市路西洞111-1

2003年酒店全面改装

有商务休闲区　水疗、桑拿　内设游泳池　室内有保险箱

静静沉睡着的公山城（公州）

一起探秘朝鲜半岛上的三国时代！

朝鲜半岛三国时代是指朝鲜半岛的高句丽、百济、新罗三国鼎立的时期。庆州、扶余、公州等地保存至今的古迹和佛教艺术作品体现着这些王朝各自的特点。

●浅谈三国形成

高句丽于公元前37年建国，到中国唐朝时期，已具有一定实力，是一个比较强大的王国。高句丽王朝通过发展金属文化，增强军事实力，合并周边小国，4世纪初时实现北部半岛的统一。

当时，半岛南部分布着名为“三韩”的小国部落群体。其中，伯济国为马韩诸国之一，通过不断发展，在公元前后成立了百济王朝。进入4世纪，百济王朝得以迅猛发展，与北部的高句丽王朝势均力敌。百济王朝的都城设在汉城（现在的首尔）。据说现在江南地区的梦村土城和风纳洞土城是以前王城的所在地。另外，被称作辰韩的诸国中，斯卢部掌控着庆州周边的势力范围，终于在公元前后，削弱其余诸国势力，成立新罗王国。至此，朝鲜半岛形成了三国鼎立的局面。

●新罗王朝一统朝鲜半岛的历程

三国时期，最初是大国高句丽和百济对抗，新罗处于第三势力范围，但是通过和中国隋唐两代王朝结盟，新罗在公元660年消灭百济，继而在公元668年消灭高句丽。

百济被消灭不久，爆发了王朝复兴运动，深受百济王朝影响的日本也派遣军队前来支援，但是仍然难逃战败的命运。公元663年的白村江战役中，复兴势力被新罗和唐朝军队打败，复兴运动宣告溃败。统一了朝鲜半岛的新罗王朝，设庆州为都城，创建了一段繁荣史。

●三国文化

三国时期的佛教文化源自中国，在民间广泛普及，受到王室贵族的推崇。

百济王朝经常举行隆重的传教活动。虽然百济王朝拥有较为成熟的文化，但是没有和中国结成盟友关系，政治上缺乏战略性，因而渐渐失去了领土。

另一方面，在以庆州为都城的新罗王朝，体现朴素协调之美的佛教文化活动日益繁盛。

新罗王朝实现朝鲜半岛统一后，不断发展天文学、医学、军事等领域。现在庆州仍遗留着许多体现当时学术水平的古迹。

三国时代年表

公元前57年	相传新罗王朝建国	公元538年	百济迁都至泗沘（扶余）
公元前37年	高句丽王朝建国	公元562年	新罗消灭大伽倻，朝鲜半岛形成三国鼎立局面
公元前18年	相传百济王朝建国	公元611年	中国隋朝攻打高句丽
约公元313年	高句丽吞并原汉四郡的最后一郡	公元644年	中国唐朝攻打高句丽
公元371年	百济攻打高句丽，并迁都至汉城（首尔）	公元660年	新罗和中国唐朝联合消灭百济王朝
公元372—公元384年	百济、高句丽先后传入佛教	公元663年	白村江战役，新罗和中国唐朝联军一举攻破百济复兴军和倭国军队
公元391年	高句丽王朝广开土王即位	公元668年	新罗和中国唐朝联合消灭高句丽王朝
公元397年	百济和倭国（日本）结为盟友	公元676年	唐朝从朝鲜半岛撤出势力范围，新罗完成半岛统一
公元475年	高句丽攻打百济，汉城陷落		
公元527年	新罗王朝官方认可佛教		

公州百济文化节

百济王朝最后的都城设在扶苏山城

扶余

부여

BUYEO

地图 p.6-E

扶余城是百济王朝最后一个都城。许多文物随着王朝的灭亡早已不复存在。整个城市带给人的感觉像一只轻盈的飞鸟，安定祥和。

看点

- 扶苏山城 ???
- 扶余国立博物馆 ???
- 定林寺遗址 ??

前往扶余的交通

巴士▶从首尔南部客运站出发，乘坐市外巴士大约1小时30分钟即可到达。
从大田出发，乘坐市外巴士大约1小时20分钟即可到达。
从公州出发，乘坐市外巴士大约1小时即可到达。

旅游信息中心

市内和扶苏城旧入口处附近设有综合旅游信息中心。开放时间：9:00~18:00。无休。

城市概况

about BUYEO

百济王朝都城设在扶余。历经高句丽入侵，继而收复失地，至公元6世纪左右，百济国土疆域扩张到朝鲜半岛西南部。公元538年，第26代国王圣王下令将都城从熊津（公州）迁至扶余。之后一直到王朝被新罗和唐朝联军所灭，均未迁都。这一历史时期也是百济王朝文化最繁盛时期。但是伴随着王朝灭亡，大部分文化遗址都毁于战争。时至今日，扶余境内很少能看到百济王朝的痕迹。后人只能通过白马江的悠悠流水和微微高耸的扶苏山城的景色遥想王朝的昔日辉煌。百济王朝对飞鸟时期的日本有很深的影响，现在的扶余市和日本的奈良市明日香村结为姐妹城市。

城市亮点

Highlight

现在，扶余市只是一座规模很小的地方城市，观光景点分散在市区南北约2000米的范围内。主要景点有扶余国立博物馆和定林寺。博物馆坐落在扶余市南部的街道旁边。从定林寺出发，大约向北1000米处有百济王朝宫殿——扶苏山城，山城对面流淌着白马江。如果随团旅行，推荐给您的旅游线路大致是：首先参观博物馆和定林寺，之后在市内用午餐，然后前往扶苏山城散步休闲。

扶余的节日▶每隔一年（每年和公州轮流承办）的10月上旬举行百济文化节，届时将会再现当时王朝的各种仪式，举行丰富多彩的纪念活动。

扶余的美食▶西瓜和白马江畔的鳗鱼等很有名。

现在的都城印象——唯有时间静静流逝

看看

Sightseeing

扶苏山城 ???

●부서산성

地图 p.149-B

●从扶余市外巴士客运站步行20分钟即可到达
●门票2000韩元　7:00~19:00、11月~2月8:00~17:00　无休

百济王朝的都城——扶苏山城，位于海拔大约100米的扶苏山，白马江的东岸，也被称作泗沘城、所夫里城等。公元538年都城从公州迁至扶余后，在山的南坡建立王宫，直到公元600年才完工。但是公元660年百济都城就被新罗和中国唐朝联军攻破。关于落花岩的名字来历有一段凄美的故事，

现在的扶苏山城恬静安宁

落花岩见证了百济王朝灭亡的悲剧

相传看到百济妇女们因国家战败而纷纷跳崖自尽，花朵也因怜惜败落到河流中。山中有当时的土城和军队仓库遗址，以及可观日出的迎日楼。

●백마강
白马江

地图 p.149-A

●从扶余市外巴士客运站乘车5分钟到扶余观光船停泊处
●观光船消费：5500韩元起　9:00~17:00（据天气情况有变化，每次出航最低7位游客）　无休

锦江是韩国的第三大河流，一般指以扶余河段为中心的大约16千米的流域。公元500年左右叫做“白江”，后来又在中间加上一个大大的汉字——马，表示这是百济最大的河流。传说当时率军打败百济的唐朝大将军，以白马头为诱饵，在河中钓到一条龙。当地有一首名为《白马江月夜》的歌谣很有名，描写的是百济灭亡的历史。落花岩的下方，从皋兰寺码头出发，下游2.5千米处有去往水北亭的观光船。

白马江平静地流淌

●정림사지
定林寺遗址

地图 p.149-F

●从扶余市外巴士客运站步行5分即可到达
●门票1500韩元　9:00~18:30（11月~2月至17:00）　周一休息

定林寺是百济王朝的代表性寺院。寺院内设有水池，据说寺院的南门、中门、塔、金塔和讲堂在一条直线上，属于一塔一金堂式建筑风格。1942年的文物发掘调查中，出土的瓦片文字再现了高句丽时代的历史，据此才得以考证该寺庙为定林寺，但是尚不明确百济时代的名称。寺院内的五重石塔被定为国宝，内有石雕《大唐平定新罗国》，叙述的是唐朝军队攻破百济王朝所经历的艰辛。

驻足寺院侧耳倾听，也许会听到百济民众的声音

●국립부여박물관
国立扶余博物馆

地图 p.149-F

●从扶余市外巴士客运站步行15分钟即可到达。
●门票1000韩元　9:00~18:00（周六、周日至19:00）　周一休息
※入馆时间截止到闭馆前1小时

国立扶余博物馆拥有70余年的历史，外观模仿古代的人字形建筑模式，由4个展室构成，另设有室外展厅。博物馆内不仅收藏着韩国国宝金铜弥勒菩萨半跏像，还有其他百济时期的文物1.3万余件。特别值得一提的是，这里的文物不仅充实了现有的佛教文化遗产，还展示着许多重要的历史资料。

展示的百济文化资料翔实

●릉산리고분군
陵山里古墓群

地图 p.149-D外

●从扶余市外巴士客运站乘车20分钟即可到达
●门票1000韩元　8:00~19:00、11月~2月 9:00~17:00　无休

陵山里古墓群有7处古墓，长眠着百济国王和其他一些王室成员。据近年考证，确认此处古墓群和第26代圣王有一定关联。第2号古墓类似公州武宁王陵。第1号古墓内描绘着四神图、莲花和白云壁画。游客可以在模型展览室参观。

为数不多的百济王朝遗址

美食 Eating

▶菜包饭

●구드래돌쌈밥
Gudurae 石锅饭和菜包饭

地图 p.149-C

Card

交 从扶余市外巴士客运站步行15分钟即可到达
✉ 扶余郡扶余邑旧衙里96-2　☎ 041-836-9259
营 9:30~21:30　休 无休　₩ 1万韩元起

餐厅人气爆满。料理的吃法简单，只是用菜叶包着小菜一起吃。向您推荐的是鸭肉石锅菜包饭，一份1.7万韩元，蔬菜分量超足。每份套餐约有15种小菜。还有一种含烤肉和石锅饭的高级套餐，分量足够2人食用，建议游客可以结伴品尝。

分量很足，难以全部吃完

扶 余
Buyeo
0 200m
N
Baengmagang
钓龙台
皋兰寺乘船处
落花岩 p.148
皋兰寺卍
百花亭
泗沘楼
白马江 p.148
A
B
双北里
쌍북리
Ssangbung-ni
宫女祠
扶苏山城 p.147
▲94
扶余游览船
古得来码头
Naruto餐厅
军仓遗址
迎日楼
半月楼
古得来公园
西腹寺遗迹
三井扶余
青年旅馆
三忠祠
卍忠灵祠
扶余八景碑
扶苏山旧入口
码头餐厅
扶苏山泗沘门入口
扶余女子高中
p.148 Gudurae石锅饭和菜包饭
冰库遗址
官北里
관북리
Gwanbung-ni
忠清南道综合旅游信息中心
郡立图书馆
双北里北窑遗迹
国一庄
扶苏山庄旅馆
C
消防署
保健所
水晶汽车旅馆
D
王子汽车旅馆
扶余市场
석탑로
金庾信将军碑
六一亭
Buy The Way
（便利店）
백강로
扶余市外巴士客运站
Express Bus Terminal
中央路
乐天利
邮局
乡校
毗卢遮那佛座像
义烈祠
Gyebaengno
阶伯路
白江路
Baekgangno
石塔路
KT（韩国通信）
首尔酒店
百济塔
定林寺遗址 p.148
Hanaro Mart
扶余青少年修练院
阿里郎汽车旅馆
扶余中校
百济初等学校
传天王古寺遗址
중앙로
市民体育馆
锦城山
▲121
文化院
E
F
郡民会馆
阶伯将军雕像
阶伯路
백제문화비
계 백 로
百济文化碑
扶余郡厅
百济民间艺术社团
国立扶余博物馆 p.148
东南二里
동남2리
Dongnam-2ri
Seoktabro
通往离宫遗迹
通往陵山里古墓群 p.148

凝望远处锦江的公山池、莲池和挽河楼

人口 约13万人

公州 공주

GONGJU

地图 p.6-E

被高句丽王朝打败的百济王朝退出汉城（首尔），在公州城落脚，并打算重新构筑另一段辉煌史。

看点

- **公山城**
- **武宁王陵**
- **国立公州博物馆**

前往公州的交通

巴士从首尔高速客巴士运站出发，乘坐高速巴士大约2小时20分钟即可到达。
从大田出发乘坐市外巴士大约50分钟即可到达。
从扶余出发乘坐市外巴士大约1小时即可到达。

旅游信息中心

公山城入口处设有旅游信息中心。开放时间：9:00~18:00。无休。

about GONGJU 城市概况

大约1500年前的三国时代，公州被称作熊津。百济被高句丽王朝打败后，将都城设在公州长达63年。之后，经历了高丽王朝、朝鲜王朝，公州作为忠清南道的政治、行政中心而繁荣至极，而现在只是一个地方城市，唯有锦江依旧静静流淌。重建的百济时期的武宁王陵和王城公山城遗址（熊津城）等建筑位于市区，百济王朝遗物几乎绝迹。百济时期的文物大部分在灭亡时被毁坏，如今可供考证的史料极少，都是很宝贵的资料。

武宁王陵模型馆

Highlight 城市亮点

公州景点主要分散在市区街道的北侧和西侧，两者相隔不过10分钟的公交车程。

公山城位于锦江河畔，地处海拔110米的山丘，是古代百济王朝的城址，百济时期叫做熊津城。公元475年，汉城（首尔）被高句丽王朝夺取，百济王朝侥幸逃至此地，一直到公元538年的63年间将王城设在公州。现在的公山城城墙等大都是朝鲜王朝以后的复原建筑。

武宁王陵位于街道西侧，是公州城最大的古迹。古墓埋葬的是重建百济王朝的第25代武宁王，直到考古挖掘才发现古墓竟然没有被盗，实属奇迹。根据墓志可以判明墓主的身份，是一处极其重要的古迹。

公山城内有**国立公州博物馆**，馆内展示着许多文物。从武宁王陵出土的贵重陪葬品有108种，2906件，还有500余件文物出土自古墓附近地带。对百济历史感兴趣的游客一定不能错过参观博物馆。

近年，开通了前往公州的高速公路，可以采取首尔公州一日游的模式。如果参加团体游，一般的旅游线路是：漫步公山城后参观武宁王陵和国立公州博物馆，根据实际情况，也可以午饭过后再出发。因为市内没有宾馆，建议游客在首尔或是大田住宿。每年的4月~6月、9月~10月的每周星期六、星期日，会举行守卫兵看守城门的交接仪式。

公州的节日▶每年10月上旬，和扶余轮流承办举行百济文化节，届时会举行百济时期的传统仪式、游行表演和传统艺术公演。

公州的美食▶熊津米、黄瓜、苹果、香菇等，有很多土特产品。

昔日百济都城——公山城

放大镜

武宁王

461？—523。百济第25代国王。被高句丽王朝打败后丢失汉城，之后又振兴衰落的百济王朝。曾向中国南朝的梁朝进贡。历史上武宁王的功绩主要是平定朝鲜半岛西南部（现在的全罗道），推动了日后的大国发展。

大田 대전

DAEJEON

地图p.6-E

前往大田 **铁路**▶从首尔乘坐高速列车KTX大约51分钟即可到达。

about DAEJEON

城市概况

大田这座城市如同名字所示，历史上曾是一片农田，但作为交通要道推动了自身及相邻城市的共同发展。1932年成为忠清南道的省会城市。现在聚集着半导体产业和政府及民间的研究设施，是韩国第5大城市。高速铁路KTX设有大田站，是在扶余、公州等地观光百济文化的枢纽地段。

Highlight

城市亮点

大田在近代发展迅猛，成为一座现代大都市，而历史观光景点几近为零。只在车站附近的旧街市等地方还残留着一些乡土气息，而居于城区中心的屯山区域，高楼耸立，弥漫着人工建筑的现代气息。

大田是百济观光的入口处，因为扶余和公州没有专门面向外国游客的宾馆，所以游客都在大田的宾馆入住。很多游客选择入住市内西部的儒城温泉宾馆。

儒城温泉位于大都市中心

有很多设施良好的酒店

据调查考证，儒城温泉是百济时期的温泉。传说古时受伤的白鹤和百济士兵曾用此处的温泉水治愈伤口。温泉水富含钾和纳元素，对保养肌肤和治疗不良生活习惯引发的疾病有一定疗效。现在的温泉位于市区街道内，虽然缺乏天然温泉情趣，但是有很多会外语的员工，是能够让外国游客安心休闲、住宿的温泉街。

海印寺 해인사

世界遗产

HAEINSA

地图p.7-H

前往海印寺 **巴士**▶从大邱市西部停车站乘坐市外巴士大约1小时10分钟即可到达。

Highlight

城市亮点

法宝寺刹海印寺位于伽倻山南部的山间地带，和佛宝寺刹通度寺（p.169）、僧宝寺刹松广寺（顺天市郊）并列为韩国三大国宝寺刹。前往深山，会发现各种奇岩怪石和汩汩清流，加上通往寺院的道路两旁的参天大树，风景充满神秘色彩。古寺创建于新罗统一时期的公元802年，但是后来经历过几次火灾，现在的建筑物大都是19世纪初期以后遗留下来的。其中，只有大寂光殿前的三重石塔依然保留着创建时的风貌。

被评为世界文化遗产的高丽八万大藏经，收藏在寺院深处的藏经版殿，禁止拍照。为祈求战胜契丹侵略而于1011年制作的大藏经，历时77年才完成，1232年被蒙古军烧毁，现在的大藏经是在当时的王宫所在地江华岛上重新制作的，从1236年开始，历时16年完成。因后来汉城（首尔）被攻占，1398年，大藏经被收藏在海印寺。大藏经的文字大约由30位大师集体创作，经文全部用毛笔书写，之后一字一句地雕刻在桦木和伏樟木的木板上，大约有5000万字。1995年，藏经版殿和高丽八万大藏经被评为世界文化遗产。

从停车场到寺院入口的一柱门，沿寺院道路步行大约需20分钟，参观寺院全部建筑大约需要2小时。

收藏于藏经版殿的高丽八万大藏经

河回村曾是朝鲜王朝时期两班势力的聚居地

安东 안동

ANDONG

地图 p.6-F

安东至今仍保留着传承自朝鲜王朝时期的浓郁的儒教文化色彩。河回村不仅保留着400余年前原汁原味的街道，还肩负着传承韩国传统文化的重任。

看点！
- 河回村 ⓘⓘⓘ
- 陶山书院 ⓘⓘⓘ
- 安东民俗村 ⓘⓘ

前往安东的交通

铁路▶从首尔的清凉里站乘坐无穷花号大约需要3小时26分钟即可到达。

巴士▶从东首尔客运站乘坐市外巴士大约2小时50分钟即可到达。从釜山综合巴士客运站乘坐市外巴士大约2小时40分钟即可到达。

旅游信息中心

安东站前设有庆尚北道综合旅游信息中心。开放时间：9:00~18:00。无休。

about ANDONG 城市概况

安东市位于首尔东南250公里，地处韩国最长河流洛东江江畔。儒教文化孕育了这座安宁的小城。建城历史悠久，相传公元前57年最初由念尚道师在此创建昌宁国。之后的新罗时代被称作高敞郡，直到高丽王朝时期才首次出现安东的叫法。

朝鲜王朝时期，安东文化人才辈出，成为繁荣的学术之城。儒家学者**李退溪**对朱子学很有研究。还出现了领议政级别的行政官员等，为政界输送了许多人才。

1931年，当地行政级别升格为安东邑，相当于城镇。1963年，安东市成立。现在城市区域面积达1500平方公里，居韩国城市面积之首。

Highlight 城市亮点

安东市内没有观光景点，景点主要分散在郊外，所以必须乘车前往。不容错过的观光景点是河回村和陶山书院。河回村是朝鲜王朝中期代表贵族阶层的两班的村落遗址。陶山书院也称得上是韩国儒教文化的故乡。如果能在每个景点漫步观光1~2小时，会有一种时光倒流至李朝时代的感觉。每逢周末，河回村都会举行纪念河回别神（假面剧）的公演，这种特色表演被称为韩国传统文化的代名词，所以建议您尽可能在周日前去观光。

每年10月都会举办安东假面舞文化节，届时市内的户外公演场所和河回村会上演国内外各种各样的假面表演。

安东市内高级酒店很少，市内有1级酒店安东公园观光酒店。

安东的美食▶安东是韩国屈指可数的韩牛（韩国国产牛肉）生产地。安东出产的牛叫做安东黄牛，这种牛肉在首尔的价格非常昂贵，但如果在安东市内品尝就比较便宜。假祭食是素食风味的拌饭，原为祭祀食物，后流传至民间成为普通料理。在市内的集市周边，有许多餐厅依旧制作数年前流行的甜辣味韩式泡菜煮鸡块。可使用外语的餐厅不多，建议您在前去品尝时事先在备忘本上写好韩语菜名。

建议选择人少的中午时间悠闲散步

看看 Sightseeing

●하회마을

河回村

世界遗产

地图 p.152

●从安东站前乘坐46路公交车大约40分钟，终点下车
●门票2000韩元 9:00~18:30 无休

河回村位于洛东江江畔，街道中排列着稻草屋顶的民居。古时，村中人才辈出，有儒学大家柳云龙和壬辰倭乱时的领议政（官职）柳成龙。曾经是代表朝鲜王朝贵族阶层的两班势力的聚居村落。除了代表朝鲜王朝初期、中期的两班宅邸养真堂、忠孝堂外，还保存着300~500年前的传统房屋建筑，整个村落被指定为重要民俗史料，2010年被评为世界文化遗产。推荐您前去参观北村宅传统房屋建筑，房屋建筑布局齐全，有正屋、起居室、祠堂、正门等。现在，还有许多房屋居住着村民，参观时要注意礼仪。如果悠闲地绕村漫步一周，大约需要1~2小时。

村子的入口处有传统假面表演“河回别神”的常设公演场所，周末观光的游客不妨前去欣赏异国传统表演的风采。（参照p.154）

摄影秘诀

旧版1000韩元的图案实景

现在流通的1000韩元上的人物肖像是创立陶山书院的儒家学者李退溪。粉红色的旧1000韩元纸币背面是陶山书院全景图。陶山书堂的右侧，横向穿过樱花树林，跨过窄门，延伸着一条鸟兽出没的山间小道。稍稍爬上斜坡，就能以相同角度欣赏到旧1000韩元上描画的陶山书院。

旧1000韩元的纸币图案

●도산서원

陶山书院

地图 p.152

●从安东站前乘坐67路公交车大约50分钟，终点下车
●门票1500韩元 9:00~18:00 无休

1561年，儒学大家李退溪为了研究和教授朱子学，创建陶山学院。原本只有陶山书堂，现在看到的书院是李退溪逝世后由弟子们和其他儒学学者扩建而成的。正门进入，右边是李退溪历时4年建成的陶山书堂，他曾经在此一边生活一边向弟子们传授儒学知识。典教堂位于书院深处，建筑微微高起，是师生讨论学术的场所。陶山书院牌匾悬挂于建筑物顶端，为著名书法家韩石峰所题。

李退溪实际生活过的陶山书院

放大镜

李退溪

1501—1570。儒家学者。自幼习读《论语》，34岁考中科举，谋得官职。41岁辞官隐居安东，选择钻研学问之路。作为一名朱子学学者，对韩国的儒家学者有很大的影响。

●봉정사
凤停寺

地图 p.152

●从安东站前乘坐51路公交车大约40分钟，终点下车即可到达
●门票1500韩元　9:00~18:00　无休

凤停寺位于天登山南部，寺院规模不大，据说创建于新罗时代。寺院内的极乐殿被定为第15号国宝，是供奉阿弥陀佛的法堂。建筑风格沿袭新罗时期古风，是韩国最古老的木质建筑。高丽太祖王建和英国伊利莎白女王都曾拜访过这座安静的古寺。

古寺附近景致

●안동민속촌
安东民俗村

地图 p.152

●从安东站前乘坐3路公交车大约20分钟，博物馆站下车即可到达
●免费观光，可以自由出入民俗村
（安东民俗博物馆门票1000韩元　9:00~18:00　无休）

真正的韩式房屋

民俗村位于安东水库湖畔。由于修建水库，将水库范围内的传统房屋和遗址迁移安置于此。民俗文化村对外开放。相邻的安东民俗博物馆，展示了安东人日常生活和儒教文化的相关资料。

美食 Eating

乡土料理

●안동민속음식점
安东民俗饮食店

地图 p.152

Card

交 从安东站乘车10分钟即可到达
✉ 安东市象牙洞513-2 ☎ 054-821-2944
營 10:00~21:00 休 无休 预 7000韩元起

是安东传统料理的专营店，每份精进石锅料理7000韩元。素食石锅料理蔬菜丰富，有豆芽、紫萁等。店内还有大米发酵而成的安东甜酒，利于消化，每瓶标价2000韩元。店内装潢漂亮时尚。

饭店经营者是安东假面剧的守护者

烤肉

●안동황우촌
安东黄牛村餐饮店

地图 p.152

Card

交 从安东站步行10分钟即可到达
✉ 安东市玉野洞306-44 ☎ 054-841-8222
營 10:00~21:00 休 无休 预 2.5万韩元起

安东市得益于优质水源和适宜的气候，是韩国高级国产牛产地。当地的黄牛村老牌餐厅创业至今已有40余年。餐厅直营牧场中喂养了大约600头食用牛。牛肉拼盘（200克）大约需要1.2万韩元，烤牛排（200克）8000韩元。

小知识

传承900余年历史的假面具表演

从高丽时期以来，“河回别神”在农历新年的乡村庆祝活动中上演，被认定为重要的非物质文化遗产。假面原件大约出现在高丽时期，目前被收藏在首尔国立中央博物馆（p.81）。每年的3月~11月周日（5月~10月周六、周日）的下午3:00开始，作为河回村的传统剧目举行公演。内容简单易懂，以讽刺人的欲望为主要内容。公演可以免费观看，上演时间约为50分钟。

第1场　舞童表演
据说因为神仙的脚不能接触凡尘，所以村里的守护神骑在表演者的肩膀上出场。

第2场　狮子舞表演
舞台上两头狮子交战，一般是母狮子获胜。该场次的舞台布置干净讲究，包含着祈求丰收的美好希望。

第3场　屠夫表演
屠夫的宰牛技法必须精准，一刀将牛毙命。把牛的生殖器割下后，一边引观众发笑一边叫卖。

第4场　妻子表演
生活贫困的妻子一边织布一边悲戚地诉说人生的辛苦。

第5场　破除戒律的僧侣表演
僧侣看到艺妓后情欲燃生，向艺妓发出邀请时被两班贵族阶层的手下发现，抱着艺妓逃离。

第6场　两班（贵族阶层）和学者的争斗表演
剧情围绕两班和学者之间争夺艺妓展开。不久两者和好，又因为牛的生殖器而争吵。之后，各自的妻子上台劝阻，包括两班的手下也来跳舞。最后，会有工作人员大叫一声：“交税啦！”全部演员便纷纷逃散离开。

即使语言不通，也能明白表演内容

釜山

Busan

交通

●从中国飞往釜山

北京出发约2小时15分钟。

●从韩国主要城市前往釜山的交通

首尔出发，乘飞机约1小时，乘高速列车KTX约2小时40分钟，乘巴士约4小时30分钟。

庆州出发，乘巴士约50分钟。

摄影秘诀

感受釜山周边大自然的魅力

釜山，韩国第二大城市，人口约400万人。给人的印象是港口城市，其实不仅仅如此。釜山港、美丽的海岛松岛和影岛，以及设施齐全的旅游胜地海云台等，将韩国的海岸风景的魅力展现得淋漓尽致。西面、南浦洞等处的繁华街道，北部梵鱼寺等深山老林里野趣横生的古刹，更让人留恋。甚至仅仅在市内转一圈就能采集到韩国各种风貌的美景。

位于街北的梵鱼寺，前来参拜的游人络绎不绝

海云台是韩国最有名的几处海滨胜地之一

金刚公园里唤起美好记忆的游乐园

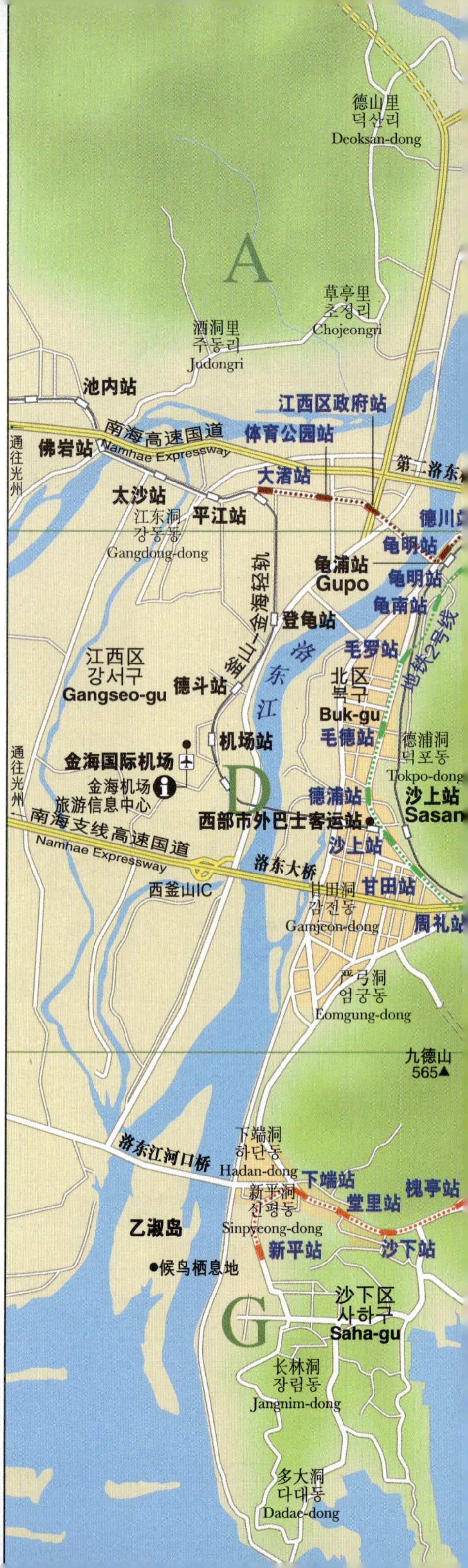

温泉场
Oncheonjang
0 200m
青果市场
温泉市场
虚心厅 p.172
虚心厅
温泉美容
p.179
p.182 农心酒店
金刚公园
入口
温泉洞
온천동
Oncheon-dong
东莱温泉邮局
釜山银行
温泉场站
Jungangno
中央路
地铁1号线（高架线）
通往东莱、西面
通往索道
东 莱
Dongnae
0 200m
东莱区
동래구
东莱税务署
Dongnae-gu
明伦第1洞
명륜 제1동
Myeongryun 1-dong
东莱区厅
p.176 东莱婆婆煎饼
釜山银行
大东医院
每家玛超市
Family Mart
东莱市场
4号线
东莱站
通往温泉场
中央路
Jungangno
地铁1号线（高架线）
通往大邱
湖浦站
梵鱼寺 p.172
通往庆州
金井山
▲802
Beomosa
釜山综合巴士客运站
老圃站
梵鱼寺站
南山洞
남산동
Namsan-dong
地铁1号线
京釜高速国道
Kyongbu Expwy.
京釜高速铁道
Nakdonggang
金谷站
金谷洞
금곡동
Geumgok-dong
南山站
斗实站
金井山城
久瑞洞
구서동
Guseo-dong
久瑞站
久瑞IC
东院站
栗里站
西门
东门
B
C
华明站
华明洞
화명동
Hwamyeong-dong
上鹤山
▲638
长箭洞
장전동
Jangjeon-dong
长箭站
釜山大学
釜山大学站
釜谷洞
부곡동
Bugok-dong
南门
p.172 金刚公园
右上
温泉场站
农心酒店 p.182
书洞
서동
Seo-dong
水亭站
浦IC
南山亭站
万德站
东莱温泉
书洞站
4号线
右上
明伦站
鸣藏公园
淑嶝站
地铁3号线
美南站
东莱站
乐民站
鸣藏站
龟浦洞
구포동
Gupo-dong
釜山世界杯赛场
社稷站
忠烈祠站
教育大学站
寿安站
东莱站
Dongnae
东海南部线
东莱区
동래구
Dongnae-gu
综合运动场站
釜山教育大学
裁松洞
재송동
Jaesong-dong
白阳山
▲637
儿童大公园
巨堤站
莲山站
▲249
杯山
海云台区
해운대구
Haeundae-gu
义士李秀贤追慕碑
正岩寺
釜山市政府
市政府站
水营站
Suyeong
苌山站
望美洞
망미동
Mangmi-dong
望美站
杨亭站
杨亭洞
양정동
Yangjon-dong
E
F
釜山镇区
부산진구
Busanjin-gu
釜田站
杯山站
Centum City站
市立美术馆站
中洞站
釜田站
水满谷站
水营站
民乐站
海云台
开琴站
P.170
海云台站
Haeundae
伽倻站
釜岩站
西面站
西面
Seomyeon
广安站
BEXCO
冬柏岛
东义大站
凡川洞
범천동
Beomcheon-dong
凡内谷站
门田站
金莲山站
釜山
APEC世峰楼
P.171
井站
凡一站
p.180
南川站
南川洞
남천동
Namcheon-dong
广安大桥
水营湾
Suyeong Man
严光山
▲504
p.167 釜山镇市场
国际观光酒店
南区
남구
Nam-gu
大新公园
佐川站
门岘站
池谷站
庆星大学
釜庆大学站
大渊站
西区
서구
Seo-gu
东区
동구
Dong-gu
支架谷站
釜山镇站
釜山市博物馆 p.169
UN纪念公园 p.169
牛岩洞
우암동
Uam-dong
釜山外国语大学
龙华寺
西大新站
P.158~159
草梁站
釜山站
釜山站
Busan Sta.
釜山港
戡蛮洞
감만동
Gammang-dong
龙湖洞
용호동
Yongho-dong
东大新站
土城站
中央站
南浦洞
Nampo-dong
南浦站
札嘎其站
釜山湾
Busan Man
五六岛
甘川洞
감천동
Gamcheon-dong
H
影岛
Yongdo
I
松岛海滨酒店 p.182
公园
松林公园
75广场
影岛区
영도구
Yeongdo-gu
松岛 p.169
Songdo
通往下关、博多、门司、对马、大阪
岩南公园
太宗台公园 p.168
Taejongdae Park
观光船出发地
釜 山
Busan
0 3km
岩南洞
암남동
Amnam-dong
▲太宗山
太宗台灯台
观光船出发地
通往济州岛

摄影秘诀

釜山市中心处处显活力

不同于首尔，釜山的街道一条紧挨一条，彰显文化韵味与繁华气息，不愧为韩国第二大城市，中心地带更是活力无限。有海岸窗口美誉的南浦洞地区毗邻釜山港，市场和大道灯火通明，一片喧闹。登上该区的标志性建筑釜山塔，釜山街景一览无余，天气晴朗时还能遥望到对马。西面地区多为时尚街道，花哨的精品店和餐厅鳞次栉比，极受釜山年轻人的欢迎。

从釜山塔眺望到的海港一角

釜山也有电影街，南浦洞处处摆放着同电影相关的艺术品

在西面，无论哪条路都很热闹，直至深夜

忠魂塔
东区
동구
Dong-gu
釜山站
Busan Sta.
通往西面
广场观光酒店
p.180
釜山站
Busan Sta.
釜山站
乐天利
旅游信息中心
草梁洞
초량동
Choryang-dong
阿里郎观光酒店
p.180
釜山站前东横INN
外国人综合旅游信息中心
上海门
外国人街
釜山汽车租赁公司
B
C
GS25
（便利店）
广场酒店
p.178 青山宝石岩盘浴
瀛州洞
영주동
Yeongju-dong
Jungangno
大韩航空
釜山中央洞4街邮局
7-11超市
宝水山
p.181 船长酒店
山庄酒店 p.181
p.181 釜山中央洞东横INN
中区
중구
Jung-gu
中央路
海洋医院
厅公园
玛利诺医院
警察署
大昌洞
대창동
Daechang-dong
第2码头
中区政府
宝水洞
보수동
Busu-dong
大厅洞
대청동
Daecheong-dong
E
F
韩国外换银行
MBC（文化传播）
海关
出入境管理办事处
中央站
Jungang Sta.
第1码头
南星女子初中、高中
南一小学
釜山邮局
中央洞
중앙동
Jungang-dong
釜山国际客轮码头
대청로
韩国银行
国际客轮码头旅游信息中心
往下关、博多、对马、大阪方向
新昌洞
신창동
Sinchang-dong
东光洞
동광동
Donggwang-dong
龙头山公园 p.168
Yongdusan Park
大觉寺
釜山塔
p.168
釜山塔观光酒店 p.181
釜山观光酒店 p.181
釜山沿岸客轮码头
国际市场 p.167
釜山港
昌善洞
창선동
CHangseon-dong
忠武公（李舜臣将军）铜像
釜山沿岸旅客客运码头
大映电影院
釜山剧场
元山面屋
光复洞
光复路
乐天百货店光复店
凤凰酒店 p.181
南浦洞
Nampo-dong
I
往济州岛方向
九德路 Gudeongno
H
南浦站
Nampo Sta.
釜山大桥
札嘎其市场 p.166
Jagalchi Market
影岛大桥
影岛区
영도구
Yeongdo-gu
影岛
往太宗台公园方向

南浦洞、龙头山公园
Nampo-dong Yongdusan Park
0 100m
N
大厅洞
대청동
Daecheong-dong
Settle公寓
天主教主教堂
南一小学
大韩图书馆
往龙宫方向
釜山银行
国民银行（KB）
大 厅 路
Daecheongno
대청로
Daiso
韩国近代历史馆
韩国银行
Family Mart（便利
釜山烤肉 p.174
Eye Sense眼镜店
p.177 国际社眼镜屋
Kim's Bar
新昌洞
신창동
Sinchang-dong
富 平 市 场
国际市场地下购物街
阿里郎区
海豚 p.174
p.177 殷松家用
Nike
富平洞
부평동
Bupyeong-dong
眼镜店集中地
大觉寺
Taegaksa
釜山塔 p.168
Busan Tower
东周女子商业高
帽子、包
国际市场 p.167
Kukje Market
昌善洞
창선동
CHangseon-dong
饰品一条街
鞋、包
釜山银行
新釜山区
美食街
面具
派出所
7-11超市
匙、筷子
B&C 面包房
四海坊
CK专卖店
18号镇之家
GS25（便利店）
釜山PIUS
광복로
星巴克咖啡
p.175 元山面屋
BIFF广场
美国31冰激凌
p.174 南浦参鸡汤
NAMPO PLAZA
釜山剧院 4~8
釜山剧场 1~3
大映电影院
星巴克咖啡
唐恩都乐（甜甜圈店）
GS25（便利店）
CGV南浦
LOTTERIA
凤凰酒店 p.181
超光速夜总会
协会电影院
BIFF ZONE
地 铁 1 号 线
（便利店）GS25
小型停车场
Gudeongno
信友户外店
文友堂书籍
九 德 路
구덕로
科隆购物广场（地下购物街）
110
札嘎其站
Jagalchi Sta.
GS25（便利店）
水宾馆
农协忠武共贩场
南浦洞2街
남포동2가
Nampo-dong 2-ga
新天地百货店
韩国外换银行（KEB）
百和洋肠 p.176
新东亚生鱼片中心
札嘎其市场 p.166
Jagalchi Market
新城南观光酒店
往西大新洞方向
忠武洞
충무동
Chungmu-dong

往釜山方向
中央站
Jungang Sta.
112
海关
Custom House
出入境管理办事处
Immigeation Office
南星女子初中、高中
Namsong Girl's Middle&
High School
釜山银行国际金融部
Busan Bank Int'l Finance Divison
C
D
东光洞4街
동광동4가
onggwang-dong 4-ga
国民银行（KB）
釜山国际客轮码头
釜山邮局
SC第一银行
Buy The Way
（便利店）
大宇证券
李大监
明松
中央洞
중앙동
Jungang-dong
중앙로
GS25
（便利店）
东光洞3街
동광동3가
Donggwang-dong 3-ga
三星电子广场
满潮
花南
龙头山公园 p.168
Yongdusan Park
公园之家
釜山塔观光酒店 p.181
大韩船州
釜山沿岸客轮码头
Local Passenger Liner's Terminal
东新饭店
Jungangno
G
p.181 釜山观光酒店
H
中央路
迎宾馆
国立植物检疫所
忠武公（李舜臣将军）铜像
Admiral Yi's Statue
茶名家
国际会馆
日本航空
GS25（便利店）
往济州岛方向
友利银行
Our World p.177
草梁倭馆石碑
釜山沿岸旅客客运码头
釜山港
Busan Port
p.175 蚂蚁餐厅
天安牛杂汤 p.175
盛日家 p.176
济州家 p.175
龙头山公园自动扶梯
光复洞邮局
芳香按摩店
p.179
光复路
Subway Line 1
乐天一街
（地下购物街）
乐天百货店光复店
Gwangbongno
时代
釜山寿司
美松 p.176
首尔参鸡汤
111
南浦站
Nampo Sta.
南浦市场
Nampodong
Market
K
南浦洞1街
남포동1가
Nampo-dong 1-ga
L
釜山大桥 Busandaegyo
影岛大桥
Yo gdodaegyo
往太宗台公园方向
往太宗台公园方向

从釜山塔眺望釜山全景，不可错过

釜山

부산

BUSAN

地图 p.7-I

釜山，韩国第二大城市。购物、品美食、赏美景、城市漫步等，让你完美体验韩国城市观光的乐趣。

看点
- 龙头山公园 ❓❓❓
- 釜山塔 ❓❓❓
- 札嘎其市场 ❓❓❓

前往釜山的交通

飞机 ▶首尔出发约1小时，济州岛出发约55分钟。
铁路 ▶首尔出发的高速列车KTX约2小时40分钟。
巴士 ▶首尔出发的高速大巴约4小时30分钟。

旅游信息中心

金海国际机场旅游信息中心　9:00~17:00　无休

城市概况 about BUSAN

釜山，韩国第二大城市，人口约356万人。市中心除了标志性建筑物釜山塔，还有充满活力、以海港著称的南浦洞地区，潮流地带西面地区等。虽说是大城市，郊区地带却深受自然恩惠，风光无限好，有海滨胜地、深山老林里的雅致古刹等。小山、台地众多，可以多角度地领略该城的魅力之处。顺带一提的是，从海上眺望该地的山脉，极似一口铁锅，于是就有了“釜山”这一名字。

城市亮点 Highlight

去釜山观光绝对不能错过南浦洞地区的釜山塔。初来釜山的你，一定要去看一看哦！还有附近的游览船，也是相当不错的，值得一试。

釜山的节日▶8月的“釜山海洋节”，即在釜山5大海水浴场进行沙滩排球等海洋运动比赛。10月的“釜山札嘎其节”，即在札嘎其市场一带举行盛大的美食节。

釜山的美食▶推荐以小麦为原料的冷面。韩式刀切面就是口感比较稠的乌冬面。此外，海滨城市独有的新鲜食材也是应有尽有。

从中国飞往釜山

从北京出发，乘坐国航、韩亚航空、大韩航空等班机，可直飞釜山，约需2小时20分钟。从上海出发，乘坐东方航空、上海航空等班机，可直飞釜山，约需1小时45分钟。

机场、海港交通指南

■金海国际机场／位于市区西部约15公里处，到西面坐车需40分钟。机场大楼一层是出口处，还有入境审查、行李领取处及海关安检口。2层是入口处。

■釜山国际客运码头／釜山站的接送巴士每隔30分钟一班，单程15分钟，900韩元。一层是出口处，进行入境审查后的行李检查。入口处在2层。

市内交通

釜山市内的主要交通工具有地铁、公交车、出租车3种。其中，地铁和出租车并用最方便。

市内公交车

Bus

路线经过市区各个角落，的确很方便，但公交车站及公交车车体只使用韩语标记，对于外国游客来说极其不便。必须乘公交车的情况下，最好和导游一起乘坐。

地 铁 *Subway*

DATA

初次搭乘为1100韩元，使用HANARO交通卡为990韩元。

釜山地铁共有5条线路。1号线由市内西南部的新平起，途经釜山站和西面，最后到达老圃洞。2号线由东边的苌山起，途经西面，最后到达西边的梁山。3号线是从2号线的水营出发，途经莲山洞、德川，到达西边的

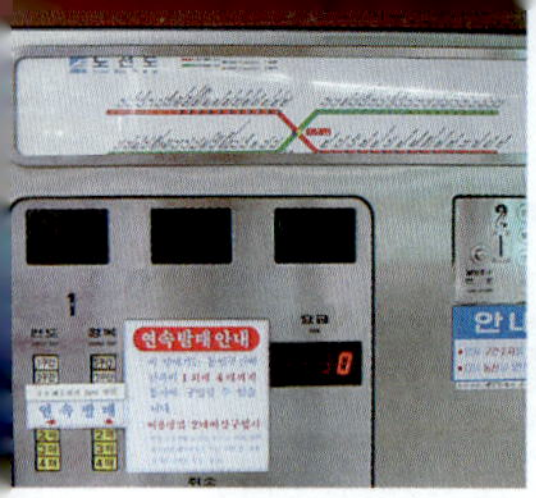

●购票方式 ①看线路图查询目的地在“1区间”还是“2区间”。车站号码的青色代表1区间、黄色代表2区间。②按下区间的按钮。③放入显示金额的硬币。也有可使用纸币的自动购票机。

大渚。到札嘎其市场、南浦洞、东莱温泉等地使用1号线。到海云台海岸、广安里使用2号线。旅游者很少使用3号线。2011年新开通的4号线地铁，为全线轻轨。2011年运营的釜山一金海轻轨，从地铁2号线的沙上站出发，经由金海国际机场，到达庆尚南道金海市的加耶大学。

即便是外国游客，地铁乘坐起来也很容易。站名是英语和汉字并用表示的。购票方式也比较简单，先选择是1区间（10公里以内）还是2区间（10公里以上），再按下按钮，屏幕显示钱数，投入相应的金额（只限于硬币）后，车票就会出来了。如果购买“HANARO交通卡”，购票就更方便了。利用地铁的次数较多，建议使用交通卡。（见下图）

HANARO交通卡

DATA

地铁、公交车通用的交通卡。乘坐地铁可享受9折优惠，公交车则减价50~100韩元。只要插入机器就可以了。可以在车站窗口或者釜山银行、住宅银行办理，卡费2000韩元，最低充值为5000韩元。也可以在车站窗口和便利店充值，1000~5000韩元均可。有些出租车可以使用交通卡。

HANARO交通卡，仅限釜山使用

出租车

Taxi

穿梭于市内的出租车数量较多，乘车站到处都有。共有两种车型，银色车身的为一般出租车（起步价2200韩元），黑色车体带金色条纹的是模范出租车（起步价4500韩元）。一般出租车是不通用外语的，有些模范出租车可以。建议把目的地写在纸上或拿地图指示。另外，一般出租车在深夜有拼车的习惯（参见p.66）。

前往釜山郊区的交通工具

可以利用市外巴士。共有2个巴士总站，釜山综合巴士总站和西部市外巴士总站。釜山综合巴士总站主要前往大田、大邱、庆州、安东、通度寺等，西部市外巴士总站主要前往全罗南道、全罗北道方向。

观光巴士

Busan City Tour Bus

想要高效率总览釜山美景的话，乘坐定时发车的观光巴士——“釜山城市旅游巴士”，是最方便不过的了。2条白天路线和3条夜景路线，都是在釜山站旁边的阿里郎酒店门口的公交站发车。车费1万韩元。车内设有中文的景点介绍功能，可以放心乘坐。

●海云台路线

1天12班，共需1小时40分钟

釜山站→UN纪念公园→广安里→APEC世峰楼→海云台→BEXCO→UN纪念公园→釜山站

●太宗台路线

1天12班，共需1小时40分钟

釜山站→太宗台→松岛→PIFF广场→釜山站

●市区环游路线

1天4~5班，共需1小时30分钟

釜山站→西面→龙头山公园→札嘎其市场→釜山站

●乙淑岛自然生态路线

1天2班，共需3小时40分钟

釜山站→松岛→展望台→乙淑岛→釜山站

●夜景路线

1天1班，共需2小时30分钟

釜山站→广安里→海云台→迎月路→广安大桥→釜山站

釜山城市旅游巴士

釜山 篇

畅享自由行 enjoy Freetime

釜山的市区也好，郊区也好，都有值得一看的风景。市区可尽情享受购物等城市观光要素，郊区则充满了更多与大自然亲近的机会。

龙头山公园的釜山塔

1日游 推荐路线1 充分领略釜山魅力的城市漫步

釜山塔的瞭望台

是以釜山市中心为主的漫步路线。从标志性建筑物釜山塔开始，穿插了街头漫步、购物和品尝烤肉美食等项目。徒步式旅行，几乎不需要交通工具，随意行动。

9:00 釜山塔 p.168 → 步行 5分钟 → **10:30 光复路** ※1 → 步行 10分钟 → **12:00 国际市场** p.167 → 步行 2分钟 → **13:30 釜山烤肉** p.174 → 步行+地铁 30分钟 → **19:00 釜山赌场** p.170

釜山塔：釜山必去旅游胜地。登上180米高的展望台，釜山全景一览无余。这里最适合作为一日游的起点。

光复路：釜山的主要大道。排列着元山面屋等高人气商家，让你领略韩国釜山的今日面貌。

国际市场：釜山最具代表性的市场，有1400余家铺子。从生活用品、服装到装饰品、眼镜、家具等应有尽有。

釜山烤肉：国际市场内有名的烤肉店。考虑到晚上人气爆满，还是白天去比较好。酱汁有点儿甜。

釜山赌场：吃完饭，就到釜山乐天酒店的釜山赌场去看看吧！

※1 地图p.161-K

1日游 推荐路线2 体验釜山郊外的自然与温泉

梵鱼寺的大雄宝殿

不同于市区风光，釜山郊区别有一番乐趣。受大自然的恩惠，此处还有温泉。比起街头漫步，向往历史、自然的游客更倾向于选择这条路线。最后会回到繁华街区西面，有充足的时间寻找和购买当地特产哦！

10:00 梵鱼寺 p.172 → 乘车+地铁 30分钟 → **11:30 金刚公园** p.172 → 步行 15分钟 → **12:30 虚心厅** p.172 → 乘车 10分钟 → **14:30 东莱婆婆煎饼** p.176 → 步行+地铁 45分钟 → **16:30 西面** ※2

梵鱼寺：韩国五大寺院之一的古刹。国宝级的文物、威风凛凛的山门、幽雅的环境等，值得一访。

金刚公园：位于上鹤山东麓的广阔的自然公园。有游乐场、海洋博物馆，以及通往山顶的空中索道等。在山顶上可俯视釜山全貌。

虚心厅：东莱温泉建有韩国数一数二的温泉设施。有大浴场、露天温泉、柏木温泉、中药温泉等40种以上类型的温泉设施。

东莱婆婆煎饼：这是该地的乡土料理东莱煎饼的老字号餐厅。煎饼口感美妙。

西面：享受一下在釜山繁华街区漫步的乐趣吧。这里聚集了时尚精品店和各类市场。相当适合购买特产。

※2 地图p.170

亲身感受一下老百姓的生活吧！

一起去转转釜山的市场

市 场 攻 略

交易商品

🐟	鱼贝类	👕	服饰类
🥬	蔬菜类	🔍	杂货类
🐖	肉类	💍	装饰类

当地指数→是“老百姓的厨房”吗？
特产指数→能找到最合适的东西吗？
料理指数→购买后能即刻享用吗？

琳琅满目的商品堆满了货架，招揽顾客的吆喝声此起彼伏，这就是市场的魅力。釜山共有5个市场，但经营的商品却各不相同，因而每个市场都有其独特氛围。漫步在人来人往的市场中，感觉比街头漫步还要靠近当地生活。

新鲜的鱼群在水槽里活蹦乱跳地展示生命力

南浦洞 地图 p.160-J

札嘎其市场 자갈치시장

热闹的韩国最大的海鲜市场

沿着釜山港往前走就是水产市场。眼前是一排排正处理刚卸货的新鲜鱼贝类的水产店铺，耳边是地摊上的大妈招呼客人的喧闹声。最近，可以在刚整修完后的市场一层的店里挑选鲜鱼，请楼上的餐厅现场烹饪。

- 地铁1号线110札嘎其站10号出口步行5分钟
- 营业时间：7:00~21:00　店铺自定休息时间

推荐产品 🐟 其他 🥬 🔍 等

当地指数	★★	竟然还有给游客定价的店铺？！
特产指数	★	多为新鲜鱼类，不适合做特产
料理指数	★★★	请把店里挑选的鱼当场制作成生鱼片食用吧！

札嘎其市场的规模在韩国可是屈指可数的

市场里可当场制作生鱼片，并在店铺里的柜台上品尝

请把刚买的鱼带到2层的餐厅去吧！

刚才还优哉游哉的鱼儿，现在变成可口的生鱼片了

南浦洞

地图 p.160-F

국제시장

国际市场

成排的专卖店，釜山市场特有的格局

国际市场以两座窄长的大楼为中心，呈南北走向，共有1400余家店铺。据说起源于朝鲜战争后的军事物资买卖，商品从服饰类到饰品类、皮包类、鞋类、厨房用具、家具等，应有尽有。

- 地铁1号线110札嘎其站7号出口步行3分钟
- 营业时间：9:00~19:30　店铺自定休息时间，一般每月的第1、3个周日休息

专卖店的集中处，平价货到高级货都有

市场周边的道路摆满了移动式售货摊

推荐产品　其他　等

当地指数	★★	日用品种类丰富
特产指数	★★★	买些小杂货当做纪念品
料理指数	★★★	去Moccha小巷（美食街）尝尝美食

西面

地图 p.170-A

서면시장

西面市场

从西面市场到西面一番街，一片繁华景象

釜山三大市场之一。西面市场的主楼设有食品卖场、餐厅和服饰卖场等，周边一带的马路有许多售货摊、餐厅和地摊，吸引了不少当地客源，比较杂乱。从新鲜蔬菜、水产品到泡菜、紫菜，都相当便宜。

- 地铁1号线119、2号线219西面站5号出口步行1分钟
- 营业时间和休息日各店自定

街道里弥漫着勾起食欲的香味

两边的水果摊和糕点屋等

推荐产品　其他　等

当地指数	★★★	少见的繁华街道，夜市也相当热闹
特产指数	★★★	从杂货到食品，各式特产任你选
料理指数	★★★	还有在店铺前直接烹饪美食的餐厅

西面

地图 p.170-B

부전시장

釜田市场

留有早期市场的独特气氛

是由500家批发店、小卖部和各式各样的露天地摊组合而成的市场。从蔬菜、水果等农产品到鱼贝、肉类等，几乎进行一切商品的交易。除此之外，场内还有韩式药材店和人参专卖街。这里还有早市，众多商人一大早便把当地的产品运到这里来贩卖。

- 地铁1号线120釜田站5号出口步行1分钟
- 营业时间：5:00~21:00　店铺自定休息日

鲜红的辣椒堆积成小山

市场里食材丰富，光是看着就是一种乐趣

推荐产品　其他　等

当地指数	★★★	当地人不可欠缺的市场
特产指数	★★	辣椒和高丽人参也是特产
料理指数	★★★	在售货摊前饱餐一顿吧！

凡一洞

地图 p.157-E

부산진시장

釜山镇市场

专营韩服和五彩缤纷的布料等，不为人知的好地方

专营服饰类商品，是有80年历史的综合市场。集聚婚庆礼服、化妆品、珠宝等，是当地人心仪的好地方。大楼内地下2层、地上3层，约有400家店铺，一层还有专门定做韩服的布料店。

- 地铁1号线117凡一站1号出口步行2分钟
- 营业时间：8:00~19:00　一般每月的第1、3个周日（7、8月每周日）休息

以布料为主，成品很少，但质地很有韩式风格

布制成的杯垫，数量不多，但很有品位

推荐产品　其他　等

当地指数	★★★	几乎都是当地人
特产指数	★★	到处是韩式风格的杂货
料理指数	★	没有餐馆，还是去附近就餐吧！

●용두산공원
龙头山公园

地图 p.161-G

●地铁1号线111南浦站步行5分钟

位于釜山中央地区的较高的小丘陵上的公园，可尽览海港美景，还耸立着标志性建筑釜山塔。建造于1876年釜山港开港之后，是釜山最古老的公园，开放100余年来一直是市民休憩的温馨之处。园内花钟的旁边，立有一尊铜像，那就是打败丰臣秀吉海军的抗倭英雄**李舜臣**将军的铜像。附近的长凳上坐着唱着韩国民谣的老人们。从光复路搭乘自动扶梯前往公园比较轻松。

入口正面有李将军的铜像

观光巴士必经的龙头山公园

●부산타워
釜山塔

地图 p.160-F

●地铁1号线111南浦站步行5分钟
●门票3500韩元 9:00~22:00、4月~9月8:30~22:00 无休

远远就能望见龙头山公园的山顶上矗立着一座美丽的白色巨塔。塔顶的瞭望台高118米，加上山顶的高度，高度为180米。乘坐自动扶梯登上瞭望台，釜山城市全景、釜山港，甚至远处的太宗台和五六岛，尽收眼底。尤其是黄昏到夜晚，可尽情领略华灯初上、热闹非凡的闹市景象和船舶来往的港口夜景。釜山塔于1974年竣工，原型参照庆州佛国寺的多宝塔。塔内设有小卖部，周围是科学展示馆、海洋科学馆。

必去景点瞭望台

从釜山塔瞭望台上眺望

●태종대공원
太宗台公园

地图 p.157-H

●在釜山站乘坐88路公交车30分钟，到终点站太宗台下车

是位于釜山湾内影岛上的风景区。沿着全长4公里的周游环道，可欣赏到断崖绝壁的雄伟景观，天气好的话还能遥望到对马。步行一周约2小时。瞭望台和灯塔的视野开阔。灯塔下有观光游览船，可在海上眺望釜山市区（所需时间约35分钟）。

设有瞭望台和餐厅

放大镜

李舜臣

1545—1598。朝鲜王朝的水使（海军司令官）。1592年连续挫败日本海军的袭击，在最后一次战役中壮烈牺牲。釜山、首尔的其他地方也有这位救国英雄的铜像。

●Un기념공원

UN纪念公园

地图 p.157-H

●地铁2号线213大渊站步行20分钟

●免费　9:00~18:00　无休

是在朝鲜战争中牺牲的各国士兵的墓地。不少遗骨已回归故土，现今还有加拿大、澳大利亚等11个国家的2000余名士兵仍长眠于此。在园内漫步，能深刻地感受到和平的重要。

闭园前30分钟禁止入内

●송도

松岛

地图 p.157-H

●在南浦洞的釜山站乘坐134路公交车35分钟，终点站下车

釜山市区的南部有一处入江口，那里景色宜人，有美丽的松树林和平浅滩，自古便为夏日的海水浴场增添了不少人气。这里还是渔女的发源地，依旧可见捕捉蝾螺、鲍鱼等的渔女的身影。可以在海边的餐厅品尝新鲜的生鱼片。

夏季过后的宁静

●부산박물관

釜山市博物馆

地图 p.157-E

●在南浦洞的釜山站乘坐134路公交车20分钟，在博物馆站下车步行1分钟

●免费　9:00~18:00　周一休息

设有宽敞的博物馆和露天展示馆、瓦窑展示馆等，多角度介绍釜山的历史和文化。收藏文物超过1万件，其中统一新罗时代的金铜菩萨立像等国宝级古物值得一看。各种文献资料很多。

釜山市博物馆

小贴士

从釜山去通度寺

想远离尘嚣，感受山间小寺的古朴恬静，那就去通度寺吧。是供奉释迦牟尼的真身舍利的“佛宝宗刹”，同海印寺、松广寺一起并称三宝古刹。三国时期，新罗王命从大唐学成归来的慈藏法师创建此庙。寺庙位于深山之中，巴士终点站下车后还需步行20分钟。夏天，寺内群燕飞翔，僧人敲打法鼓的声音沁人心脾。主殿大雄宝殿是韩国国宝。

黄昏，返回僧房的修行僧

地图 p.7-I

●在釜山综合巴士总站、东首尔客运总站乘坐市外巴士，从车站到通度寺需步行20分钟

●☎055-382-7182　门票3000韩元　9:00~18:00　无休

僧人轮流敲打法鼓

沿清溪而上的步道

小贴士

釜山的奢靡时光
看看真正的赌场吧！

釜山观光景点中，赌场深受日本人的欢迎。主要有海云台的“釜山天堂赌场”，以及2006年在西面的乐天酒店内开业的韩国观光公社的“7 Luck赌场（釜山乐天）”。

无论哪家，轮盘、老虎机、21点等人气游戏前总是人潮拥挤。

人气游戏的聚集处

7 Luck赌场（釜山乐天）

地图p.170-A
交 地铁1号线119、2号线219西面站步行1分钟
✉ 釜山乐天酒店内 ☎ 051-665-6000
HP http://www.7luck.com/

釜山天堂赌场

地图p.171-A
交 地铁2号线203海云台站步行10分钟
✉ 釜山天堂酒店内 ☎ 051-749-3550
HP http://www.pusancasino.co.kr/
※都是24小时营业，全年无休

具有都市氛围的7 Luck赌场

位于釜山乐天酒店

海云台的天堂赌场气氛闲适

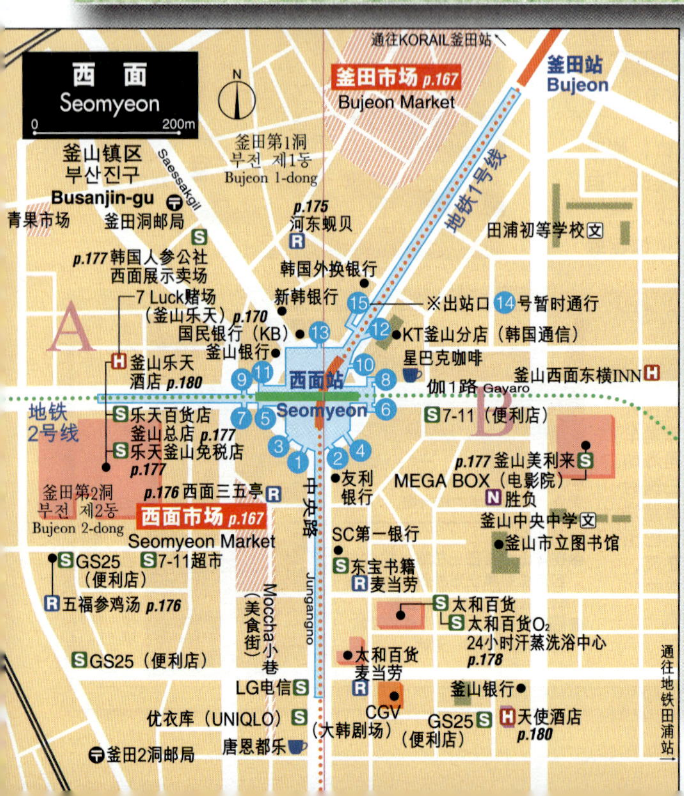

●부산아쿠아리움
釜山水族馆

地图 p.171-A

●地铁2号线203海云台站步行10分钟
●门票1.6万韩元　10:00~23:00（周五~周日及节假日9:00~22:00）　全年无休
http://www.busanaquarium.com/

韩国最大水族馆。99个水槽里放养了来自世界各地的280种3.5万余只海洋生物。蕴涵主题公园的理念，娱乐元素十分丰富。地下一楼是可供24名游客乘坐的海底探险“模拟实验室”，类似游乐园里的精彩项目，绝对让你狂叫不已。

位于海云台的中心

鱼儿们正在海底隧道上方游动

从广安里大桥望去

●누리마루APEC하우스
釜山APEC世峰楼

地图 p.171-A

●地铁2号线204冬柏站徒步10分钟
●免费　10:00~17:00　无休

该建筑为2005年11月召开的APEC（亚洲太平洋经济合作组织）峰会的现场。各国首脑会谈的峰会会场和资料展览厅向一般游客开放。世峰楼就坐落在海云台突出的半岛冬柏岛上，是观望海云台和广安里全景的釜山首屈一指的观景点。附近有座小小的灯台，岩石上刻有新罗时代的文人崔致远所题的“海云台”。沿岸设有步行道，来这里漫步、锻炼的人络绎不绝。

●금강공원
金刚公园

地图 p.157-B

●地铁1号线127温泉场站下车，再乘车5分钟

位于釜山市中心以北约10公里处的上鹤山东面，是一处绿意盎然的自然公园。园内设有怀旧氛围的游乐园和海洋博物馆。山顶上还有韩国现存最大规模的山城“金井山城”，可坐空中缆车到达（往返6000韩元）。沿山而筑的城墙高3米，长约17米。从该城的北门出发，徒步2小时就可到梵鱼寺。这时大汗淋漓地去泡泡温泉，肯定全身舒畅。

登上山顶就能总览釜山全景

一到周末就热闹非凡

●범어사
梵鱼寺

地图 p.157-B

●地铁1号线133梵鱼寺站下车，再乘车10分钟
●免费　日出~日落　无休

位于金井山山中的古刹。是韩国五大寺院之一，据说建造于新罗时代的公元678年。当年丰臣秀吉侵略朝鲜半岛时，烧毁了大部分寺庙，数百座伽蓝惨遭毁坏。现在可看到一柱门、正殿大雄宝殿、三层石塔等。参道附近的溪谷里生长着密密麻麻的藤蔓和各种各样的花，一般前来寺庙的人们都会到寺庙周围走走，欣赏这些自然美景。

四大天王殿堂的四大天王像

古寺特有的平和安详的氛围

小贴士

虚心厅　●허심청

相传新罗时代国王也曾享受过的东莱温泉，如今已开发成各种温泉会所。其中最著名的当属虚心厅——可容纳3000多人的5层温泉设施。据说富含镁的天然温泉极具美容养颜的功效。虚心厅拥有40个浴池，除了大浴场、露天温泉，还有千年古柏制作而成的柏树温泉、草药温泉等各种形式不一的温泉浴池。馆内设有“虚心厅温泉活动中心”。

地图 p.157-B　●地铁1号线127温泉场站步行5分钟
●☎051-550-2201　5:30~22:00　●费用7900韩元（8:00前为4000韩元）

要是有1~2小时的空闲，不妨去“韩式健康站”体验一下吧

小知识

庆尚道的历史遗迹

●庆尚道的历史

庆尚道这片土地上遗留着许多历史痕迹。虽然在历史的舞台上，这里并未留下辉煌的身影，但其背后隐藏的故事倒是不少。多少了解一些，说不定会加深对韩国的兴趣。那么，现在就为您介绍一些庆尚道的釜山和庆州两大城市历史遗迹的有关背景知识吧。

●釜山

釜山深受外国游客欢迎。在历史上，釜山与邻国日本有着较为频繁的交流。早在日本的江户时代，就有数百人规模的日本人定居在此。17世纪，德川家族统一日本。德川幕府恢复了与朝鲜王朝之间的来往，在此之前，因丰臣秀吉引发的壬辰倭乱（万历朝鲜之役），日本和朝鲜王朝一度断绝关系。随着贸易的通行，文化交流迅速发展。

倭馆位于釜山塔附近

1601—1811年间，朝鲜王朝就派遣使节团12次访问日本。史书上有“朝鲜通信使”的记载。代表朝鲜半岛的官员、文人、学者、僧侣等四五百人到访日本，从首尔到江户，走海路、陆路，要历经10个月左右。外交团还包括乐队和曲艺师。朝鲜使节团从朝鲜半岛的海港釜山出发，登陆对马，然后开始了对下关、大阪、京都、骏河（静冈）、箱根以及终点东京的访问。

另一方面，朝鲜王朝因壬辰倭乱而严格限制日本人在国内活动，并禁止他们踏入釜山外的其他地区。釜山设有“倭馆”公馆，主要用于对马蕃的官员办公。该遗址现位于龙头山公园附近，占地面积达33万平方米，据说当时还建有神社和寺庙。

倭馆纪念碑

* * * * * * * * * *

宽阔的土地上仍残留着皇龙寺的基石

●回首古代九重塔

庆州南山有高9米左右、周长30米左右的巨大岩石，上面有众多佛教雕刻，被当地人称为“佛岩”。描绘“四方四佛净土”的岩石北面刻有九重和七重两对浮雕塔，这是三国时代木造塔的重要文献资料。特别是九重塔，被推测为面积是庆州大寺院佛国寺8倍的寺院皇龙寺的九重塔。

代表新罗和百济的最高技术的建筑工匠们，集中全力建造这座高约70米的巨塔，1238年遭蒙古侵略而烧毁，现只留下寺庙的奠基石。在韩国，因战乱不断，木造塔如今几乎看不到了。相对而言，石造塔倒是常出现在韩国各大寺庙。不断受战争侵扰的朝鲜半岛，多以不易燃烧的石头代替易燃木头建造佛塔，所以石造塔是韩国佛教建筑物的一大特色。

●由木制到石制，最后到玻璃

另一方面，木造塔的风格流传到日本并得到了巨大发展。其中采用朝鲜半岛工匠的技术而建造的奈良法隆寺五重塔，据说参考的正是庆州皇龙寺九重塔的建筑风格。韩国自古遗留的木造塔几乎为零，无法进一步研究。韩国研究者们也只能去日本研究法隆寺五重塔，想象自己国家丢失的本源古塔的风采。这是历史的磨难。

2007年夏，庆州为纪念2003年主办的“庆州文化博览会”所建造的高82米、纵横各36米的巨大玻璃塔庆州塔竣工。玻璃表面刻有想象中的九重塔浮雕，夜晚光辉闪耀。九重塔烧毁750余年后，21世纪的“佛岩”重新登上了历史的舞台。

皇龙寺竣工碑

美食 Eating

聚集热门餐馆
尽享地方美食

从烤肉到乡土料理、外国菜、面包房等，各种具有都市风情的餐馆任君挑选。其中包括不少超级美味的餐馆，无论食材还是味道都是上上之选。非要说去哪里探寻美食的话，首选釜山的商业观光中心地带——南浦洞。

南浦洞　烤肉

●부산숯불갈비

釜山烤肉

地图 p.160-B

Card

交 地铁1号线110札嘎其站7号出口步行12分钟

✉ 釜山市中区新昌洞3街4-2　☎ 051-245-5534

营 11:30~24:00 休 无休 ₩ 2万韩元

美味的牛肉烧烤人气店

位于国际市场内，店铺1~2层几乎座无虚席。尤其是傍晚时分，提前预约才是良策。招牌菜牛肉烤肉2万韩元，五花肉7000韩元，韩式传统烤肉1.4万韩元。上等的肉质，略带甜味，美味无比。

南浦洞　豆腐汤

●돌고래

海豚

地图 p.160-F

交 地铁1号线110札嘎其站7号出口步行10分钟

✉ 釜山市中区新昌洞2街12-1

☎ 051-246-1825 营 7:00~22:00

休 无休 ₩ 3000韩元

大韩民国最低价格的豆腐汤?

3000韩元超便宜的汤菜自然人气十足。牛肉、海带慢火熬制汤底，再加上满满的豆腐和大葱，如此简单的汤菜，配上一碗米饭，完美展现了辣豆腐的柔和口感和沙司般的味觉享受。

南浦洞　排骨汤

●신창국밥

猪肠汤饭

地图 p.158-G

交 地铁1号线110札嘎其站1号出口步行5分钟

✉ 釜山市西区土城洞1街4-1

☎ 051-244-1112 营 9:00~22:00

休 周日 ₩ 5500韩元

大杂烩式的经典美味

排骨熬制的鲜汤加上猪肉炖制而成的大杂烩式排骨汤，只要5500韩元。装有萝卜叶和糯米等丰富食材的米肠，独特的味道中和了猪肉的腥味，调制出更棒的美味。

南浦洞　人参鸡汤

●남포삼계탕

南浦参鸡汤

地图 p.160-J

Card

交 地铁1号线110南浦站1号出口步行10分钟

✉ 釜山市中区南浦洞3街12 ☎ 051-245-5075

营 10:00~21:30 休 无休 ₩ 1.1万韩元

50年的好味道，深受当地人欢迎

热气腾腾的招牌菜人参鸡汤上桌了，一碗需1.1万韩元。鸡肚子里塞满了糯米、栗子、红枣、大蒜等食材。浓郁的汤汁可是上好的药膳补品。再来杯高丽人参酒，那简直是味觉的最高享受。

南浦洞　鲍鱼粥

●제주가

济州家

地图 p.161-G

Card

交 地铁1号线111南浦站7号出口步行3分钟
✉ 釜山市中区光复洞1街5-22 ☎ 051-246-6341
营 7:00~21:00 休 无休 ₩ 2万韩元

渔女经营的鲍鱼餐厅

鲍鱼粥的原店位于济州岛，是由6位渔女经营了30余年的大众型餐馆，于2001年在釜山开了这家分店。鲍鱼粥一般1万韩元以上，口感浓郁而不腻。

南浦洞　冷面

●원산면옥

元山面屋

地图 p.160-F

Card

交 地铁1号线111南浦站1号出口步行5分钟
✉ 釜山市中区昌善洞1街37
☎ 051-245-2310 营 11:00~21:30
休 每月1次，不定时 ₩ 1万韩元

超辣超弹面

是家总是座无虚席的热门餐馆。番薯粉制成的面条弹力十足，再配上放有数种蔬菜（黄瓜、辣白菜等）、鸡蛋、韩国牛肉的清汤，口感爽辣，有嚼劲。冷面7000韩元。

南浦洞　海鲜料理

●개미집

蚂蚁餐厅

地图 p.161-G

Card

交 地铁1号线111南浦站7号出口步行3分钟
✉ 釜山市中区东光洞2街11-13 ☎ 051-246-0228
营 9:00~23:00 休 无休 ₩ 2万韩元

水槽里鱼儿游动，海鲜料理专营店

入店便是一个大水槽。老板总是夸耀自己家的海鲜都是新鲜食材，绝非他家冷冻食品。该店的人气料理当属章鱼锅，7000韩元。也有适合2~3人食用的海鲜锅，3.3万韩元。

南浦洞　汤

●천안곰탕

天安牛杂汤

地图 p.161-G

Card

交 地铁1号线111南浦站7号出口步行3分钟
✉ 釜山市中区光复洞1街5-14 ☎ 051- 245-5695
营 6:00~22:00 休 无休 ₩ 7000韩元

以牛肉为主的汤菜专营店

用牛骨、牛肉、牛肝脏等长时间熬制而成的乳白色的牛肉汤只需7000韩元。牛头、羊膝肉和骨头熬制的牛羊汤需1.5万韩元。汤菜的精华都浓缩在汤水之中，放点儿盐和胡椒粉即可食用。

西面　蚬贝汤

●하동재첩

河东蚬贝

地图 p.170-A

英 👤 Card

交 地铁1号线119、2号线219西面站15号出口步行3分钟 ✉ 釜山市釜山镇区釜田1洞262-15 ☎ 051-808-5668 营 6:00~21:00 休 无休 ₩ 1万韩元

强身健体的蚬贝汤

店里的招牌菜就是蚬贝汤，且原材料只采用韩国河东的上等蚬贝。蚬贝汤对解除宿醉很有功效。蚬贝汤套餐5500韩元，是早餐中不可缺少的营养汤。

西面　韩国料理

서면 삼오정

西面三五亭

地图 p.170-A

Card

交 地铁1号线119、2号线219西面站1号出口步行3分钟 ✉ 釜山市釜山镇区釜田2洞257-15 ☎ 051-806-9540 营 11:00~22:00 休 无休 ₩ 1万韩元

好吃又实惠的平民餐馆

位于大楼角落。1层供应人参鸡汤，2层供应冷面和煎饼，3层供应烤肉，4层为咖啡厅。无论哪层，价格都很便宜。如果实在不知道吃什么好，那就去2层的“西面亭”尝尝韩国的家常风味吧。

海云台　烤肉（牛肋排）

언양숯불갈비

炭火烧烤店

地图 p.171-B

Card

交 地铁2号线202中洞站7号出口步行7分钟
✉ 釜山市海云台区中1洞947-1 ☎ 051-743-6919
营 10:00~22:00 休 无休 ₩ 4万韩元起

韩国最高级的彦阳牛

餐厅烤肉使用韩国最高级的“彦阳牛”牛肉。餐厅私家招牌烤肉味道天然纯美，肉质滑嫩，每份2.2万韩元。生拌牛肉每份2.8万韩元，绝对使用上等牛肉，即使不蘸酱汁也十分美味。

东莱　煎饼

동래할매파전

东莱婆婆煎饼

地图 p.157-C

Card

交 地铁1号线125东莱站步行10分钟
✉ 釜山市东莱区福泉洞367-2 ☎ 051-552-0792
营 12:00~22:00 休 无休 ₩ 2万韩元

70年老字号，令人难忘的煎饼美味

所谓煎饼，就是放有大葱的韩式煎饼。这里还有一段佳话，据说煎饼原先只是东莱的乡土料理，后来成为宫廷贡品而名传四方。制作方法很简单，将切丝的大葱、章鱼、虾仁、猪肉等连同大米粉搅拌在一起，放在铁板上油煎，最后打上鸡蛋、淋上酱汁即可。脆脆的大葱加上松软的饼皮，如此美妙的口感和鲜美的滋味，的确令人食欲大增。若是再来杯浊米酒（6000韩元），简直妙不可言。煎饼一份2万韩元（大份3万）。

第四代传人金女士

一般的煎饼都使用小麦粉，这里用的却是大米碾制的米粉

店名	地址、电话	路线	营业时间	休息日	参考
美松	地图 p.161-K 釜山市中区南浦洞2街31-2 ☎051-245-2597	地铁1号线110札嘎其站7号出口步行3分钟	11:30~14:30、16:30~22:30	无	日本人也给予好评的寿司店，一般寿司套餐为1.2万韩元。
百合洋肠 백화양곱창	地图 p.160-I 釜山市中区南浦洞6街32 ☎051-245-0105	地铁1号线111南浦站步行6分钟	12:00~23:00	每月第一个周日	创业超过50年，是烤杂碎专卖店，2.5万韩元就能吃饱。
盛日家 성일집	地图 p.161-H 釜山市中区中央洞6街79-4 ☎051-463-5888	地铁1号线111南浦站步行6分钟	10:30~23:30	无	切成块的鳗鱼铁板烧1万韩元。
五福参鸡汤 오복삼계탕	地图 p.170-A 釜山市釜山镇区釜田2洞515-63 ☎051-802-6265	地铁1号线119、2号线219西面站1号出口步行5分钟	7:00~22:00	无	鲍鱼粥1万韩元，1.3万韩元的药膳汤就是放有中草药的参鸡汤。

购物 Shopping

西面　百货大楼

LOTTE DEPARTMENT STORE BUSAN

乐天百货店釜山总店

地图 p.170-A

英 Card

交 地铁1号线119、2号线219西面站7号出口步行1分钟 ✉ 釜山市釜山镇区釜田洞503-15 ☎ 051-810-2500 营 10:30~20:00 休 不定

乐天集团的大型百货大楼

是西面的标志性建筑。无论是氛围还是商品种类，与中国的大型百货商店并无差异。不过以韩服为主题的前沿时尚品牌的存在，多少给人一种冲击力。若是想购买韩国高级食材作为礼品的话，不妨顺路去看一看。高级百货大楼的泡菜卖场更是商品品种繁多，让人目不暇接，还可以免费试尝。

西面　免税店

●Lotte Busan Duty Free Shop

乐天釜山免税店

地图 p.170-A

英 Card

交 地铁1号线119、2号线219西面站7号出口步行1分钟 ✉ 釜山市釜山镇区釜田洞503-15 ☎ 051-818-8580 营 9:30~20:00 休 无休

釜山繁华街道上极具人气的免税店

位于乐天百货店釜山总店8层。从百货店直接进入更方便。香奈儿、古琦等世界名牌集聚一堂。有时也会在长假期间推出各种促销活动。

南浦洞　传统工艺品

●우리세계

Our World

地图 p.161-G

Card

交 地铁1号线111南浦站7号出口步行3分钟 ✉ 釜山市中区东光洞2街10-5 ☎ 051-257-8430 营 9:30~21:00 休 周日

色彩清爽的手工工艺品

总店在首尔的仁寺洞，是传统工艺品的老字号店。商品均为采用100%天然素材，纯手工制作而成的现代风格的工艺品。包包5万韩元起。多以饰品为主。

南浦洞　眼镜

●국제사안경점

国际社眼镜屋

地图 p.160-E

英 Card

交 地铁1号线110札嘎其站7号出口步行10分钟 ✉ 釜山市国际市场2工区A洞1楼8号 ☎ 051-245-6188 营 9:30~21:00 休 无休

当地人推荐的眼镜专营店

40年历史的老店铺。以批发为主，价格便宜，镶镜片只要3万韩元，名牌镜架也是应有尽有。如果不是远近两用眼镜或特殊镜片，验眼后30分钟就能配好眼镜。

店名	地址、电话	路线	营业时间	休息日	参考
韩国人参公社西面展示卖场 한국인삼공사	地图 p.170-A 釜山市釜山镇区釜山洞397-1 ☎051-803-5487	地铁1号线119、2号线219西面站11号出口步行5分钟	9:00~21:00	周日	出售最高级品牌“红参”。可以买些高丽人参糖(5000韩元以上)作为礼品。
殷松家用 은송 타미나	地图 p.160-F 釜山市中区昌善洞1-19-12 ☎051-246-0786	地铁1号线110札嘎其站7号出口步行10分钟	8:30~19:30	无	以沿袭传统设计的家具制品为主，也出售茶器、杂货等。
釜山美利来 Busan Migliore	地图 p.170-B 釜山市釜山镇区田浦洞668-1 ☎051-922-0002	地铁1号线119、2号线219西面站6、8号出口步行5分钟	11:00~翌日0:40	每月第1、第3个周日	年轻人追捧的时尚百货大楼。体验一下与众不同的感觉吧。

英 店员会用英语交流　Card 可用信用卡消费

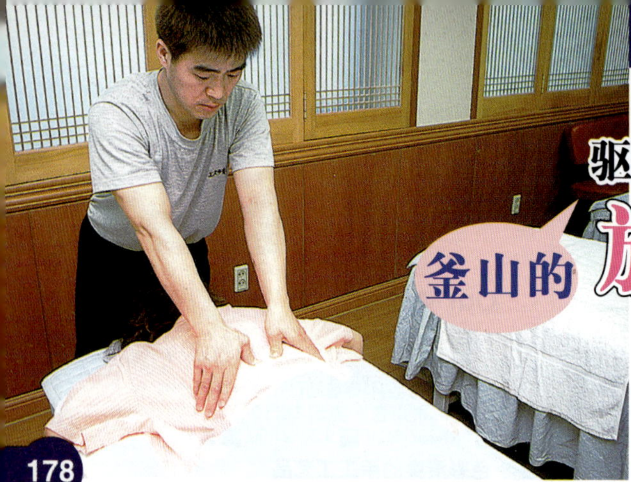

驱走身心疲惫 釜山的放松地带

对于旅行者而言，这些按摩放松的设施实在是太重要了。如果身心得到放松，旅途将变得更加美好。不仅仅是首尔，釜山当地也开设了各种形式的按摩店，还不赶紧去试试！

技师正为客人服务

NEW 西面 太和百货O₂ 24小时汗蒸洗浴中心

쥬디스태화 O_2 24시찜질타운 地图 p.170-B

位于外表光鲜的时尚大楼开放式桑拿馆

2003年开张，2008年整修翻新后更加整洁舒适，是汗蒸洗浴中心，8、9层设有5个汗蒸室和浴场。另外，附加设施也相当丰富，例如健康馆、护肤美容馆、睡眠护理馆、按摩馆、餐馆等。

DATA

交 地铁1号线119、2号线219西面站2号出口步行1分钟 ☎ 051-667-8989 营 24小时 休 无休

费　用

桑拿入场费4500韩元
※汗蒸6:00~20:00为6000韩元，20:00~6:00为7000韩元

位于西面最繁华地段的太和百货大楼内部

平民式的汗蒸设施如今尽显现代风格

专业 釜山站附近 青山宝石岩盘浴

청산보석암반욕 地图 p.159-C

紫水晶、翡翠等宝石装饰的桑拿馆

桑拿馆的墙上嵌有紫水晶、翡翠和玛瑙，据说对头痛、循环器官障碍等具有特别疗效，当然最佳疗效还是消除疲劳、恢复活力。这里的坐浴包括按摩、全身美容等，服务十分专业。

费　用

女性、男性A套餐4.5万韩元→桑拿、按摩（全身按摩、脸部美容）、洗头
女性B套餐4.5万韩元→艾草汗蒸、桑拿、脸部美容等，A+B套餐为7.2万韩元
※传统服饰纪念照（2张）：1.5万韩元

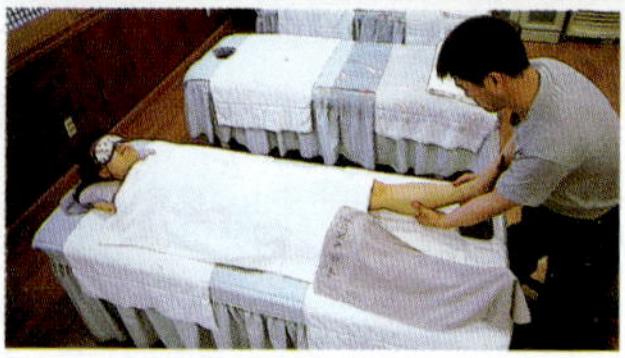

各种专业按摩供您挑选

DATA

交 地铁1号线113釜山站2号出口步行3分钟
☎ 051-462-2636
营 10:00~23:00 休 无休

温泉 东莱温泉

虚心厅温泉美容

허심청스파에스테틱　　　地图 p.157-C

东莱温泉全国闻名
温泉美容沙龙

虚心厅内的温泉可谓韩国的温泉基地。除了擦背服务，还准备了专业的美容温泉服务。提供富含镁元素的温泉水，其天然效果和专业美容按摩服务相得益彰。

DATA

交 地铁1号线127温泉场站1号出口步行5分钟
☎ 051-554-9118 营 10:00~22:00 休 无休

在水资源丰富的东莱温泉里舒舒服服地泡一泡

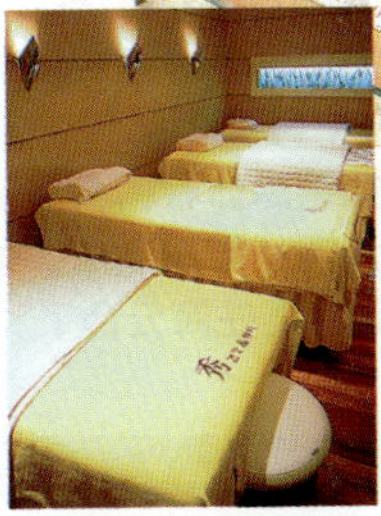

只想按摩的人可前往虚心厅的温泉SPACE

费　用

国王套餐（2小时30分钟）20万韩元，贵宾套餐（2小时）15万韩元，商务套餐（80分钟）10万韩元，力道套餐（80分钟）8万韩元

地段极佳 南浦洞

芳香按摩店

아로마 릴렉스하우스　　　地图 p.161-K

位于南浦洞的繁华地段
观光途中不妨进来歇一歇

南浦洞的游客来来往往的街道上开着这样一家方便歇息的按摩店。服务台设有外语服务员，前来体验的游客络绎不绝。想彻底恢复体力的客人，与其选30分钟的按摩，不如来个美容加足疗的组合套餐效果更好。

DATA

交 地铁1号线111南浦站步行5分钟
☎ 051-247-4967 营 10:00~23:00 休 无休

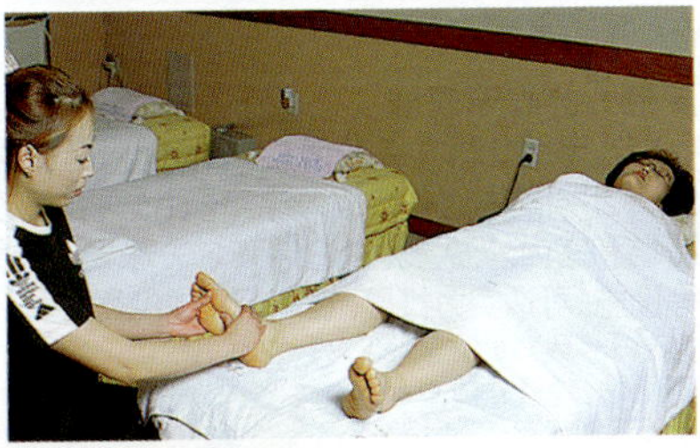

感觉身体的各个部位都舒展开了

设有大型橱窗，店内光线明亮、环境宜人

费　用

基本套餐（30分钟）2.3万韩元，一般套餐(1小时)3.9万韩元，专家套餐（1小时左右）6万韩元，组合套餐（80分钟）4.9万韩元

VIP会员 海云台

崔氏运动按摩

초이스포츠마사지　　　地图 p.171-A

服务运动员选手和各界VIP会员
技术得到广泛认可的按摩店

由国家运动员代表担任按摩师，现场施展高超的按摩技艺。针对各种疲劳情况，帮客人迅速恢复体力，其独到的按摩技艺广受好评。国内运动员和演艺界人士，甚至外国的有名艺人、外国元首等世界VIP会员都到访于此。

DATA

交 地铁2号线203海云台站7号出口徒步10分钟
☎ 051-747-9675 营 10:00~23:00 休 无休

费　用

运动按摩7万韩元（1小时30分钟）、10万韩元（2小时）

世界VIP会员信赖的店长崔文松

儒城广场后的三原大厦6层

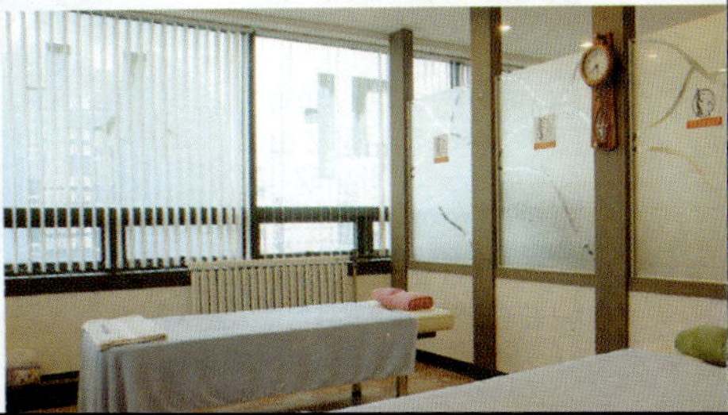

店内装潢令人安心

住宿 Stay

想要体验豪华酒店就去海云台吧!

除西面的釜山乐天酒店，其余高档酒店都集中在海云台。部分中高档酒店设施陈旧，现已进入整修期。如果想体验街头漫步的乐趣，首选西面或南浦洞一带的酒店。如果是想享受海滨乐趣，自然要住海云台了。

西面　特1级 ★★★★★

Busan Lotte Hotel　地图 p.170-A

釜山乐天酒店

充满魅力的娱乐表演

釜山最大、最高级的酒店。800间以上的客房、10家不同国家的餐厅被人津津乐道。内部还设有赌场和室内外游泳池、迷你高尔夫球场、健身房等设施，可谓实力雄厚，在同行之中出类拔萃。

交 地铁1号线119、2号线219西面站步行1分钟
₩ 23.5万韩元起
室 760间
☎ 051-810-1000
FAX 051-810-5110 ✉ 釜山市釜山镇区釜田洞503-15
HP http://www.lottehotel.com/

室内空间宽敞，设施齐备

凡一洞　1级 ★★★★

Kukje Tourist Hotel　地图 p.157-E

国际观光酒店

位于韩国特色市场附近，观光十分便利

白色基调的客房，整洁宽敞，餐厅、KTV、男士桑拿等设施齐备，是一家中档观光酒店。位于西面和釜山站之间，周边集中了自由市场、和平市场和釜山市场。

交 地铁1号线117凡一站步行3分钟
₩ 7.26万韩元起
室 110间 ☎ 051-642-1330
FAX 051-642-6595 ✉ 釜山市东区凡一2洞830-62
HP http://www.hotelkukje.com/

最适合观光的住所

西面　1级 ★★★★

Angel Hotel　地图 p.170-B

天使酒店

深受年轻人喜爱的经济型酒店

自2001年开业以来，便宜的价位深受商务人士、年轻人和长期旅行者的欢迎。地处繁华地带，逛街购物很方便。

交 地铁1号线119、2号线219西面站步行10分钟
₩ 4.4万韩元起
室 56间
☎ 051-802-8223
FAX 051-802-2262
✉ 釜山市釜山镇区釜田2洞223-2

实惠又舒适

釜山站周边　2级 ★★★

Kwang Jang Tourist Hotel　地图 p.159-C

广场观光酒店

交通便利的经济型酒店

位于釜山站前的广场对面。1层是咖啡厅和商店，2层餐厅，3层桑拿，5~9层才是酒店客房。

交 京釜线、地铁1号线113釜山站步行1分钟
₩ 4万韩元起
室 55间
☎ 051-464-3141
FAX 051-464-4150
✉ 釜山市东区草梁3洞1200-7

就在车站前

釜山站周边　1级 ★★★★

Arirang Tourist Hotel　地图 p.159-C

阿里郎观光酒店

釜山站前的观光据点

有西式客房和韩式火炕客房双重选择，而且房内可免费使用互联网。设有日韩餐馆、KTV和特产商店。

交 京釜线、地铁1号线113釜山站步行1分钟
₩ 3.9万韩元起
室 120间 ☎ 051-463-5001
FAX 051-463-2800 ✉ 釜山市东区草梁洞1204-1
HP http://www.ariranghotel.co.kr/

乘火车方便

LAN 有无线网络或是有线网络
有商务休闲区　水疗、桑拿　内设游泳池　SB 室内有保险箱

中央洞 特2级 ★★★★★

Commodore Hotel 地图 p.159-E

船长酒店

韩式宫廷建筑的独特风情

酷似龟甲船的外观、色彩华丽的大厅等，其韩国传统建筑模式和独有的情调深受外国游客的欢迎。

交 地铁1号线112中央站步行15分钟或打车5分钟
₩ 14万韩元起 室 314间
☎ 051-466-9101
FAX 051-462-9101 ✉ 釜山市中区瀛州洞743-80
HP http://www.commodore.co.kr/

朝海的客房可看到釜山港

南浦洞 1级 ★★★★

Busan Tourist Hotel 地图 p.161-G

釜山观光酒店

外国游客喜爱的酒店

是南浦洞最大规模的15层高的豪华酒店。1天2班接送大巴往返机场，吸引了不少外国游客。

交 地铁1号线111南浦站步行5分钟
₩ 11 640韩元起
室 275间
☎ 051-241-4301
FAX 051-244-1153
✉ 釜山市中区东光洞2街12

酒店顶楼设有酒吧，可俯视海港

中央洞 2级 ★★★

Hill Side Hotel 地图 p.159-F

山庄酒店

价格公道的经济型酒店

具备基本酒店设施。船长酒店就在其对面。可利用两家酒店的优势设施，享受惬意旅行。

交 地铁1号线112中央站步行15分钟
₩ 5万韩元起 室 45间
☎ 051-464-0567
FAX 051-464-1214
✉ 釜山市中区瀛州1洞743-33-21

适合常旅行的人

中央洞

TOYOKO INN BUSAN JUNGANG-DONG 地图 p.159-F

釜山中央洞东横INN

来自日本的酒店——东横INN

日本商务连锁酒店东横INN登陆釜山。提供免费早餐以及日本酒店式服务。

交 地铁1号线112中央站步行5分钟
₩ 5.5万韩元起
室 491间
☎ 051-442-1045
FAX 051-442-1046
✉ 釜山市中区大昌洞1街22-4

提供免费洗衣机

南浦洞 2级 ★★★

Tower Hotel 地图 p.161-G

釜山塔观光酒店

观光便利，价格合理

靠近光复路、国际市场等地，是南浦洞的旅游据点。5层84间客房，其中15间是韩式火炕房。

交 地铁1号线111南浦站步行10分钟
₩ 5万韩元起 室 84间
☎ 051-241-5151
FAX 051-243-1005
✉ 釜山市中区东光洞3街20

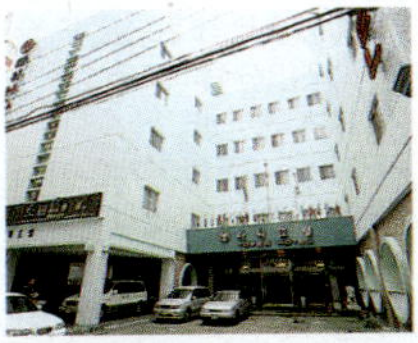

1层设有餐厅

南浦洞 1级 ★★★★

Phoenix Hotel 地图 p.160-J

凤凰酒店

出门就是札嘎其市场

位于釜山繁华街道。16层的空中餐厅是其特色。餐厅设施完备。

交 地铁1号线110札嘎其站步行3分钟
₩ 7万韩元起
室 107间 ☎ 051-245-8061
FAX 051-241-1523 ✉ 釜山市中区南浦洞5街8-1
HP http://www.hotelphoenix.net/

客房有西式和火炕式

松岛海滨　2级 ★★★

Hotel Song Do Beach Hotel　地图 p.157-H

松岛海滨酒店

房间拥有海滨视野

面朝松岛海水浴场而建，所有客房的窗外都是美丽的海滨风景。9层的休息室和西式餐厅评价极佳。

交 釜山站坐公交车134路35分钟后至松岛下车，步行3分钟 ₩5.3万韩元起
室 44间 ☎ 051-254-2000
FAX 051-254-5093 ✉ 釜山市西区岩南洞541-6
HP http://www.songdobeachhotel.co.kr/

白色基调的西式客房较多

东莱　特1级 ★★★★★

Hotel Nongshim　地图 p.157-C

农心酒店

奢华的温泉胜地

是历史悠久的原东莱观光酒店于2002年装修翻新后开业的高级酒店。受惠于温泉泉眼，客房提供温泉热水，附加设备也很齐全。

交 地铁1号线127温泉场站步行5分钟
₩16.7万韩元起
室 240间 ☎ 051-550-2100
FAX 051-550-2105 ✉ 釜山市东莱区温泉洞137-7
HP http://www.hotelnongshim.com/

暖色调的房间

海云台　特1级 ★★★★★

Paradise Hotel & Casino Busan　地图 p.171-A

天堂酒店和釜山赌场

海云台首屈一指的休闲胜地

是面朝海云台沙滩的欧式观光酒店，无论大厅还是客房，设计品味均十分高雅，还配备天然含氡露天温泉等。

交 地铁2号线203海云台站步行10分钟 ₩ 20万韩元起
室 528间 ☎ 051-742-2121
FAX 051-749-2004 ✉ 釜山市海云台区中洞1408-5
HP http://www.paradisehotel.co.kr/

泡个露天温泉吧！

海云台　特1级 ★★★★★

Novotel Ambassador Busan　地图 p.171-A

釜山诺伯特尔国宾酒店

完美体验海云台的观光生活

酒店设有温泉桑拿的按摩室、室内泳池以及各种类型的餐厅。在房内换好泳装就能前往沙滩游玩。

交 地铁2号线203海云台站步行10分钟
₩15万韩元起
室 326间 ☎ 051-743-1234
FAX 051-743-1250 ✉ 釜山市海云台区中洞1405-16
HP http://www.novotelbusan.com/

2005年整修翻新

海云台　特1级 ★★★★★

Busan The Westin Chosun　地图 p.171-A

釜山威斯汀朝鲜酒店

视野极佳的高级酒店

设有正宗爱尔兰酒吧和多种类型餐厅，泳池、健身房、温泉、桑拿等设施条件十分完善。

交 地铁2号线203海云台站步行15分钟
₩25万韩元起
室 290间 ☎ 051-742-7411
FAX 051-742-1313 ✉ 釜山市海云台区佑1洞737
HP http://www.chosunbeach.co.kr/

位于沙滩最西面

海云台　特1级 ★★★★★

Haeundae Grand Hotel　地图 p.171-A

海云台大酒店

运动和休闲设施齐全

22层大楼拔地而起，可眺望海滨的瞭望台的确让人心旷神怡。大温泉浴场、保龄球馆、高尔夫练习场、电影院等，应有尽有。

交 地铁2号线203海云台站步行12分钟
₩31万韩元起
室 320间 ☎ 051-740-0114
FAX 051-740-0554 ✉ 釜山市海云台区佑洞651-2
HP http://www.grand-hotel.co.kr/

一整天也游玩不完的酒店

LAN 有无线网络或是有线网络
有商务休闲区　水疗、桑拿　内设游泳池　SB 室内有保险箱

济州岛

J e j u d o

交通

●从中国飞往济州岛

上海浦东国际机场直飞班机约需1小时25分钟。

●从韩国主要城市前往济州岛的交通

首尔出发，乘飞机约1小时5分钟；仁川港出发，坐船需13小时。

釜山出发，乘飞机需55分钟，坐船需11小时。

仁川、木浦、楸子岛、莞岛方向
济州海峡
A
B
三阳海水浴场
纱罗峰
国立济州博物馆 p.18
Jeju National Museum
p.197 济州市民俗五日市
旅游信息中心
济州国际机场
梨湖海水浴场
P.190 济州
Jeju-sh
济州市
贵日 外都
高内
水山
长田
p.196 济州烤肉店
P.191
新济州
桔梗餐厅
p.196
涯月
郭支海水浴场
善光寺
上加
月明寺
涯月邑
极乐寺
济州观光大学
Sin Jeju
神秘的道路
天马牧场
耽罗木石苑
济州大
新天地美术馆
纳邑
吾罗乡村俱乐部
p.194
西环线
大林
飞扬岛
翰林
凤城
观音寺
天王寺
御乘生岳
1169
挟才海水浴场
金刚寺
济州赛马场
东明
挟才窟
汉拿山国立公园
Hallasan Nat's Par
E
F
翰林公园
西部观光道路（中文高速化道路）
老路岳
御里牧山庄
金陵
翰林邑
Sebyeoruoreum
汉拿山 p.190
月令
1950
头毛
Gumeoreum
1100m高地休憩所
灵室奇岩
新昌
月林
1100道路（第2横断道路）
汉源
道乙岳
440
卡斯特雷斯乡村俱乐部
节妇岩
龙水
翰京面
济州盆栽艺术园
遮归岛
和平博物馆
东广
并岳
493
高山
山阳
济州新罗亭家庭旅馆
p.196 牛步苑
安德面
济州旅者酒店 p.200
草原骑马场 p.195
p.195 大侑狩猎场
光明寺
上仓
新桃一
法井寺
新桃二
仓川
中文高尔夫俱乐部
p.194
济州雕刻公园
西归浦市
安德溪谷
大静邑
法华寺
P.192
安城
天帝渊瀑布
西归浦市
永乐
中文观光区
保城
山房山
P.193
药泉寺
山房窟寺
和顺海水浴场
海光寺
哈梅尔纪念碑
正觉寺
柱状节理带
慕瑟浦
济州世界杯体育场
虎岛
p.189
亚瑟机场遗址
兄弟岛
新西归浦巴士总站
p.191 独立岩
p.13 松岳山
I
J
加波岛 p.189
马罗岛 p.189

釜山方向
C
D
G
H
K
L
三射石
济州民俗博物馆
金宁海水浴场
咸德海水浴场
东福
金宁寺
杏源
金宁蛇窟
北村
朝天
咸德
济州金宁迷路公园
万丈窟 p.193
坪岱
佛塔寺
龙门寺
兰岛
牛岛 p.189
旧左邑
细花
Park Southern Land
p.13,193
华泉寺
大屹
明法寺
道莲
上道
回泉
卧山
德泉
榧子林
龙华寺
宁坪
朝天邑
城山港
东南寺
日出之家
济州特别自治道
Jeju Special Self-Governing Province
松堂
水山
城山浦
松堂牧场
古城
城山日出峰 p.192
东部观光道路
涉地岬 p.192
济州乡村俱乐部
山君不离
p.193
新阳
大元牧场
新阳海水浴场
城邑牧场
城山邑
拒文岳
▲718
东环线
（第5·16横断道路）
城板岳休憩所
城邑乘马场
城邑民俗村
惠林寺
城板岳
▲1215
水灵山
▲504
日出地
三达
新丰
Ebichigandori俱乐部
表善面
新川
水岳溪谷
下川
观通寺
表善沙滩
新兴
济州民俗村博物馆 p.192
南元邑
汉南
衣贵
表善
内可旅游区
为美
泰兴
上孝
南元
下礼
新孝
善光寺
济州申荣电影博物馆
下孝
森岛
地归岛
N
济州岛
Jejudo
0
5km

济州岛 제주도

JEJUDO

地图 p.7-J~K

济州岛既有自然景观丰富的景点，也有类似博物馆之类的人文景观景点。

看点！
- 龙头岩 ③③③
- 城山日出峰 ③③③
- 天地渊瀑布 ③③③

前往济州的交通

飞机▶首尔（金浦机场）出发约需1小时5分钟，仁川机场出发约需1小时5分钟，釜山（金海机场）出发约需55分钟。

客船▶仁川港至济州港需13小时左右，釜山港出发需11小时左右。

旅游信息中心

济州国际机场内部　8:00~22:00　无休

※济州港内也有。

about JEJUDO 城市概况

是海底火山喷发而成的火山岛。古代曾经是名为“耽罗”的独立国家，后被高丽统一。也曾受中国元朝统治，现岛上骑马场所见的济州马，就是当年元朝所留下的大陆马。

1970年在政府的倡导下开发成观光地，如今是韩国最大的旅游胜地。以高尔夫球场和赌场为主，设立了不少展览馆、主题公园等大大小小类型不一的观光设施。其中展示与韩国本土不同的济州岛文化、习俗的设施，火山岛出现后形成的火山岩和洞窟等观光景点，是济州岛观光的特色。这里自然资源丰富、景色宜人，适宜野外徒步旅行。

Highlight 城市亮点

岛北部的济州市和拥有岛内最大免税店新罗免税店的新济州，是购物逛街的好去处。岛南部沿岸的中文观光区是韩国数一数二的高级旅游胜地。

如果你觉得还不过瘾的话，不妨去西归浦或济州市周边的潜水区潜水，或到咸德等地的沙滩来个海水浴，或环绕火山岛进行一次徒步越野（p.195）。

济州岛的节日▶“灵灯祭”（农历二月），就是祈求因为愤怒而引发海啸的灵灯婆婆能够平静下来的祭典。

济州岛的美食▶除了新鲜的鱼贝类，还有野山鸡火锅，济州蜜橘等柑橘类水果。

济州岛的特产▶有济州岛的象征“多尔哈鲁邦”——石头雕刻而成的守护神形象，汉拿山山脚才有的黑五味子茶等韩国的传统茶。

从中国飞往济州岛

■从上海出发，乘坐东方航空班机，约需1小时25分钟。从大连出发，乘坐南方航空班机，约需1小时30分钟。

机场交通指南

■济州国际机场／位于济州市旧市区的西面，到市中心打车只需10分钟左右。前往中文观光区或西归浦市需1小时左右。机场大楼小巧舒适，免税店等设施一应俱全。

济州岛的交通

岛内没有铁路，基本以汽车为主要交通工具。有些观光景点交通不便，还是打车方便些。

市内公交车

Bus

车费统一为1000韩元。济州市内约有50条路线。西归浦市内有15条，但若包括前往中文观光区等地的旅游巴士路线，则超过20条。主要城市的公交路线如网状般，且班次较多，使用方便。

市内公交车

市外巴士

Bus

要想在岛内自由行动，还是要靠市外巴士来实现。济州市和西归浦市就有5条通线。沿岸一周线路的东环线经过咸德海水浴场和城山日出峰，西环线经过挟才海水浴场和翰林公园等。两城市最短路线是西部的中文高速公路。济州市和中文之间的1100公路是韩国海拔最高的机动车道。汉拿山东部5.16公路和1100公路都经过汉拿山登山口。其他路线还有：电影博物馆的南朝路线，济州市和民俗村博物馆之间的东部观光路线，济州市途经高尔夫球场银座至慕瑟浦的西部观光路线等。一般全程所需时间，东、西环线最长，需2小时（3000韩元），西部观光公路线最短，需1小时（3000韩元）。

出租车

Taxi

2公里以内起步价为2200韩元，深夜0~4点加收20%附加费。包车则白天8小时需10万~12万韩元（司机伙食费另算）。济州市到中文或西归浦市的价格可以商谈，一般为3.5万~4万韩元。

船（环岛船）

Ship

济州岛周边充满魅力的离岛很多，是钓鱼、野营的热门之地。西归浦港设有环岛游览船。欧巴达公司（Onbada）推出的莞岛行路线，即济州港至楸子岛，1天1班，约2小时，10 650韩元以上。珍岛运输的木浦行路线也是1天1班，约1小时，1万韩元以上。城山浦至牛岛的渡轮、翰林港至飞扬岛的渡轮等都可前往部分离岛。

租赁汽车

Rent-a-Car

岛内有许多汽车租赁公司。只要在济州国际机场的窗口、酒店等地申请即可。前提是年满20周岁、拥有护照和国际驾照。也有提供司机的汽车租赁，每日需额外支付5万韩元。

小知识

济州岛是冒出海面的火山头

由海底火山喷发形成的韩国最高峰汉拿山，海拔1950米。远远望去，济州岛就是一个以汉拿山为中心而形成的岛屿。也可以说济州岛就是浮出海面的海底火山头。岛的表面附有凹凸不平的寄生火山的遗迹。类似这样的遗迹，岛内有将近360个，其中有些演变成汉拿山顶部火山口的子火山。尽管都是休眠火山，但全岛都是火山的奇特景观恐怕只有济州岛才有吧。可以说济州岛上的人们就是靠着这些火山生存的。岛上各类岩石众多，也是受惠于火山。稍微了解一下地理知识，也是相当有意思的。

海岸线上熔岩构成的奇景很多

济州岛 篇

畅享自由行 enjoy Freetime

壮丽的瀑布、美味的海鲜、免税店的名牌等，吃喝玩乐一应俱全，这是济州岛才有的完美组合。还在等什么，赶紧确定日期启程吧！

风光明媚的西归浦

1日游 推荐路线1 岛的玄关——济州市

佑彬餐厅的鲍鱼粥

是穿梭离机场、海港较近的济州市和新济州之间的路线。尽享名牌购物、海鲜市场等济州岛魅力之余，还可投入到繁华街道的时尚氛围和赌场的喧闹之中，保证让你玩得不亦乐乎。

10:00 新罗免税店 p.197
→ 出租车 5分钟 →
12:30 济州烤肉店 p.196
→ 出租车 15分钟 →
14:00 东门市场 ※1
→ 步行 3分钟 →
16:00 中央路 ※2
→ 步行 15分钟 →
18:00 华美达广场济州酒店 p.198

规模在岛内免税店中首屈一指。所购商品如为韩国品牌可直接拿走，其他的需在机场提货。

无论是味道、价格，还是店内氛围，在当地都评价极佳。为大型烧烤店。济州的烤肉可是一点儿也不输给首尔的。

济州岛特产海鲜的大卖场。方头鱼、韩国紫菜可是经典特产。

被誉为“济州明洞”的繁华街道。地上是时尚的中央路，地下是面向年轻人的个性小店。

晚上去高级酒店的赌场看看。可事先去酒店附近的佑彬餐厅来碗经典小吃鲍鱼粥填饱肚子。

※1地图 p.190-B　※2地图 p.190-A

1日游 推荐路线2 欣赏一下济州美丽的大海吧！

城山日出峰

感受济州岛的魅力之一——美丽的大海。住在中文观光区的高级酒店里，还不赶紧租辆汽车兜风去！大自然不可思议的杰作尽收眼底，肯定让你流连忘返。

10:00 柱状结理带 ※3
→ 乘车 10分钟 →
11:00 独立岩 p.191
→ 乘车 15分钟 →
12:00 正房瀑布 p.191
→ 乘车 1小时 →
15:00 涉地岬 p.192
→ 乘车 20分钟 →
16:30 城山日出峰 p.192

位于中文区，济州岛火山喷发后熔岩形成的离奇景观，宛如出自名雕刻家的艺术手笔。

“宫廷女官长今发誓”的地方，是一块突出海面的迷人岩石。周围风景宜人，适宜散步远足。

世界上少有的落海瀑布，天气好的话，在瀑布下能感受到异常清凉的空气。

韩剧《All In》的拍摄现场——涉地岬，海岸风景堪称一流。

是济州岛最东端海上的王冠形状的寄生火山。通往山顶的小径上，可以拍摄360度全景照片。

※3地图 p.193-B

走走、看看 Sightseeing • Walking

●제주도민속자연사박물관

济州岛民俗自然史博物馆

地图 p.190-B

●机场打车10分钟

●门票1100韩元　8:30~20:00（周日、节假日至18:30）　5月24日、清洁期间每年闭馆3天

内有济州岛的详细资料介绍

火山喷发冲出海面而形成的火山岛——济州岛，与和欧亚大陆相连的韩国本土有着不一样的自然景观和人文习俗。该馆以济州岛的人和自然为主题，详细介绍了从岩石地质特征、陆海生物，到济州岛的历史、经济甚至人们的生活等各种类型的资料。

●삼성혈

三姓穴

地图 p.190-B

●机场打车10分钟

●门票2500韩元　8:00~18:30（随季节有所变化）　无休

气氛庄严、安静的公园

三国时代，济州岛曾是耽罗国建国神话的圣地。据说当年毛兴穴出现了高乙那、梁乙那、夫乙那三位神人，与携带种牛、种马、五谷，踏浪而来的碧浪国的三姐妹结婚，养育后代，开创了耽罗国时代。济州岛三大姓氏高、梁、夫，也是源自这三位神人的名字。现在还能看到以这三大姓氏命名的道路，以及三个并排呈三角形的洞穴。

●용두암

龙头岩

地图 p.190-A

●机场打车5分钟

龙头形状的熔岩

是神话之岛济州岛的熔岩形成的自然奇景。关于龙头岩的传说有很多，如“企图夺取汉拿山山神之玉，以此化龙的大蛇，被愤怒的山神用箭射中，落到海里变成了岩石”，“居住在汉拿山白鹿潭的龙正欲擅自入海，触怒天威，被化作一块石头”等。

●국립제주박물관

国立济州博物馆

地图 p.184-B

●机场打车15分钟

●免费　9:00~18:00（3月~10月的周六至21:00，周日、节假日至19:00）（最晚入馆时间为闭馆时间1小时之前）　周一休馆

是济州岛唯一的国营文化设施。本土

小贴士

环岛潜艇的海洋观光之旅

济州岛环岛观光之旅是韩国国内超人气观光行程。其中最受欢迎的是东部的牛岛。从城山港出发只要15分钟，珊瑚遍布的沙滩宽广美丽。韩国最南端的马罗岛海岸线长达4公里。虎岛是类似要塞的岛。还有楸子岛、加波岛等。有些岛上住有居民，去那里钓鱼的人也很多。总而言之，无论哪座小岛都能让你享受悠闲度假的惬意。大国海底观光（064-732-6060）是最有名的潜艇观光公司。西归浦到蚊岛之间的30米水深的海中，还有黄色小潜艇游览项目。

美丽的小岛散布在济州岛周边

的博物馆以受到中国影响较大的文物等文化财产为主，这里主要强调北亚海洋文化圈的地理和历史背景介绍。

给人留下简洁印象的博物馆设计

●한라산

汉拿山

地图p.184-F

●机场打车40分钟（灵室休憩所）

●入山时间：日出至12:00（夏季延长）

位于济州岛的中心部位，是海拔1950米的火山。岛上无论哪个位置都能眺望到它，可见其有多雄伟。山顶是有白鹿潭之称的火口湖，堪称珍稀动植物的宝库。到达山口的登山道路共有四条，难易程度不同，其中相对容易的御里牧和灵室路线很受欢迎。

在西归浦附近海域眺望汉拿山

●천지연폭포
天地渊瀑布

地图 p.192-A

●机场坐公交车600路60分钟，码头（西归浦）下车，步行10分钟

●门票2000韩元　日出至23:00（11月~2月至18:00）　无休

有专门的小道可就近观赏瀑布。瀑布高约22米，宽12米。水珠飞溅，水声洪亮，令人震撼。华灯初上时，更添神秘气氛。大自然的精灵——鲈鳗鱼，就栖息在瀑布下的潭水中。一年四季百花齐放，是个散步散心的好去处。

一年四季景色美不胜收

●정방폭포
正房瀑布

地图 p.192-B

●机场坐公交车600路60分钟，KAL酒店下车，步行10分钟

●门票2000韩元　8:00~19:00（冬季至18:00）　无休

济州十景之一

高23米，宽8米，是直接流入海中的海岸瀑布。同天地渊瀑布等聚集在西归浦附近的瀑布合称济州岛三大瀑布。秦始皇派遣使者徐福求访长生不老药，曾途经此地，立下“徐福过此”的石碑。“西归浦”地名的由来也正源于徐福从西归来的典故。

●외돌개
独立岩

地图 p.184-J

●机场打车50分钟

是突出海平面20米左右的细长岩石。据说当年高丽军正是依靠这座如巨大武士般的岩石，使蒙古军惊慌失措而败逃，故而又名“将军石”。也有传说称其为“婆婆岩”。后因“宫廷女官长今发誓之地”而出名。

瞭望台上可尽览独立岩全景

●상산일출봉

城山日出峰

世界遗产

地图 p.185-H

●济州市外巴士客运站出发，走巴士东环线1小时10分钟，至城山下车，步行5分钟

●门票2000韩元　日出前1小时至19:30（11月~2月至18:30）　无休

是济州岛内360多座寄生火山中最有名的火山之一。由10万年前的火山喷发形成，高182米，面积达9.9万平方米的火山口周围竖立着99个石峰的奇特景观，宛如浮在海面上的王冠。晴天时，日出是这里的绝佳景观。

优美景观

●섭지고지

涉地岬

地图p.185-H

●济州市外巴士客运站出发，走巴士东环线1小时30分钟，至古城里下车，步行30分钟

是济州岛东海岸里突起的一个小岬角。不同于济州岛其他海岸，由一种红色的火山灰构成，海水透明度极高。随着涨潮和退潮，奇岩怪石在水中若隐若现，蓝色海水清澈见底。这里还是韩剧《All In》的拍摄地点，有重现剧中小教堂场景的“All In House”。

济州岛首屈一指的透明海岸

●제주민속촌박물관

济州民俗村博物馆

地图 p.185-H

●济州市外巴士客运站出发，走巴士东环线1小时，至民俗村下车即到

●门票7000韩元　8:30~18:00、7月~8月至18:30、10月~3月至17:00　无休

这座约16.5万平方米的大型野外博物馆，再现了19世纪的济州岛生活。介绍的是随着岛中心的汉拿山海拔的升高，岛民的生活所发生的重要变化。一共分为三个展场。其中户外公演场还有民俗艺术公演。设有济州乡土料理餐厅。

可以学到不少东西

●삼굼부리
山君不离

地图p.185-G

●济州市外巴士客运站出发，走巴士东部观光路线25分钟，至山君不离下车即到
●门票3000韩元　9:00~18:40、11月~2月至17:40
无休

是典型的寄生火山。不同于其他一般的火山，没有熔岩和火山灰的堆积，而是形成中部空穴的特征。其面积约99万平方米，周长约2000米，垂直高度约100米。

从火山口边缘俯视

●만장굴
万丈窟

世界遗产

地图p.185-C

●济州市打车50分钟
●门票2000韩元　9:00~18:00　无休

被认定为世界自然遗产，是世界上最长的熔岩洞窟。是火山活动导致熔岩流入地下层后形成的洞窟遗迹，总长13 422米，其中对外开放的熔岩石柱风景区就将近1000米。洞内地面起伏较大，不易行走。可欣赏到石柱、钟乳石层层沉淀的奇景。

洞内温度始终不变

●Park Southern Land
《太王四神记》外景地

地图p.185-C

●济州市打车1小时
●门票8000韩元　9:00~19:00、10月~2月至18:00
无休　※最晚入场时间为闭馆前1小时

位于东北部的妙山峰观光区，再现了广开土大王时期高句丽都城的盛大景观。是裴勇俊主演的韩剧《太王四神记》的拍摄基地，当年高句丽国王执政的大殿、城门、城镇等向游客开放。如今还完善了娱乐、购物、公园等设施。

现场真实展现了广开土大王时期都城的风貌

enjoy Freetime

畅享自由行

活力天堂 玩遍济州岛

打着旅游胜地金字招牌的济州岛，赌场、高尔夫、赛马、射击等娱乐项目一应俱全。在海与山的包围下，海水浴、徒步旅行或是环岛自行车游，总有一个让你大呼过瘾。

赌场 CASINO

建议看看就好

赌场在韩国是政府承认的合法娱乐设施。济州是韩国屈指可数的赌场密集地区，每家赌场的类型和服务也是竞争激烈，无论哪家都给人一种奢侈豪华感。一般的酒店里都设有赌场，大部分24小时营业。

照片为济州大酒店内部的济州大赌场

【DATA】

■济州东方酒店☎064-752-8222 地图p.190-A、→p.199

■济州KAL酒店☎064-724-2001 地图p.190-B、→p.198

■济州大酒店☎064-747-4900 地图p.191-A、→p.198

■济州黄金酒店☎064-741-8000 地图p.191-B、→p.200

■济州新罗酒店☎064-735-5415 地图p.193-A、→p.199

■济州乐天酒店☎064-731-1000 地图p.193-A、→p.199

自动赌博机

高尔夫 GOLF

济州岛最富活力的运动项目

很早之前济州岛的高尔夫就颇具人气。不少提供高尔夫和酒店住宿组合项目的旅行团业务蒸蒸日上。只有在济州，才能享受到边遥望汉拿山，边在起伏平缓的平原上挥动球杆的乐趣。有时还能看到当地的野山鸡，体验大自然给你的惊喜。岛内共有10个大大小小的高尔夫球场，因为竞争激烈，每家都提供高水准的服务。平时打18个洞也就在10万韩元以下。要是不在乎高尔夫球具的租金，完全可以直接过来挥舞球杆，不需要特意从中国带来很重的球具装备。

一望无垠的高尔夫绿色球场

【DATA】

●吾罗乡村俱乐部　地图p.184-F

☎064-747-5100　FAX 064-747-2650　营 6:00~20:00，11月~2月6:20~19:20　休 无休　交 济州大酒店每隔30分钟或1小时有专车接送，最好事先预约　₩ 非会员平时一天10.1万韩元，假日13.7万韩元，球具租金4万韩元起，2人小车5万韩元起，1个球童1个球包（18洞）5万韩元起

●中文高尔夫俱乐部　地图p.193-J

☎064-735-7291　FAX 064-738-4361　营 日出至午后　休 无休　交 中文观光区内（入住济州新罗酒店附送接机、送机服务），最好提前预约　₩ 平时消费9.1万韩元、周末消费12.8万韩元，租用高尔夫设备2.5万韩元不等，球车6万韩元，1个球童和4个球包9万韩元

吾罗乡村俱乐部（接待处）

骑马 HORSE RIDING

在草原上骑着济州马奔跑

虽说是骑马，也只是在工作人员的协助下环绕牧场一周，所以绝对安全。济州马又称早郎马，为一种体形矮小但结实的马，是当年元朝为了攻打日本特意引进的蒙古种马匹。后来在济州岛繁衍开来，如今岛内仍有许多牧场和骑马场。

气氛欢快的骑马体验

【DATA】
●草原骑马场　地图p.184-J　☎064-738-0344
营9:00至日落　休无休　交中文观光区乘车5分钟即可到达，另有接机、送机服务　₩摄影套餐消费1.1万韩元（约7分钟）、A套餐2.5万韩元（20分钟）、B套餐3.5万韩元（30分钟）
※ 站在马场的山丘可以环视汉拿山雄伟的景色。马场免费租借皮夹克、帽子和靴子。

射击 SHOOTING

一同享受射击和狩猎的乐趣吧！

拿着只有在电影、电视上才能看到的真枪实弹，在这里亲自上阵来个步枪射击。真枪实弹的魅力就在于发射时的冲击力和压迫感绝对高出你的想象。当然，在教练的指导下是没有生命危险的。如果你玩腻了练习场，那就去狩猎场试试身手吧！说不定还能尝到自己狩猎的战利品野山鸡呢！

可移动式枪靶

【DATA】
●大侑狩猎场　地图p.184-J　☎064-738-0500
FAX 064-738-5585　营9:00~17:30、6月~8月至18:30
休无休　交中文区打车5分钟　₩射击：小步枪9、22、38各口径12发，45口径10发，来复枪12发，均3.5万韩元，可连发。射击场：练习20发3.5万韩元。狩猎场：需1.5小时，15.5万韩元。

徒步越野 Olle Trekking

尽享济州岛的自然气息

如今的济州岛有个非去不可的好去处，那就是有“Olle”之称的徒步越野小路。一共16条路线，环绕济州岛一周。购买一张“Olle”运动卡，即可享受“邮戳马拉松”的乐趣。体验岛上海岸美景，可选择从牛沼端出发，经由西归浦市至将军岩的6号普通路线。

在起点盖上“邮戳”后再出发，一路上路标众多，不必担心迷路。偶尔沿着海岸线走走，抑或是向小山坡寄生火山前进。虽然有不少陡坡，但在坡上观望美景却能令身心的疲劳完全得到释放。

途经正房瀑布，直达西归浦市。在市场等地稍作休息，再前往将军岩景区时，也许会感觉到一丝疲劳，但心情绝对舒畅。

从寺岳眺望远处

“邮戳马拉松”

可以试试平常走不了的小路

【DATA】
推荐路线
●5号路线：14.7公里／共需5小时
南元里—水产研究中心—牛沼端
●6号路线：15公里／共需5小时
牛沼端—寺岳—西归浦KAL酒店—正房瀑布—将军岩
●10号路线：15.5公里／共需5小时
和顺—堆积岩地带—山房山—松岳山—亚瑟机场—慕瑟浦港
https://www.jejuolle.org/

旧济州　海鲜料理（生鱼片）

●해녀횟집

海女刺身店

地图 p.190-A

Card

交 机场乘车10分钟
✉ 济州市塔洞1192-11 ☎ 064-724-6212/722-3265 营 9:00~24:00 休 无休 ₩ 3万韩元

生鱼片竞争区域里的20年老字号

除生鱼片以外，还附加几碟冷菜以及最后的咸辣杂碎汤。属于韩式生鱼片店。正如招牌菜所示，鲍鱼、蝾螺是当地的特产。一般的生鱼片套餐3万韩元，已经很划算了。还有美味的海鲜锅和生鱼片盖饭。

旧济州　海鲜料理（鲍鱼粥）

●유빈

佑彬

地图 p.190-A

Card

交 机场乘车10分钟
✉ 济州市三徒2洞1200-1 ☎ 064-753-5218
营 8:00~21:00 休 无休 ₩ 2万韩元

精选上等食材的鲍鱼粥

鲍鱼料理专营店。纯天然人气产品鲍鱼粥，除鲍鱼、大米以外，只放麻油、水和盐。韩国产的天然鲍鱼，美味又新鲜，还富有嚼劲，再加上粥的细腻滑口，简直是绝配。鲍鱼的“全家福”套餐还包括生鲍鱼片和烤鲍鱼片的豪华组合。

西归浦　济州乡土料理（海鲜锅）

●삼보식당

参宝餐厅

地图 p.192-A

Card

交 西归浦市外巴士总站步行10分钟
✉ 西归浦市天地洞319-8 ☎ 064-762-3620
营 8:00~21:30
休 无休 ₩ 2万韩元

当地人喜爱的乡土料理店

是以济州特有的鱼贝类食材为主料的乡土料理店。店主人品好，吸引了不少当地人前来捧场，可谓人声鼎沸。店内席式座位较多，比想象的要宽敞明亮很多。热门推荐菜式海鲜锅1万韩元。鱼贝的鲜美加上特制的辛辣酱汤，形成独特口感。

旧济州　济州乡土料理（太刀鱼汤）

●도라지식당

桔梗餐厅

地图 p.190-B

Card

交 机场乘车10分钟
✉ 济州市吾罗3洞2112 ☎ 064-722-3142
营 9:30~21:30 休 无休 ₩ 1万韩元

店主自创鱼汤大受欢迎

该店通过改良传统的乡土料理一举成名，其中以济州人喜欢的鱼汤最出名。肥美的切片太刀鱼用蔬菜汁浸泡，去除腥味，只留下淡淡的咸味。甘鲷鱼和裙带菜汤也相当美味。单品均为1万韩元。

店名	地址、电话	路线	营业时间	休息日	参考
道好村 도호촌	地图 p.191-B 济州市莲洞293-101 ☎064-743-9233	机场乘车10分钟	9:30~22:00	无休	价格较昂贵，想要品尝上等肉类的人不妨去这家烤肉店奢侈一下。
济州烤肉店 제주 늘봄	地图 p.184-B 济州市老衡洞2301 ☎064-742-7700	机场乘车10分钟	11:00~22:30	无休	当地名店。炭火烤牛肋排人均1.7万韩元，价格公道。
牛步苑 우보원	地图 p.184-J 西归浦市上猊洞144 ☎064-738-0500	机场乘车50分钟	9:00~18:00（晚上需预约）	无休	野山鸡火锅1.2万韩元，清淡型。夏季还有野山鸡冷面。

英 店员会用英语交流　Card 可用信用卡消费

购物 Shopping

新济州　免税店

THE SHILLA DUTY FREE（Jeju Shop）

新罗免税店（济州店）

地图 p.191-A

英 Card

交 机场乘车5分钟

✉ 济州市莲洞252-20

☎ 064-710-7100 营 10:00~19:30 休 无休

与首尔新罗免税店相媲美的规模

机场乘车只需5分钟，交通十分便利。整栋楼都是独立店铺，其规模堪比首尔新罗免税店，在岛内更是首屈一指。店内设有7大精品时尚店，如路易斯·威登、爱马仕、罗意威、艾特罗、菲拉格慕、蒂芙尼等。还有古琦、普拉达等时装店和各类化妆品柜台等。

中文　免税店

LOTTE DUTY FREE JEJU

乐天免税店济州店

地图 p.193-A

英 Card

交 机场坐600路公交车45分钟，至乐天酒店下车即到

✉ 济州乐天酒店内 ☎ 064-731-4410

营 10:00~19:00、周六9:00~21:00

休 无休

世界顶级品牌的聚集地

位于中文区中心。该店格局简单，容易找到所需商品。香奈儿、宝格丽、卡地亚、托德斯这样的精品店在此均可找到。近年，古琦和登喜路的精品店也在此开张。济州岛的免税店在商品更新上比首尔要慢，说不定能买到之前的缺货品或折价品哦！

旧济州　超级大卖场

E MART제주점

E-MART济州店

地图 p.190-A

英 Card

交 机场乘车5分钟

✉ 济州市三徒2洞1259 ☎ 064-729-1234

营 10:00~23:00 休 无休

土特产丰富的超级大卖场

为韩国大型连锁超市，各类商品琳琅满目，应有尽有。冷冻甘鲷鱼等济州特产都以当地价格为标准。超市购物，不必担心语言问题。

旧济州　眼镜店

●서독안경

西德眼镜店

地图 p.190-B

英 Card

交 机场乘车10分钟

✉ 济州市一徒1洞1454-1 ☎ 064-758-8900

营 9:30~21:30 休 无休

老字号眼镜店

验眼完后30分钟就能配好眼镜。如住在济州市内的酒店，则可免费送货，也可发送到游客所在国家（运费另算）。春夏两季有特价。

小贴士

接触岛民生活的民俗五日市

如果你对济州岛的平民文化感兴趣的话，那绝不能错过民俗五日市。“济州市民俗五日市”位于新济州北侧的道头洞，每月逢2、7的日子开市。1.6万余平方米的面积聚集了1000多家店铺，主要出售农产品、新鲜食品、服饰等生活必备品。即便是在超级大卖场横行天下的今天，这里一如既往的平民生活写照，仍令人着迷。

英 店员会用英语交流　Card 可用信用卡消费

沉醉在海与山的包围中

喜爱美食和购物的你，不妨住在离机场较近的旧济州或新济州地区；想要享受懒散的悠闲假日，建议你去中文或西归浦地区的旅游胜地住宿比较好。市内也有客房可远眺大海的酒店。或许正是因为在济州岛这样的旅游胜地，酒店设施才如此人性化吧！

旧济州　特1级 ★★★★★

Ramada Plaza Jeju Hotel　地图 p.190-A

华美达广场济州酒店

成为济州的话题中心的豪华酒店

“Plaza”代表全球华美达酒店连锁店中的最高级别。2003年7月开业。其雄伟的规模——高9层，全长206米，宛如豪华客轮的曲线设计，在济州岛上可谓独一无二。就连服务员都开玩笑说：可以直接在阳台上钓鱼。所有客房的设计无不给人一种来自海洋的开放感。

交 乘坐机场的接送大巴10分钟
₩27.72万韩元起
室 380间
☎ 064-729-8100
FAX 064-729-8528
✉ 济州市三徒2洞1255
HP http://www.ramadajeju.co.kr/

通风式的大厅

海风吹入客房

济州岛的新标志

* 设备标志请参考p.110~111

旧济州　特1级 ★★★★★

Jeju KAL Hotel　地图 p.190-B

济州KAL酒店

入住可累积里程换折扣

作为济州最高建筑物，在此眺望到的海港和济州美景绝对是首屈一指。直属KAL（大韩航空）公司旗下，深受该公司会员的好评。

交 机场乘坐500路公交车至市民会馆下车，需15分钟
₩20.25万韩元起
室 282间 ☎ 064-724-2001 FAX 064-720-6515
✉ 济州市二徒1洞1691-9
HP http://www.kalhotel.co.kr/

累积里程也能支付房费

新济州　特1级 ★★★★★

Jeju Grand Hotel　地图 p.191-A

济州大酒店

多数住客为外国人

共512间客房，是济州最大的酒店。房内空间宽敞明亮。在韩式餐厅里能品尝到特色料理。大酒店附近就是吾罗乡村俱乐部，距离不过15分钟的车程，而且娱乐消费价格公道。

交 机场乘车10分钟
₩191 120韩元起
室 512间
☎ 064-747-4900 FAX 064-747-0278
✉ 济州市莲洞263-15
HP http://www.grand.co.kr/

新济州的代表建筑

白色基调的客房

面朝庭院的休息室

旧济州　　特1级 ★★★★★

Jeju Oriental Hotel　　地图 p.190-A

济州东方酒店

遥望济州港的绝妙之地

是济州老酒店的代表之一。从客房眺望到的海景异常美丽。内部设有保龄球馆，房客可享优惠折扣。

交 乘坐机场的接送大巴10分钟（每小时1班）
₩ 16.94万韩元起 室 313间 ☎ 064-752-8222
FAX 064-752-9777
✉ 济州市三徒2洞1197
HP http://www.oriental.co.kr/

富丽堂皇的入口

中文　　特1级 ★★★★★

Lotte Hotel Jeju　　地图 p.193-A

济州乐天酒店

每晚举办火山爆发秀

火山爆发秀是其他旅游胜地难得一见的胜景。由于济州岛就是海底火山喷发而自然形成的岛屿，故有这样演示火山爆发的表演秀。无论是设施还是氛围，都是豪华级别，连工作人员的服务也是极其到位的。通过经营百货大楼和免税店，集团已经摸索出吸引客源的捷径。想要度过高水准的假期，这家酒店再适合不过了。

交 机场乘坐600路公交车，至乐天酒店下车
₩ 34万韩元起 室 500间
☎ 064-731-1000 FAX 064-738-7305
✉ 西归浦市穑达洞2812-4
HP http://www.hotellotte.com/

宽敞的庭院里设有独特的小屋

设施完善的客房

中文　　特1级 ★★★★★

THE SHILLA JEJU　　地图 p.193-A

济州新罗酒店

热带南欧风格的建筑

将南欧高级旅游胜地的精华全部凝聚在这座酒店中，连客房内的细节都经过精心设计，尽显奢华之美，令人大呼过瘾。从外面看，简直是与世隔绝的桃花源。海外VIP客户们都喜欢在这里开会洽谈。近年，酒店还设置了全域无线网络。在鸟语花香的庭院里，边上网边眺望迷人的大海，岂不妙哉？

交 机场乘坐600路公交车40分钟，至新罗酒店下车
₩ 32.5万韩元起 室 429间
☎ 064-735-5114 FAX 064-735-5415
✉ 西归浦市穑达洞3039-3
问☎ 03-3586-7571 HP http://www.shilla.net/jp/jeju/

梦幻般的泳池

幽雅的客房

中文

The Seaes Hotel & Resort　　地图 p.193-B

西亚斯酒店度假村

济州传统民房酒店

外表看起来是稻草屋顶的济州老民居，里面可是现代化的客房。所有的小木屋聚集在一起就变成了度假村。

交 机场乘坐600路公交车50分钟，至如美地植物园下车 ₩ 26万韩元起
室 26间
☎ 064-735-3000
FAX 064-735-3003
✉ 西归浦市中文洞2563-1
HP http://www.seaes.co.kr/

在庭园内散步，乐趣无穷

中文 特1级 ★★★★★

地图 p.193-A

Hyatt Regency Jeju

济州凯悦丽晶酒店

尽情享受温泉和按摩

酒店完美地结合了当地的地理情况，从阳台到断崖都精心设计，供游客观赏美景。提供美容沙龙和温泉项目。

交 机场乘坐600路公交车50分钟，至凯悦酒店下车
₩ 31万韩元起 室 224间
☎ 064-733-1234 FAX 064-732-2039
✉ 西归浦市穑达洞3039-1
问☎ 03-3288-1234
HP http://www.hyattjeju.com/

边泡温泉边赏海景

中文 特1级 ★★★★★

地图 p.193-A

THE SUITES HOTEL

济州岛秀特酒店

中文观光区的特级酒店

该特级酒店沿袭南欧度假酒店的经典风格，小巧舒适，魅力十足。附近的高尔夫球场和海水浴场，是闲暇之余漫步的好去处。夏天还有露天啤酒会。

交 机场乘坐600路公交车约40分钟，至济州岛秀特酒店下车 ₩ 15.5万韩元起
室 90间 ☎ 064-738-3800
FAX 064-738-8080 ✉ 西归浦市观光团地路149 ☎ MC首尔事务所 02-732-3888
HP http://www.suites.co.kr/

轻松享受完美假期

旧济州
地图 p.190-A
罗伯如酒店
Hotel Robero 1级 ★★★★

交 机场打车10分钟
₩ 8万韩元起 室 113间
☎ 064-757-7111 FAX 064-755-9001
✉ 济州市三徒2洞57-2

距离济州岛最大的繁华街道只需步行5分钟。大床位的房间幽雅别致。

旧济州
地图 p.190-A
济州太平洋酒店
Jeju Pacific Hotel 特1级 ★★★★★

交 机场打车7~8分钟
₩ 16万韩元起 室 177间
☎ 064-758-2500 FAX 064-758-2521
✉ 济州市龙头1洞159-1
HP http://www.jejupacific.co.kr/

位于旧济州中心地带，可步行前往中央路和海鲜市场，体验旧城的氛围。

旧济州
地图 p.190-A
济州宫殿酒店
Jeju Palace Hotel 1级 ★★★★

交 机场打车10分钟
₩ 12万韩元起 室 105间
☎ 064-753-8811~8 FAX 064-753-8820
✉ 济州市三徒2洞1192-18

正对面就是一个公园，可一眼望到海边。离西码头较近，交通便利。

新济州
地图 p.191-A
新皇冠酒店
Hotel New Crown 特2级 ★★★★★

交 机场打车10分钟
₩ 13.5万韩元起 室 123间
☎ 064-742-1001 FAX 064-742-7466
✉ 济州市莲洞274-12
HP http://www.hotelnewcrown.co.kr/

南客房可观赏汉拿山，北客房可观赏济州湾。且离济州的繁华街道很近。

新济州
地图 p.191-B
济州黄金酒店
The hotel & Vegas Casino 特1级 ★★★★★

交 机场乘坐600路公交车10分钟，至黄金酒店前下车 ₩ 164 560韩元起 室 202间
☎ 064-741-8000 FAX 064-746-4111
✉ 济州市莲洞291-30
HP http://www.thehotelasia.com/

房间备有电脑，并开通高速上网连接装备。

新济州
地图 p.191-A
济州皇室酒店
Jeju Royal Hotel 特2级 ★★★★★

交 机场打车5~10分钟
₩ 6万韩元起 室 115间
☎ 064-743-2222 FAX 064-748-0074
✉ 济州市莲洞272-34
HP http://www.jejupacific.co.kr/royal/

紧邻购物中心，地下是美容沙龙，适合女性。

西归浦
地图 p.192-B
西归浦KAL酒店
Seogwipo KAL Hotel 特2级 ★★★★★

交 机场乘坐600路公交车1小时，至西归浦KAL酒店下车 ₩ 20.25万韩元起 室 225室
☎ 064-733-2001 FAX 064-733-9377
✉ 西归浦市吐坪洞486-3
HP http://www.kalhotel.co.kr/

拥有9.9万平方米的大庭院。客房内也可享受全方位的魅力海景。

地图 p.184-J
济州旅者酒店
Travellers Hotel JeJu 特2级 ★★★★★

交 机场乘坐600路公交车40分钟，至如美地植物园下车，再打车10分钟
₩ 20万韩元起 室 113间 ☎ 064-738-9000 FAX 064-738-9009 ✉ 西归浦市廻水洞30
HP http://travellersjeju.com/

地处山中，是景色宜人的观光酒店。可免费租用自行车。

旅行信息

Travel Information

在出发前的携带物品确认清单☑

	确　认	物　品	重要程度	备注及参考页码
登机随身行李		护照	◎	p.206
		出境旅行意外保险单	◎	p.206
		飞机票（登机牌）	◎	
		旅行团员证／机场的登机牌	◎	
		现金（人民币）	◎	p.207
		现金（韩元）	△	也可以到达目的地时再兑换
		信用卡	○	
		旅行支票	△	
		旅游指南书／旅行会话书	◎	
		洗漱用品／手帕／纸巾	◎	
		化妆品／生理用品	◎	
		护照复印件／证件照（2张）	○	p.222
		笔记本电脑／文具	○	
		雨具	○	夏日必备
		糖果	○	以防口干舌燥
		太阳镜	○	太阳光强烈时可戴上
		手机	△	p.216
		照相机／内存卡／电池	△	
		常备药	◎	p.203
		英文版诊断书	△	
托运行李		换洗衣物	◎	
		内衣、袜子	○	也可带一次性内衣，旅行用品店有售
		手帕／纸巾	○	
		洗发液／护发素	◎	出于环保目的，韩国酒店不配备
		吹风机／剃须刀	○	
		洗衣用品	○	
		塑料袋	○	
		掏耳勺／棉棒	△	
		毛巾	△	
		拖鞋	△	非高级酒店的房间内不配备
		方便食品	△	不习惯吃韩国料理时
		便携式小刀	△	不可带上飞机
		闹钟	△	
		针线包	△	

◎ ＝必要　　○ ＝应备　　△ ＝因人而异，携带会比较方便

当地旅游信息收集

在国内，制订旅游计划的时候，一定要尽可能多地查找韩国旅行信息。其中，最方便的途径就是咨询韩国旅游发展局的中国办事处和登录其官方网站查找信息。特别要说明的是，网站上的信息丰富多彩，有观光景点、旅游资讯、美食餐厅、住宿设施、传统文化等的介绍，可以为游客的旅行提供很大的帮助。另外，在网站上还可以找到地图等电子版指南资料，以及申请志愿者导游。

另外，韩国大部分城市的旅游官方网站也会提供中文界面，详细介绍各个城市的景点、美食、节庆、历史等资料，游客可以事先登录所要去的城市的网站查询有关信息。

■韩国旅游发展局

韩国旅游发展局是韩国的国家旅游机构，是韩国的旅游宣传及管理部门。韩国旅游发展局在中国的北京、广州、沈阳、香港等地设有办事处。在这些办事处，都有相关专业人士为游客解答各种韩国旅行问题，而且可以找到各种中文版的韩国导游地图、旅游信息小册子等，建议游客事先前往咨询、确认。

■驻华韩国文化院

驻华韩国文化院是介绍韩国文化、促进韩中文化交流的场所，位于北京朝阳区光华路。在这里，有各种展示活动，并有韩国文化教室及韩国图书阅览室。如果游客想要进行一次韩国深度游，事先了解一些韩国传统文化知识，是很有帮助的。可以登录韩国文化院的官方网站，网站上有详细的资料介绍。

✉北京市朝阳区光华路光华西里1号
☎010-65016566
FAX 010-65016966
营 周一~周六9:00~18:00
休 周日

■韩国驻华大使馆

到韩国，事先需办理签证（详细信息可参照p.206），此类相关信息，韩国驻华使馆网站上有很详细的说明，可多加利用。

HP http://china.koreanembassy.cn/

■中国驻韩大使馆

人在国外，如果遇到突发事件，必要情况下可以联系中国驻韩大使馆寻求帮助。大使馆的网站上也会有一些当地信息资料，可以多加关注。

HP http://www.chinaemb.or.kr/chn/

中国各地的主要的韩国旅游发展局办事处

北京办事处

✉北京市朝阳区光华路光华西里1号韩国文化院3层
☎010-65858213/4 FAX 010-65858147

广州办事处

✉广州市体育东路114-118号财富广场首层
营 周一至周五9:30~17:30
☎020-38931639、38931790
一般个人旅游咨询、活动咨询：转0/208

沈阳办事处

✉沈阳市和平区和平北大街69号总统大厦C座703号
☎024-22814155/4255
FAX 024-22815155
邮 kto_sy@126.com

香港办事处

✉香港铜锣湾告士打道280号世界贸易中心22楼2202-2203室
☎ （852）25238065
FAX （852）28450765

出发前的健康提示

身体吃不消，再精彩的海外旅游也是竹篮子打水——一场空。相反，即便身体不好，只要出发前妥善准备，也能轻松享受精彩旅行。

选择旅游团的注意要点

韩国的冬天极其寒冷，做好防寒准备是关键。旅行前的身体调养也很重要。不能吃辣的人，要向旅行社事先申明自己只能吃不辣的韩国料理。

担心身体健康的人，应尽量选择日程宽松的旅行团。相对于2日观光游，不妨选择3日游或4日游这样的轻松旅行行程。

要提醒自己的问题！

- 每天的出发时间和集合时间都是什么时候？
- 爬阶梯、远距离徒步、边走边游玩的旅行方式，吃得消吗？
- 身体吃不消时，可以取消旅行安排吗？
- 能保证服药时间吗？
- 有充裕的时间上厕所吗？
- 有必要在当地看医生吗？

选好旅游团后的准备

因行前准备过于忙碌，出发前身体突然出现问题也是常有的事。所以出发前请务必保持平常心态，保证正常的一日三餐、充足的睡眠和丰富的营养吸收。

如果出发前生病，务必事先请医生确认自己是否适合旅行，或者向医生咨询在旅行中需要注意的问题。如果是每天都需定时服药的人，一定要备足旅行期间的用药。考虑到旅行日程延长的可能，最好多备些药品剂量，以防万一。

对身体状况很有自信的人，也不能掉以轻心。事先做个健康检查吧，也好让自己安心。有些旅游团，根据参加成员的年龄和健康状态，可能会要求做些健康方面的检查或提交健康诊断结果的证明。

出发前的必备物品

■诊疗资料和保险

在国外生病或者受伤，可以去当地的医院接受治疗。如果旅行前购买了出境旅行意外保险，那么所需的治疗费和医药费则可以得到适当的报销。境外的诊疗费、治疗费普遍较高，为了以防万一，买份保险是最好不过的了（参照p.206）。但是要注意投保产品的赔付范围和具体条款。

由于境外就医还存在语言交流问题，所以最好带些常备药或者相关的诊疗材料，方便境外就医。必备材料，指的是英文版的病历卡以及处方等。以上这些都可以麻烦医生或者专业人士来编写，务必保证准确无误。特殊情况下，最好随身携带这些材料。

■常备药

可以携带感冒药、镇痛剂、肠胃药、止泻药、便秘药、消毒水等常备药。尽可能带些平时用惯的药品。容易晕车的人不要忘记带晕车药。

飞机上的安排

前往韩国的直飞航班一般需要1~2个小时，但是机舱座位的空间并不是很宽敞，想要坐得舒服一点儿，可是要下一番“苦功”的。尽量不要穿牛仔裤等束缚身体的紧身衣裤，坐下时要让腰部放松。座位上没有备用毛毯时，可直接向机舱乘务员索取，再盖在自己的膝盖上。

研究出发日期一览表

月份	1月			2月			3月			4月			5月			6月		
季节	冬						春											
旬	上旬	中旬	下旬	上旬	中旬	下旬	上旬	中旬	下旬	上旬	中旬	下旬	上旬	中旬	下旬	上旬	中旬	下旬

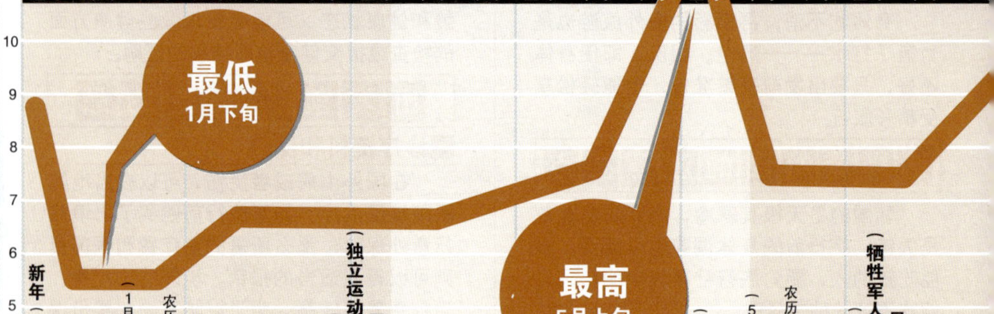

节假日（*2011年、2012年）**

- 新年（1月1日）
- 春节（1月23日**）农历正月初一
- 三一节（独立运动纪念日）（3月1日）
- 儿童节（5月5日）
- 佛诞节（5月10日*）农历四月初八
- 显忠日（牺牲军人献祭日）（6月6日）

职业足球比赛日程为2011年

▶正规赛（2月下旬~11月上旬）

▶比赛结束 5月下旬~8月下旬

职业棒球 ▶正式小组赛，3月下旬~9月下旬

观光主题

河回别神假面剧

▼宗庙大祭（5月第一个周日） 观赏

▼南原春香祭（5月上旬） 观赏

韩国国花无穷花的开花期（6月~10月）▶观赏

观赏◀樱花开花期（3月下旬~4月上旬）

购物◀冬季大减价

购物◀春季大减价（3月下旬~4月中旬）

注意事项

●**旅行准备** 首尔连日低温，最低气温可降至15℃。

●**街头风景** 2月下旬前为冬季折扣。每年2月正值农历春节，归乡造成的交通拥挤很壮观。春节当天几乎所有商店休业。不怎么下雪。

●**旅行准备** 3月前，0℃以下的严寒仍在持续中。中旬以后，气温上下变动厉害，要注意身体。

●**街头风景** 韩国3月起就是新年。尽管还很冷，3月上旬的街道已有春天的气息。4月樱花盛开，飘落空中，十分美丽。

●**旅行准备** 4月至5月气候温暖，与国内并无差异。天气好，适宜旅游。

●**街头风景** 5月气温上升至30℃，进入早夏。6月是国花无穷花的开花期。这时雨天增加，进入梅雨季节。

气候（℃）

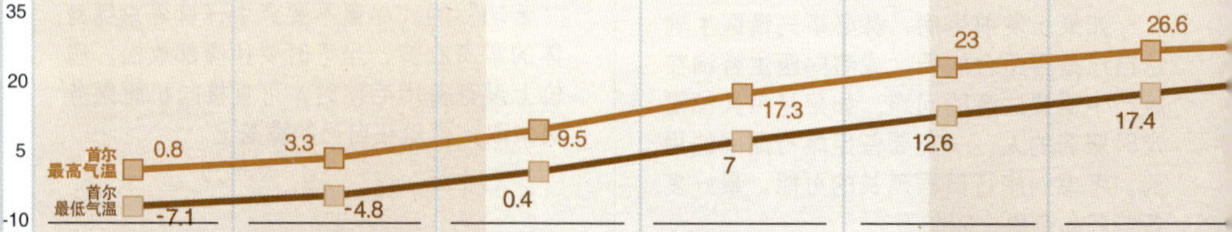

月份	1月	2月	3月	4月	5月	6月
气候	极冷，做好防寒准备	很冷，每天最高温度0℃以下	中旬开始变暖	植物发芽季节，气候宜人	进入夏天，温度升高，适宜旅行	南部日照日益强烈
日出/日落	7:46/17:37	7:21/18:11	6:43/18:39	5:57/19:07	5:23/19:34	5:10/19:55

夏			秋			冬
7月	8月	9月	10月	11月	12月	

旬 中旬 下旬 上旬 中旬 上旬 中旬 下旬 上旬 中旬 下旬 上旬 中旬 下旬 上旬 中旬 下旬

活泼的国民性格

光复节（8月15日）

秋夕（中秋节）农历八月十五（9月12日*）

开天节（建国纪念日）（10月3日）

釜山港

圣诞节（12月25日）

冠军争夺赛（11月下旬~12月上旬）

釜山国际电影节（10/6~10/14*）▶观赏

安东国际假面舞节（9/30~10/9*）▶观赏

水原华城文化节（10/6~10/9*）▶观赏

红叶节（10月下旬~11月中旬）▶观赏

釜山南浦洞

泡菜期（腌渍泡菜过冬）▶食

购物 ◀夏季大减价（7月下旬~8月） 购物

▲秋季大减价（10月中旬~11月中旬）

●旅行准备 雨季时期，勿忘带伞和雨衣。虽处于炎暑，空调房内还是需穿件薄衫。
●街头风景 7月为雨季。下旬过后，梅雨结束，迎来炎暑。湿度低，但并不潮湿，出门神清气爽。8月半前开始夏季折扣季。

●旅行准备 9月基本还是夏天。下旬后气压升高，早晨较凉爽，需备长袖。
●街头风景 10月秋高气爽。红叶出现，首尔的10月下旬至11月上旬景色最美。中秋节和春节一样，归乡队伍壮大，店铺几乎都休业。

●旅行准备 秋季不长，瞬间进入冬季。12月起气温降至0℃以下，防寒衣物是必备的。
●街头风景 立冬时，街头到处可见大妈们腌渍泡菜。这是泡菜期，需要大量腌渍泡菜以备过冬。泡菜期一过，完全入冬。

	7月	8月	9月	10月	11月	12月
最高气温	28.5	29.5	25.5	19.7	11.2	3.7
最低气温	21.6	22.2	16.5	9.5	2.6	-4
	光强烈，注意补水	南部地带中暑事件多发	降水量增加，干旱问题解决	早晚温差大，注意身体	外加薄款外套	日光照射变弱，过冬准备还没开始
	5:22/19:53	5:47/19:25	6:14/18:40	6:40/17:55	7:12/17:21	7:40/17:15

旅游必备证件

护照

护照是一个国家的公民出入本国国境和到国外旅行或居留时，由本国发给的一种证明该公民国籍和身份的合法证件。去国外旅行，护照可是必须携带的物品之一。我国护照分为普通护照、外交护照和公务护照三种，公民出境旅行，办理普通护照即可。普通护照的有效期为10年；申请人未满16周岁的，签发5年期护照。护照有效期不足6个月需要更换护照。

护照的申请

以北京市公安局护照办理为例。

护照首次申请

首次办理普通护照时，申请人要提供：申请人近期正面免冠彩色照片（2寸白色或淡蓝色背景）一张；本人户口本、居民身份证的原件及复印件；填写好的《中国公民因私出国申请表》（可在各派出所、公安局出入境管理处网点领取，也可从网上下载）；其他特殊人员需提供的材料。（建议您事先联系相关部门确认各项资料）工本费需200元。

签证

签证是由目的地国家的驻外使馆所发放的允许入国的许可证。韩国签证按照时间长短分为短期（不超过90天）和长期（90天以上）两类，韩国短期签证又分为商务签证、个别旅游签证、团体旅游签证、探亲旅游签证等。一般跟团旅游，可按旅行社的要求准备相关材料，一般为护照、照片、身份证复印件以及一些证明材料等，然后由旅行社统一办理团体旅游签证，省去了自己申请的麻烦。如果想自助旅行，申办个人旅游签证，那么建议到韩国驻华大使馆网站先了解申请签证的程序和所需的资料。

购买出境旅游保险

出国旅游的时候，由于气候、饮食、生活习惯等均发生了变化，游客语言不通、心理紧张，再加上各种意外事件层出不穷，可能会带来身体的不适和一些突发情况。虽然旅行社会为游客提供旅行责任险，但是由于游客个人过失导致的人身伤亡和财产损失，以及由此导致的各种费用等，不在旅行社责任险的赔付范围之内。为了保证自己的健康和安全，购买一份旅游意外保险是一个不错的选择。这类保险可自行咨询保险公司，也可以请旅行社代为办理。

在购买出境旅游保险的时候，一些业内人士建议，最好包括紧急救援和医疗垫付两项功能。目前，国内多数保险公司都与一些国际救援机构合作推出境外紧急救援服务。如果游客遇到险情，可与投保公司合作的救援机构取得联系，救援公司就会提供包括治疗救援等一系列服务。

各家保险公司推出的保险种类、内容各有不同，建议您仔细了解保险产品的投保范围和所提供的服务，同时还要根据旅游目的地国家的情况，来考虑是否要搭配不同的险种。

签证可到这里办

韩国驻华大使馆

✉ 中国北京市朝阳区东方东路20号
☎ （010）85310700
邮 chinawebmaster@mofat.go.kr

韩国驻华总领事馆

✉ 北京市朝阳区东直门外大街亮马河南路14号塔园外交办公大楼
☎ （010）65326774/6775
邮 chinaconsul@mofat.go.kr

韩国驻上海总领事馆

✉ 上海市万山路60号，200236
☎ （021）62955000，（021）62592639
邮 shanghai@mofat.go.kr
辖区：上海市、江苏省、安徽省、浙江省

Travel Information

旅行费用的准备

哪种形式？

韩国货币单位为韩元

韩国的货币单位是韩元。纸币有5万韩元、1万韩元、5000韩元、1000韩元四种，硬币有500韩元、100韩元、50韩元、10韩元四种。市面上流通的货币都是10韩元以上的，所以商品的最低价格是10韩元。使用的时候，一定要看清楚金额。最好备个临时钱包，专门用来放韩元。1万韩元=约56元人民币（2011年11月19日）。

一般情况下，用现金+信用卡

出国旅行，现金和信用卡并用是比较方便的。现金可以在国内银行、机场等地方兑换，也可以直接到当地兑换。

有国际信用卡，不必携带大量现金也能到处行走，而且可以透支，十分方便。韩国商家普遍通用信用卡，除了路边摊，一般情况下，维萨卡、万事达卡、JCB等都可使用。

信用卡使用范围

○基本可以使用

酒店、百货大楼、街边商店

×无法使用

路边摊、出租车、公共交通系统

中国银联卡

中国银联卡也可以在韩国的部分ATM机和商家使用。贴有银联标志的ATM机可用银联卡直接提取韩币现金。建议出发前与相关银行确认。但在境外使用银联卡在ATM机上取款，有金额限制，请与发卡银行确认。

兑换货币

一般情况下，当地的汇率可能比较优惠，但在国内兑换比较方便。仁川国际机场、金浦国际机场、釜山金海国际机场的货币兑换处，会经营到航班的最晚抵达时间。不过经营到深夜的货币兑换处数量有限，所以一看到可兑换的地方就赶紧兑换吧！

旅行支票在韩国也能使用，但是不太常用，除面向游客的商店外，一般是不通用的。

需要多少？

事先制订预算

在当地所需的费用，主要取决于自由时间时的花费和购物。自由时间多的话，一般餐费、景点游览费用等都需自理。同时，还要考虑到特产的购买以及突发事件时所需的费用。

大概的最低预算

全天跟团每日 300元
半天跟团每日 600元
1天自助游每天 800元
} × 日数

\+

购物、礼品购买

跟团时的自费项目

- 自由活动时的费用
- 酒店的客房服务等费用
- 就餐时额外的点餐、饮料费
- 额外的交通费、住宿费
- 飞机托运行李的超重费
- 医疗费

服装和携带物品

气候

韩国属于亚寒带气候，温差较大，春秋短，夏冬长。

【春（3月~5月上旬）】

3月末受沙尘暴影响，有时候城市上空弥漫着黄色沙尘。虽然没有花粉的困扰，但考虑到沙尘暴，口罩还是必要的。

【夏（5月中旬~9月上旬）】

5月天气条件温暖宜人，最适合旅行。进入6月，雨量增加。6月~7月是梅雨季节。气温虽然高，但湿度较低，比较舒适。室内开有冷气，勿忘自备薄外套。

【秋（9月中旬~11月上旬）】

台风天气频繁。10月也适合旅行。一般红叶在10月上旬开始飘红，首尔红叶季节为将近11月。

【冬（11月中旬~2月）】

受西伯利亚寒流的影响，冬天寒气逼人。首尔出现过-15℃的天气，要备足防寒装备。

服装

■无需盛装打扮

出境旅行的服装，最重要的是适合当地的气候条件。没有必要盛装打扮。

■注意烤肉时的烟熏

去高级酒店的餐厅或品尝高级韩式套餐的时候，最好不要穿短裤、牛仔裤、T恤等较随意的服装。虽然不需要系领带，但最好还是穿件小外套、西装等较正式的服装。吃烤肉的时候，衣物容易熏染烟味，还是不穿高级服饰较好。

■漫步街头的服装和随身物品

一般穿平常的衣裤就可以了。需要注意的是随身携带的物品，尽可能不要带贵重物品在身上。

也不要把钱包放到裤子的后袋里。地铁里有许多小偷，坐车的时候要把包抱在胸前，以防被偷。尽管韩国的治安也比较好，但也不能因此掉以轻心，别忘了自己可是在国外啊！

打包行李

■去时带个空包

提到旅行的装备，原则上来说是能少带就少带。如果在要不要带的问题上犹豫不决，那就尽量选择不要带。考虑到回来时会购买礼品，最好事先留好包的空间，或者干脆再带一个空包过去。

■漫步街头时斜挎小包

逛街的时候，背个斜挎的小包，就不容易被偷。背包虽然便利，但小偷会很容易从背后偷走东西。

■方便旅行的物品

可以在当地购买药物，但服用方式和功效不同，还是从国内带去比较保险。如果随身携带英文版病历卡的话，在当地就医也就十分方便了。

至于相机，韩国的主流产品仍是数码相机。在当地的数码用品店也可购买电池、内存卡等，但选择不多，还是自备比较好。

另外，手机在韩国可是必需品。紧急情况时，可能需要直接拨号通话。如果开通国际漫游业务，具体费用可向手机运营商咨询。如果通话次数较多，可以在仁川国际机场等当地的机场手机租赁处租个当地手机，以节省话费。

抵达韩国，办理入境手续

入境审查

进入韩国需要入境卡，一般在飞机上会要求游客事先把表格填好（参照下页）。先在机场2楼下机，然后沿着路标提示，通过检疫口，接下来就是入境审查处。外国游客要到写有“外国人（Foreigner）”的柜台排队。韩国籍人士则是直接到写有“韩国人”的柜台去。每人按顺序进入审查台，提交入境卡和护照。护照最好事先准备好。游客一般很少被提问，一旦被提问时，可参考下页的“简单对话”来回答。审查完后归还护照。

乘客轮跟团游

如乘客轮入境韩国，到达釜山港时，入境审查后还需通过X光行李安检口。因为客轮是没有行李保管服务的，也就没有所谓随身行李托运之说，不需提取行李，所以可以很快进入登陆大厅，然后可以直接前往酒店，十分便利。不过，坐船可不像飞机那样平稳，容易晕船的人要提前备好晕船药。

领取行李

入境审查完后，就去拿托运行李。根据自己的航班，在旋转台处等待行李即可。由于同一时间到达这里的航班数量较多，一定要确认好航班号。核对好行李领取牌上的号码，注意不要拿错行李。

遗失行李

一旦发生行李遗失，应速去行李旋转台旁边的失物申报处申报。然后告诉入境大厅的当地导游。一般机场方面找到遗失行李后，2天内会送到暂住的酒店内。

海关

入关审查，有时候会要求检查随身行李。多数情况下直接走出入境大厅即可。如果所持物品超出右边所述的免税范围，要在飞机上填写一份游客携带物申报书，到海关申报。到达大厅的两边设有货币兑换处，不过出了大厅还有很多，所以不必慌慌张张地在大厅内兑换货币。

不必报关的物品

现金、T/C等有价证券	相当于1万美元
海内外免税店商品	合计相当于400美元
香烟	200支
香水	2盎司
酒类	1升以内1瓶

机场的货币兑换处24小时营业

POINT! 提示要点

中国至韩国的直飞航班只需不到2小时，在这期间用餐会比较匆忙，因而出入境卡的填写应尽可能在旅行社完成。

入境卡的填写例图

入境卡

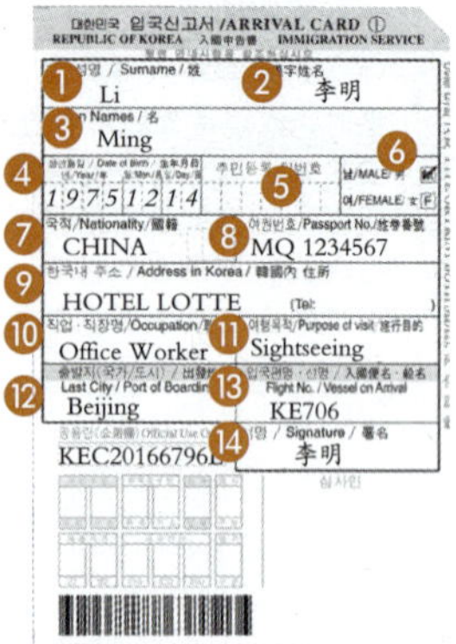

❶姓（英文）
❷姓名（中文）
❸名（英文）
❹出生年月
❺无需填写
❻性别
❼国籍
❽护照号
❾韩国暂住地，酒店名称
❿职业
⓫旅行目的
⓬出发地
⓭所乘航班号
⓮签名（应与护照一致）

韩国主要机场

首尔：仁川国际机场

位于首尔西面52公里的永宗岛上，永宗岛是原永宗岛与龙游岛两个分离的岛屿经填海造地后合而为一形成的大岛。前往首尔市内，乘巴士约1小时，乘电车约50分钟。

首尔：金浦国际机场

位于首尔市区的西面，有直达市中心的巴士和电车，约需30分钟。仁川国际机场竣工前，这里堪称首尔的玄关。

釜山：金海国际机场

位于釜山市中心往西约15公里外，到市区的巴士约40~50分钟。2011年开通了新的交通系统，更加便利。

济州岛：济州国际机场

济州市西边的机场。前往济州市中心打车约需10分钟，前往中文度假村约需50分钟。

简单会话

●有签证吗？

비자　있어요?

●没有。

없어요.

●是来观光吗？

관광이에요?

●是。

네.

●请给我入境卡。

입국　카드　주세요.

●没有需要申报的东西。

신고할　것은　없어요.

想在机场进行货币兑换时

原则上来说，国际机场会根据到达的航班时间决定货币兑换处的营业时间。如果没有时间兑换货币，可以请前来迎接的当地导游帮忙。

回国

从韩国出境，到达中国

●打包行李

打包行李时，要分开打包托运行李和机舱携带行李。相机等电子类产品、易损品、免税品证明等应放入携带行李中，指甲钳等刀具类要全部放入托运行李中。液体类物品的规定同国内出发时要求一样，作为特产的泡菜，属于液体类物品，必须托运。需要注意的是，免税品证明和护照一定要放在随身携带行李中。

托运行李的重量限制

机票种类不同，对于托运行李的重量限制也会有所不同。日韩线航班的经济舱可托运20千克以内的行李。不过一旦超载是要追加额外托运费的。行李实在太多的话，可直接在酒店办理国际快递。

●酒店退房

旅游团一般会要求在飞机起飞前2~3小时到达机场。记住时间，别迟到了。不要遗忘存放在客房保险箱里或保管在前台的贵重物品，同时要记得处理好个人用品。退房的时候可能会比较拥挤，尽量给自己留有空余时间比较好。

早点儿出发

韩国机场的安检十分严格，有时候甚至会要求把鞋子脱了接受安检。所以办理出境手续比较费时间，最好起飞前2小时到达机场。首尔到仁川国际机场需要大概1个半小时。想要在机场购买免税品的人，要给自己留下足够宽裕的时间。

●登机、出境手续

到达机场后，就要办理登机手续。去航空公司的前台办理行李托运、换取登机牌以及行李寄放牌。登机手续越早办越好。接受严格的安检之后就是出境审查。届时出示护照、出境卡和登机牌即可。出境审查结束后，进入候机厅，在那里的免税店里享受最后的购物乐趣吧！一般起飞前20~30分钟，登机口开放。

兑换成人民币

手头如果还剩有韩元的话，可以在韩国兑换成人民币。机场到登机大厅都设有货币兑换处。在国内也可以兑换。硬币无法兑换，所以最好尽可能地在观光地或机场使用完。

●登机、回到中国

退税方法

全球退税集团官方网站
http://www.global-blue.com/（英语）

游客在韩国购物时，满足一定的条件可返还部分附加增值税（VAT）。主要手续参照p.220。

①在店内购物后所得的VAT退税发票（Refund Check）需带到机场。

②不需托运的商品，要向海关提交具体收据，请求确认。

③在登机大厅的现金返还柜台换取现金。使用全球退税（Global-blue），在国内的部分机场也能享受退税服务。如果是回国后使用专门信封投寄文件的话，1~2个月后退税金额会打入到所提供的信用卡或银行户头上。

免税品的收据不要忘了拿

韩国国内交通

铁路使用

乘高速列车前往釜山

韩国各大主要城市之间的铁路运营由韩国铁道公社负责。乘火车可准时出发、准时到达，在交通拥堵的韩国是非常难得的。奔驰在首尔、釜山、光州、木浦之间的高速列车KTX，越来越受观光旅游团的欢迎。

列车种类和费用

列车共分为3种，为高速列车KTX、一级列车“新村号”、二级列车“无穷花号”，与始发站和终点站的地名无关。除KTX，其余均为指定座位票。票价与快慢无关，按照列车种类来决定。另外，一张票只能乘坐该票的某一时间段的列车，换乘时需要再买票。乘坐绿皮车的豪华车厢，需要支付额外费用。

车票的购买

同中国一样，坐车前到车站购票即可。由于在车站语言不通，最好事先用汉字和数字写好日期和区间、列车名、时刻、票数，再给售票员看。当天购买时，如果想尽快出发，只需告知目的地和列车名，就能买到最近一班出发的列车车票。设有电脑售票窗口，座位情况一目了然。每周五傍晚至周日，车站比较混乱。建议在出发前和旅行社商谈好购票事宜。

自KTX开通以来，韩国境内的交通一下子提速很多，带来更多惊喜

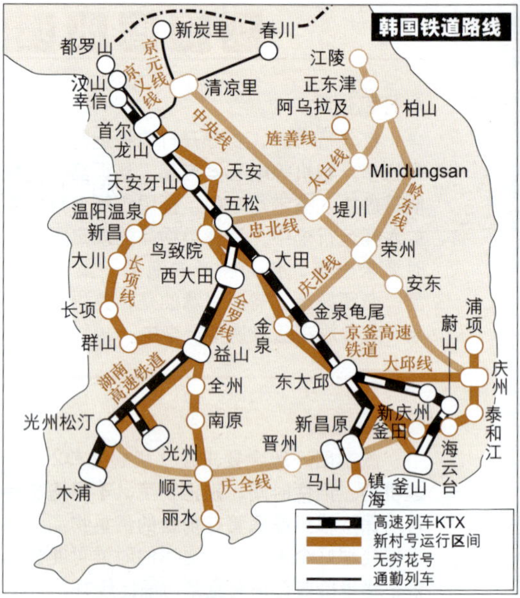

主要铁路线路

（2011年2月）

	KTX		新村号	
主要铁路线路	车辆数	所需时间	车辆数	所需时间
首尔—釜山	48~57班	2小时8分	3班	4小时50分
首尔—东大邱	55~65班	1小时38分	8班	3小时35分
首尔—新庆州	18~22班	1小时56分		
首尔（清凉里）—安东＊			4班	3小时28分

＊无穷花号

韩国铁路通票（KR PASS）

外国人专用实名制铁路通票，专门面向乘坐铁路周游韩国各地的外国游客。除地铁和观光专用列车外，全线、全部列车的普通车厢可无限次乘坐。有1日票（58 200韩元）、3日票（84 600韩元）、5日票（127 000韩元）、7日票（160 400韩元）、10日票（185 100韩元）。需到KR PASS指定的海外旅行社以及韩国铁道公社的英文网站上购买交换券，再到韩国各相关车站兑换。

POINT 提示要点 韩国不大，巴士和铁路交通较为发达。周末坐车人流量大，最好提前预订。

飞机使用

■坐飞机前往各个城市

在韩国，以首尔的金浦国际机场为首，共有16家机场，主要归属于大韩航空和韩亚航空。坐飞机去济州岛再便利不过了，机票也便宜。首尔始发的国内航班几乎都在金浦国际机场。

■机票购买和搭乘方法

在当地购买机票时，可借助酒店的航空公司办事处提前预订。如果不是周末，无须预订也能买到。

前往济州岛都乘坐飞机

购票时，除了机票费还需支付机场建设费4000韩元（仁川国际机场为5000韩元）。另外，别忘了带护照。

登机时的手续和中国没太大差别。机场内部设有英文和汉字的向导牌，不会迷路。飞机起飞前20分钟到登机大厅的“Boarding”柜台签票和检查护照。然后在登机检验口向机场人员出示登机牌，完成随身行李检查后就可以进入候机室了。随身行李检查截止至飞机起飞前15分钟。

主要航空路线 （2011年2月）

主要航班	航班数	所需时间
首尔—釜山	29班	55分
首尔—济州	52~59班	1小时5分
釜山—济州	19~23班	55分

主要巴士路线 （2011年2月）

主要巴士路线	班次	所需时间
首尔—釜山	20分1班	4小时30分
首尔—庆州	30~40分1班	4小时
釜山—庆州	30~40分1班	50分
东首尔—安东	1日34班	2小时50分

巴士使用

■高速巴士、市外巴士

韩国境内最发达的交通工具就是长途巴士。高速公路和国道如网线般将大城市和小乡镇连接在一起。车费便宜，班数比列车要多得多。长途巴士分为3种类型：运行于各主要城市间的“高级高速巴士”，一排3个座位；“普通高速巴士”，一排4个座位；穿梭于中小城市的“市外巴士”。高速巴士和市外巴士的始发站有时是不同的。还有夜间巴士“深夜高级高速巴士”。

■车票购买和搭乘方法

由于班次较多，除了春节和中秋节的归乡高峰期，一般没有预订车票的必要。每个巴士总站的线路不一样，售票处和候车室也不同。可以把目的地和票数写在纸上出示给售票员看，对方就会很快出票给你。首尔和釜山的巴士总站设有信息咨询窗口，购票有疑问时可以去那里咨询。

发车前，乘务员会检查车票和撕票。但撕剩下的车票下车前还会用到，可别弄丢了。途经高速公路的巴士为指定座位，短途巴士不限制，一般情况下都是随便坐。

高速公路服务站

货币和兑换

货币的种类

纸币　　硬币

5万韩元

500韩元

100韩元

1万韩元

50韩元

10韩元

5000韩元

1000韩元

韩国的货币如图所示，是韩元。1万韩元币种的还通用其他版本的面额纸币，而10万韩元的支票可以当做现金广泛使用。在银行兑换货币被问到是要现金还是支票时，要现金比较方便。

货币兑换小妙招

哪里兑换最实惠?

在中国国内银行（如中国银行等）可兑换韩元，也可在韩国当地兑换。在韩国，银行和马路边的兑换处的汇率比较合算，在酒店兑换则有些不划算。兑换处比银行稍划算些，但没差多少。与其在路边寻找为数不多的兑换处，还不如去银行来的更快捷些。

【银行】

遍布大街小巷，都可兑换货币，只是需要点儿时间。工作日营业时间为9:00~16:30，节假日休息。主要有国民银行（KB）、新韩银行（Shinhan Bank）、友利银行（Woori Bank）、韩亚银行（Hana Bank）、SC第一银行、韩国外换银行（KEB）等。

【酒店】

汇率条件不太好，但面向酒店客人实施24小时外汇兑换，便于应对突发情况。

【兑换所】

只限于首尔的明洞和梨泰院、釜山的南浦洞等繁华街道，汇率条件也是不错的，不过偶尔会遇到非法商家。要仔细确认现金数额。

【机场、码头】

机场、码头内部兑换处的汇率情况和普通银行差不多。一般以固定单位兑换，速度极快。

仁川国际机场的货币兑换处

仔细确认金额!

兑换货币时，一定要当场确认金额。尽管银行方面不会故意欺骗，但也有发生错误的时候。所以务必花点儿时间，在银行职员面前认真仔细地清点金额。

简单会话

●我想兑换外币。

환전하고 싶은데요.

●手续费需要多少?

수수료가 얼마예요?

●我想兑换旅行支票。

여행자수표를 현금으로 바꿔 주세요.

●金额是不是有点儿问题?

금액이 틀린 것 같은데요.

POINT! 提示要点

首尔的明洞和釜山的南浦洞有露天的货币兑换店。不过最好去可信赖的银行兑换，以防被不良奸商欺骗汇率。

如何看韩国的汇率

汇率看起来有些难懂。下图中，表示100元人民币的兑换额时，RMB显示17 009。如果是人民币兑换成韩元，此栏数字越大就越划算。标有SELL的表示外币兑换成韩元，标有BUY的表示韩元兑换成外币。

	BUY（韩元兑换成其他货币）	SELL（其他货币兑换成韩元）
RMB	18443	17009
USD	1103.22	1034.80
JPY	1058.77	990.05
EUR	1432.45	1341.40

相当于100元人民币的金额（RMB行）

如图所示，100元人民币兑换成韩元时的金额为17 009韩元。

■ATM的使用

用银行卡提取现金

银行内和街边都有ATM机，可以提供现金提取服务。韩国境内使用最普遍的是Plus卡和Cirrus卡。印有中国银联、Maestro、Electron和JCB 等标志的境外信用卡也可在一些地区使用。

值得高兴的是，中国银联卡现已成为在韩国拥有最多受理ATM机的国际卡，贴有银联标志的ATM机可用银联卡直接提取韩币现金。不过，还是建议您在出发前，仔细核对手中的银行卡标志，询问相关银行有关境外取现的规定。在境外使用银联卡在ATM机上取款，按国家规定，每日累计取款金额有限制，请在出发前仔细询问发卡银行。

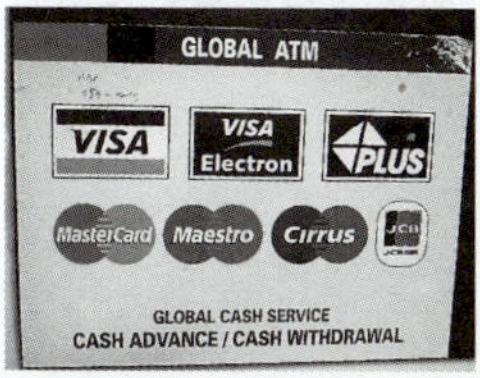

ATM上贴有以下这些标签的话，可以使用国际现金卡或信用卡取款。

有中文操作界面的ATM使用方法

韩国境内的ATM机大部分都有英文菜单，有时会提供中文和日语菜单。如用银联卡在可用的ATM机取款，可很方便地选择中文界面进入到银联操作界面（英文缩写cup）。

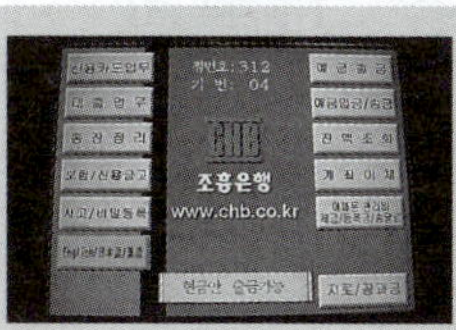

机器屏幕显示与中国的差别不太大，屏幕下方有使用其他语言界面的选择键。

	屏幕显示	操作方法
1	English/日本语/汉语	【选择语言】在屏幕的下方，有选择语言的按键。
2	Domestic汉语 Foreign汉语	【选择卡片种类】使用国际银行卡等，选择“Foreign汉语”。
3	提取存款（信用卡）	【取款选择】提取存款（如果用信用卡提款，要选择“信用卡”）。
4	输入密码	【输入密码】输入密码，最后要按确认键。
5	金额 3万W 40万W 5万W 50万W 10万W 60万W 20万W 70万W 30万W 其他	【选择金额】选择你要提取的金额。一次最高取款金额为70万韩元，最低为1万韩元。
6	取出现金	【取出现金】

电话、邮局

电话

在酒店

拿起话筒 ▶ 按下外线号码 ▶ 拨打对方号码

【市内电话】

【市外电话】
区号+电话号码

先按外线号码（按照国家和酒店的不同，号码也不同，一般韩国的号码是9），然后再加按对方号码。酒店打电话是需要另付电话费的，所以入住和退房时最好确认一下这方面的费用。

公用电话

拿起话筒 ▶ 投硬币或塞卡 ▶ 拨打对方号码

【市内电话】

【市外电话】
区号+电话号码

公用电话拨打市内电话是3分钟70韩元。大部分电话是插卡式，也有卡和硬币通用式电话以及插卡式网络电话，均可拨打国际电话。如果是投币式电话，可使用10、50、100韩元的硬币。网络电话也可当做普通插卡电话使用。街道、车站的商店、便利店等都出售电话卡，共有3000韩元、5000韩元、1万韩元三类。电话卡带有磁条的一面向上插入即可。

韩国各大城市区号

首尔（02）	江原道（033）
仁川（032）	忠清北道（043）
光州（062）	忠清南道（041）
釜山（051）	全罗北道（063）
大邱（053）	全罗南道（061）
大田（042）	庆尚北道（054）
蔚山（052）	庆尚南道（055）
京畿道（031）	济州岛（064）

国际电话

在韩国拨打电话回国，需先拨国际电话接入码，有001、002、005、008、00365、00700、00770（008最省钱），再拨国家代码86，然后拨打国内电话号码，区号前的0要去掉。

在韩国使用手机

如果想要在韩国使用自己的手机，建议事先向国内相关移动运营商咨询，手机网络制式是否与韩国相同，确认能在韩国使用后，还需开通国际漫游服务。另外，游客可以在仁川国际机场现场租借在韩国期间使用的手机，也可以到相关电话公司的网站上使用网上手机租赁预约服务。

上网

韩国的网络服务十分发达，不仅宽带网络密集，而且上网速度也很快。韩国的网吧一般叫做PC房，电脑数量多，服务专业。一般情况下，24小时通宵营业。因为电脑设置的语言与中国不同，如果需要使用中文简体系统，需要特别设置，可向店员寻求帮助。

POINT 提示要点

明信片可在书店或旅游纪念品店等地买到，仁寺洞或大型书店内的大型文具店可买到韩国传统风格的明信片。

传真、邮件

高级酒店和商务中心提供发传真和网络服务。一般传真可请服务台发送。到邮政局发送不需要手续费。

邮寄、快递

■明信片、信封

寄往中国的航空信件，明信片是350韩元，书信是10g以内480韩元，20g以内520韩元，50g以内810韩元。邮票可去街边的邮政局购买，邮筒是红色的。

收信人的写法

寄往中国的邮件，除地址要写清楚“CHINA”以外，其余均可使用中文。

不要忘记用英文标示“CHINA”、“Air Mail”。

■包裹、国际快递

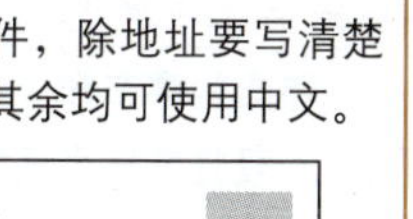

红色的邮筒

邮政局发送的国际邮件包括船运、空运、EMS（国际速运）3种。船运一般需要3周时间，但物品容易压坏，一般不推荐使用。推荐使用EMS，只要几天，且可通过网络追踪运送路线。国际快递费用高，海关检查较严格，可以拜托商店或酒店的服务台帮忙。

邮寄物品时的注意事项

邮寄 ▶ 等待通知 ▶ 领取

到了韩国，给国内的朋友寄张明信片吧！寄明信片的费用，空运是350韩元，海运是250韩元。

我国海关对进出境个人邮递物品有着详细的规定。如果从韩国邮寄物品回国，要事先确认有关邮寄物品入境的一些具体要求。建议出发前就咨询相关部门。

海关对进出境个人邮递物品的管理原则是：既方便正常往来，照顾个人合理需要，又要限制走私违法活动。海关规定了个人每次邮寄物品的限值和禁止、限制邮寄物品的品种，对邮寄进出境的物品，海关依法进行查验，并按章征税或免税放行。

个人邮寄进境物品，海关依法征收进口税，但应征进口税税额在人民币50元（含50元）以下的，海关予以免征。个人寄自韩国的物品，每次限值为1000元人民币。个人邮寄进境物品超出规定限值的，应办理退运手续或者按照货物规定办理通关手续。但特殊情况下，经海关审核确属个人自用的，可以按照个人物品规定办理通关手续。（具体情况和详细规定请参考国家相关部门发布的法规信息）

国际包裹费用（韩元） （2011年2月）

重量	船运	空运	EMS
1kg	10 000	15 300	15 700
4kg	13 000	21 900	24 300
6kg	16 000	26 300	28 500
10kg	22 000	35 100	36 900

邮局营业时间

平时9:00~18:00，周六、周日休息。大城市的普通邮政局，周六的9:00~13:00营业。

生活信息、习惯、礼仪

POINT 提示要点 与中国同为亚洲国家的韩国，却有许多不同的生活习惯。认真看看下面的内容，了解一下大概情况很有必要。

■卫生间

韩国的大城市多以抽水式卫生间为主，西式卫生间较多。酒店、餐厅、百货大楼的卫生间都配有卫生纸。街道公共卫生间不多，大型旅游信息中心处设有公共卫生间。也可使用快餐店的卫生间。只是排水管容易堵塞，卫生纸用完后要扔到坐便器旁的纸篓里。如果没有设纸篓，可以直接扔到坐便器里。

■水

自来水可用来刷牙洗脸，但不可直接饮用。在韩国是很少有人饮用自来水的。便利店、杂货店出售各种类型的矿泉水，瓶装500毫升大约600韩元。夏天，路边的小店或小摊上出售半结冰状的矿泉水，大约1000韩元。百货大楼、邮政局等公共场所提供免费饮用水。

■电压

电压：220V（一部分110V）、60Hz 电源插座：圆形的C类

※电压与中国相同，但插座形式不同，需事先准备好插座转换器。有些酒店可提供借用。

■时差

韩国时间比北京时间快1小时。

■美术馆、博物馆的拍照规定

博物馆很多地方是禁止拍照的，请事先确认，即便允许拍照，多数是禁止使用闪光灯的。

■小费

韩国和中国一样，一般不需要支付小费。酒店里的费用包含了类似小费的服务费，所以没有必要再支付。

■吸烟

禁烟程度很厉害。学校、医院等是完全禁烟的；地铁站、机场、百货大楼等大型店铺，除吸烟区以外也是全面禁烟的。近来无烟餐厅不断增加，连快餐店也设为禁烟区。在禁烟区吸烟是要交付2万~3万韩元的罚金的。

■春节和中秋节

韩国的春节和中秋节（秋夕）是归乡期。一般将节日当天同前后两天合并为三天的休假日，而节日当天几乎所有的商店及相关设施都休业。要是不想闷在酒店无事可做，旅游时间就要尽量避开韩国的节假日。本书所载的餐厅几乎都在这两个节日当天休业，所以请特别注意。但是酒店内部的餐厅和快餐店还是照常营业的。

春节当天，南大门市场的街道上十分冷清

美 食

POINT 提示要点

韩国旅行不可欠缺的是美食乐趣。在韩国餐厅，像在中国餐馆一样随意即可。

就餐方法和礼仪

预约

旅游书所记载的人气餐厅，一到晚上就会出现游客、当地人挤成一团的情况，最好事先预约一下。首尔和釜山的高级烧烤店有些提供外语服务，可以自己打电话直接预约。如果嫌麻烦，可以拜托酒店或者导游帮忙。另外，如果想去品尝旅游书上没有提到的料理店，最好和导游商量一下，让导游领你到餐馆门口。

点菜

到达餐厅时，高级餐厅的服务员会为你引导就座，你也可以自己挑选喜欢的座位。坐下后便有茶水供应，多以塑料杯或玻璃杯盛装饮用水，可安心饮用。先是点饮料，和中国不同的是，没有先上饮料的习惯，有时上完菜饮料还没有上的情况也是有的，可以提醒服务员早点儿上饮料。另外，发现菜单里没有自己想要的食物或走错餐厅了，在点菜之前离去是不违反礼仪的。

点菜的时候，会附送2~10碟的小菜，都是免费的，如果吃完了可试着多要一些。

不过点菜时不要点太多，按人数点菜即可，如果不够可以追加再点。有些好点儿的店会因为追加点菜而或多或少给予价格上的优惠。

品尝美食

烤肉店基本上是店员为顾客烤肉。有些人习惯根据吃多少烤多少的原则一点儿一点儿地烤，韩国人则是大把大把地烤肉吃。值得注意的是，如果炭火太旺，30分钟就会把肉全部烤完了，所以最好跟店员说一声，不要不好意思。而且烤肉的铁盘焦了可以换个新的。一般店员看到了就会及时更换，如果他们没注意，可以打声招呼，然后用手指向铁盘，他们就会知道了。

礼仪

在韩国用餐，不需要太客气。按照中国普通礼仪吃饭就可以了。但是，和韩国人一起吃饭时，注意要等喝饮料或酒的杯子空了再满上。中国有些地区的人认为吃饭要端碗，觉得把碗放在桌子上吃是不好的礼仪表现。而韩国人正好相反，他们觉得把碗端起来靠近嘴巴吃饭才是坏习惯。

埋单

结账时，可以去服务台结，也可以等店员到桌边来结账。大众类餐馆只要简单地说一句“结账”。不必支付小费。

餐厅用语

●请先来瓶啤酒。

우선 맥주 갖다 주세요.

●有英语的菜单吗?

영어 메뉴판 있어요?

●请你烤得慢一点儿。

천천히 구워 주세요.

●请再来点儿小菜。

반찬 좀더 주세요.

●麻烦您换张铁盘。

불판 바꿔 주세요.

●麻烦您，埋单。

계산해 주세요.

●我吃好了。

잘 먹었습니다.

购 物

POINT 提示要点：有些店员不清楚事后免税制度，所以购物时自己要注意索要相关免税资料。

服饰类并不一定便宜

总觉得在韩国购物肯定能买到超划算的东西，但近来韩国的物价似乎有所提高。特别是服饰类，百货大楼出售的价格并不低，市场等地的成衣类商店，质量还不如中国的休闲品牌类，但款式比较丰富、时尚。所以老记挂着“买到超便宜的好衣服”的人可能会有点儿失望，不如好

好体验韩国市场独特的氛围吧。

看上眼就买

在韩国购物，时常会遇到同一商品好几家店铺开出不同价格的情况，甚至有时差价特别厉害。这时候货比三家才是明智做法。如果是免税品或心仪之物，那就赶紧下手，以免留下“过了这个村就没这个店”的遗憾之感。一般免税店货架上的商品更新速度极快，同款商品可不会一直留在那里等你来买哦!

意思表达要明确

韩国店铺的店员比较热情，可不会随顾客自由闲逛。一旦进入商铺，肯定会有导购员主动跟你攀谈，介绍商品。要是换成市场，还会出现拉客购物的现象。这时候明确地表明“我只是看看”、“我不进去了”等才是关键。由于每家店铺的价格不一，想要购物的人最好货比三家，计算汇率以后再买。

去哪里买泡菜和紫菜

提到韩国的特产，首选泡菜和紫菜。最好去百货大楼的地下食品卖场购买。在那里上架的食品都是质量有保证的可信赖的厂家生产的，而且价格也不是特别贵。反倒是市场有时价格卖得更高。另外，市场的泡菜，因为长年累月地放在外面，容易发酵产生酸味，还是去百货大楼地下卖场购买比较安心。

事后免税手续

在韩国，有增值税（VAT）制度，税率为10%（内税）。满足以下条件，就可在归国前享受退税优惠。

退税方法

①有“Global Blue TAX FREE”或“TAX FREE KOREA”标示的店铺，一次性购物满3万韩元以上，可以凭借护照领取VAT退税发票。

②出境时，拿出发票、护照和商品，经确认后在退税发票上加盖确认章，提交到仁川国际机场等地的退税窗口，可立马换取现金。

③也有晚些退税的情况。一般是归国后向有关部门投寄免税文件，以银行账户或银行支票的形式退税（需1~2个月）。退税有效期为购买当天起3个月以内。

简单会话

● 这个多少钱?

이것 얼마예요?

● 能不能再便宜点儿?

좀 싸게 해 주세요.

● 可以试穿一下吗?

입어 봐도 돼요?

● 我要这个。

이것 주세요.

● 请给我退税发票。

면세서류 주세요.

住　宿

POINT 提示要点

一般情况下，走出酒店房间，房门会自动锁上，一旦丢了门卡，就进不去了。所以要小心门卡的保管。

■酒店的等级

针对外国游客的韩国酒店共分为4种等级；分别是特1级（最高级）、特2级、1级和2级。各酒店的等级标志由韩国的国花无穷花的数量来表示，即特1级和特2级都是5朵，1级4朵，2级3朵。“普通旅行团”一般入住1~2级酒店，“豪华旅行团”则选择特1级和特2级酒店的比较多。首尔、釜山、庆州和济州的酒店，很多都会配备外语服务员。

■房间钥匙

房间钥匙分为钥匙卡和IC卡，钥匙卡的房间都是外锁型。

一般外出时可将房门钥匙寄放在服务台。IC卡可不寄放，但要小心不要遗失。多数酒店的房门钥匙兼备电源启动功能，房门边上安置了插卡取电开关，只要将IC卡或钥匙卡插入端口，就能接通电源。

■保险柜

外出时最好将贵重物品锁在保险箱内，不要直接放在客房内，以防发生失窃。

【柜台寄存】

一般设置2把不同的锁，分别由酒店和客人自己保管钥匙，注意不要弄丢了。标准酒店（1~2级）几乎都采用服务台寄存制。想要存放或提取物品时，可直接向服务台说明。

【房间设施】

客房内也设有保险柜，即客人自己设定密码的电子保险柜。高级酒店（特级）多采用这种形式，安全性高。

有任何问题，都可以向服务台请求帮助

■迷你吧、房间设施

房间内的小冰箱里准备了瓶装饮料、下酒菜等，这些有偿消费会在退房时计算到房费内。另外，出于环保，酒店一律禁止提供一次性牙刷和刮胡刀。冰箱里的饮料和食品多数为有偿消费，但浴室内的摆设物品则是免费的。浴袍和毛巾是禁止带走的。

■旅游接待员

可提供各种观光项目或餐厅的预约服务。如果没有专门的接待员，可以委托服务台。

■退房

如果是个人退房，考虑到迷你吧、电话的具体费用结算，退房时最好预留比较宽松的时间。

个人支付项目

电话、迷你吧、客房服务、洗衣服务、酒店酒吧、酒店餐厅（旅行团就餐除外）。

礼仪和提示

◇入住时先确认安全出口。

◇韩国的标准酒店允许外带食品。高级酒店房内应尽量保持清洁，不要随地丢垃圾。

◇不要穿着睡袍、浴衣、拖鞋出房间。

简单会话

●请帮我搬下行李。

짐　옮겨　주세요.

当地的安全提示

预防突发事件

韩国经济稳定，也算是亚洲各国中社会治安良好的国家。但是，偶发事件难以避免，所以加强防范意识是最重要的。

■酒店里

出门时不要拿起随身物品就走，应该给箱子上锁，像电脑、首饰等贵重物品要放到保险柜里。

有人敲门时不要立刻开门，应该先透过猫眼确认对方身份。如果是不认识的人，可以不打开链锁开门，先询问对方意图。另外，在大厅等拥挤、混乱的场所要做到包不离手。

■街头

要提防扒手、掉包、银行卡密码被盗、黑市倒卖。尤其是地铁、公交站、酒店大厅等场所，是扒手作案的多发地带。

旅行者手拿地图或导游图边走边看，容易引发交通事故。最好在出门前整理好今天的具体行程和路线，不要在马路上东张西望。向路人询问时不要犹豫不决，不清楚的地方一定要明确表示出“不明白”。

预防突发事件三要点

① 晚上不要一个人出门。
②外出时随身携带的东西尽量少一些，如果是手提包之类的，要做到包不离身。
③贵重物品一定要寄存到酒店的保险柜里。

酒店肯定设有保险柜

突发事件案例

①路边摊、餐馆的宰客现象

近来宰客的事件屡有发生，如南大门市场的路边摊等地带会有个别商家要求支付高于市场价2~3倍的费用。但是也有些地方的路边摊价格的确高于一般餐馆，不知详情的人会以为自己被宰而引发误会。最好事先打听清楚路边摊的具体价位。

②机场的欺诈、宰客现象

在机场出口，通过行李等获知游客姓名，假装接待旅行团的工作人员，骗游客坐车，或去特产店等处，要求游客支付非法费用的欺诈案件也是有的。不要太过于轻信对方的热情招呼，必须确认旅行团名字等具体信息。另外，不少出租车司机针对个人旅行者会索要高于市场价的费用。所以一定要去规范区域打车，以计价器为准付费。再者，小心那些看到行李上的姓名标记，然后询问“您是……吗”的人，也有可能是骗子。

③迷药抢劫

釜山市内的繁华街道曾发生这样一起案件。某位日本绅士被一位自称是他朋友、操着一口流利日语的男子邀请，不假思索地喝下放有迷药的酒后失去知觉，等清醒过来时，其钱包内的现金早已不翼而飞。

突发事件应对方法

■遭遇盗窃、遗失、事故

护照、现金等贵重物品被盗，首先要和团队导游取得联系，请求帮助。如果是自由活动时间，可前往附近的派出所，填写被盗、遗失证明书。紧急情况时，可拨打112（报警电话）。112专线设有外语翻译服务。

如果是护照遗失，要先去中国大使馆领事部提交遗失证明书等文件，申请“旅行证”，等回国后重新申请新的

POINT 提示要点 在韩国，以游客为对象进行盗窃、欺诈、抢劫等犯罪行为偶有发生。要多加注意，万一碰到突发事件也要冷静处理。

护照。

如果银行卡丢失，为了防止银行卡被他人非法使用，要立刻同银行卡公司取得联系，申请注销。

回国机票一旦遗失，就要重新订购，要及时向导游说明情况。

■韩国旅游发展局（韩国观光公社）

在韩国旅行时遭遇纠纷或想提出意见，可以去韩国游客不便事项投诉中心。该中心可直接对各行业领域提出警告或指导，效果非常明显。

☎02-735-0101

FAX 02-777-0102

tourcom@knto.or.kr

韩国的巡逻车

紧急时刻的联络单位

警察 ☎112

中国驻韩国大使馆领事部

☎02-756-7300、☎02-755-0453、☎02-755-0456（侨务、领事保护、证件咨询电话）

中国驻釜山总领事馆

☎051-743-7990（问询电话）

中国驻光州总领事馆

☎062-385-8872（领事保护专线电话）

简单会话

●小偷！

도둑이야！

●照相机被偷走了。

카메라를 도둑 맞았어요.

●我弄丢了护照。

여권 잃어버렸어요.

●请帮忙叫下警察。

경찰 불러 주세요.

被盗、遗失时的手续

护照	机票	随身物品	银行卡
▽	▽	▽	▽
向警方报案	向警方报案	向警方报案	联系银行卡公司
▽	▽	▽	▽
取得被盗、遗失证明书	取得被盗、遗失证明书	取得被盗、遗失证明书	挂失手续
前往中国驻韩国大使馆 遗失中国护照或旅行证的游客，需要提供原中国护照或旅行证复印件或身份证、户口本复印件，并填写身份核查表及旅行证申请表1份，提交2寸正面免冠6个月内近照（白色或浅蓝色背景）3张，须本人到窗口申请。	**重新购买** 旅行团多会重买机票。	**向保险公司申请** 随身物品被盗，赔付范围在购买保险前要与相关保险公司仔细确认，并按照约定提出赔付申请。如果在外就医，诊断证明、收据以及相关部门的意外事故证明等材料，都要保存好。	为防止他人非法使用，要及时联络银行卡公司申请注销，必须确认卡号、有效期限、未清算的账单等。
▽	▽	▽	▽
旅行证	**退款申请**	**保险赔款**	**补发**
可办理加急件和特急件。取证时需支付韩元现金。	归国后，根据相关航空公司情况申办遗失机票的退款手续。	获取保险赔款。	银行卡补发所需要时间由相关银行决定，如果当地办理时间过长，可回国后补办。

当地的健康提示

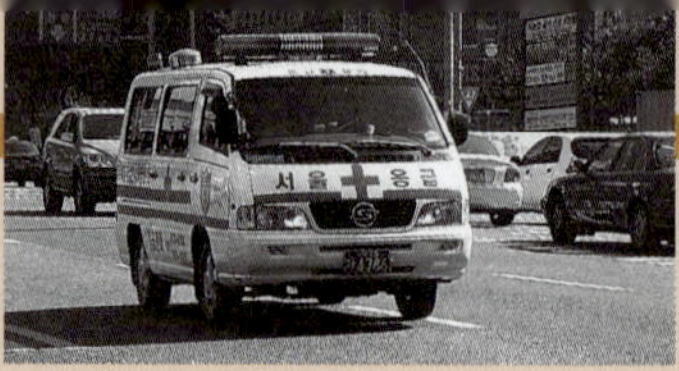

保持身体健康的方法

注意休息、天气、饮食

旅行期间，身体会无意识地处于紧张状态中，等稍微适应韩国生活以后的2~3天，身体多半会出现问题，集中表现在发烧和拉肚子。因为出发前过于紧张慌乱，容易引发疲劳，再加上到达首尔后，游客会缩短睡眠时间游览各大景点，其疲劳度比平常要更厉害。即便对自己身体有自信的游客，也要保证每天8小时的充足睡眠。过多地摄入泡菜等刺激性食物或调味料，也会引发身体的不适甚至出现问题。近来，韩国开设了越来越多的粥店，身体稍有不适时，可喝碗粥暖暖胃。另外，要适量饮用19度以上的烧酒。还要小心饮水，尽量去商店购买矿泉水喝。

要留心空调的湿度和温度。夏炎冬寒的韩国，无论哪里都需要空调。夏日的餐馆、公交车等冷气开得过足，最好备件针织衫等衣物御寒。

韩国的冬天极其寒冷，1~2月温度最冷，下降至-15℃，防寒非常重要。不过房间里设有火炕这样的取暖设施，温度高达20℃以上，反而需要准备些类似T恤这样的衣物。

夏日日晒强烈，帽子、太阳镜、防晒霜都要准备好。

街道上有许多药店

注意事项

食物中毒

路边摊的卫生条件不太好，容易引发食物中毒或肝炎等。

交换杯子喝酒

作为韩国独有的习俗，交换杯子喝酒也是感染肝炎的诱因之一。

疯牛病/口蹄疫/禽流感

2010年到2011年，韩国确认国内有口蹄疫和高原型禽流感，举国上下推进防治对策，将瘟疫地区的动物大面积宰杀，游客不用担心餐厅的肉质。而且，从2011年到现在，韩国尚未发现一例疯牛病例。

紧要关头

韩国的医疗情况

韩国的医疗水平很高。首尔等大城市的医疗机构，医师的可信度、医疗设备、卫生条件等都在不断进步，可安心就医。由于推行预约制，就诊比较麻烦。身体不适时，最好立即告诉当地导游，请求帮助。医疗费虽然不算太贵，但如果没有申请保险，小小感冒也是要支付近百元人民币的医疗费的。

看病

自己去看病

如果腹痛、感冒等小毛病吃了药也无法解决问题，或不小心受伤了，最好还是去看医生。可请导游或酒店接待员介绍就近的医院就医。但是，只有首尔和釜山才有为数不多的可使用外语的医院，其他地方可以让导游陪同就医。

POINT! 提示要点

身体不舒服时，千万不要忍着不说，要找导游或酒店人员帮忙。不同于警察局，医疗机构可使用外语的地方很少，还是不要认为自己就能解决比较好。

重病时

心肌梗塞、脑中风等紧急情况出现，以及发生交通事故时，可拨打119呼叫救护车。如果语言不通，可拜托导游、酒店服务员或身边的人帮忙。接受诊断时，一定要带上护照。

在当地买药

韩国大街到处都有药店。和中国一样，分为需医院证明的处方药和一般出售的非处方药。但是，也会出现不适合中国人体质的情况，要尽可能事先向当地导游咨询。自由活动时，可以光顾外国人常去的繁华街道上的药店，或设有大学的繁华街道上的药店，那里可能会安排说英语的药剂师。

首尔的主要医院

延世大学附属SEVERANCE医院
☎010-4369-0708

江北三星医院
☎02-2001-2911

Catholic大学首尔圣母医院
☎080-590-2211

建国大学医院
☎02-2030-7225

Lohas医院
☎02-790-7470

☎紧急电话 119

韩国就医流程

前往医院
▼
预约
▼
诊断、治疗
▼
支付治疗费
▼
索取发票、诊断书
▼
回国后向保险公司提出理赔
▼
治疗结束，手续完成

※以上是自己去看病的流程。如果是紧急情况，要向身边的人求救，请其呼叫救护车。

简单会话

●请帮忙叫下救护车。

구급자 불러 주세요.

●请送我到医院。

병원에 데려가 주세요.

●感觉不是很好。

아파요.

●头（肚子）疼。

머리 (배) 가 아파요.

●有点儿发烧。

열이 났어요.

●想吐。

토할 것 같아요.

●受伤了。

다쳤어요.

Travel Information

参考资料

旅行时的韩语会话

以下介绍几句非常简单的韩语会话。
●用汉字注音，只是为了应急，仅供参考。除疑问句的句尾语调往上提以外，可以不必在意句子的声调。

基本会话

问候

中文	韩语	注音
你好	안녕하세요?	安宁哈塞幺
下午好	안녕하세요?	安宁哈塞幺
再见（对于留下的人）	안녕히 가세요.	安宁嘿 卡塞幺
初次见面	처음 뵙겠습니다.	曹厄母 百步该思密大
是的／不是	네. /아뇨.	奈/阿你幺
谢谢	감사합니다.	卡姆撒哈米大
不好意思	미안합니다.	米阿那米大
对不起	죄송합니다.	崔艾松哈米大

咖啡馆/餐厅

中文	韩语	注音
请给我看下菜单。	메뉴 좀 보여 주세요.	买钮 走母 保幺 租塞幺
有什么推荐菜吗？	추천하실 만한 요리는 어느것이지요?	粗层恩哈细儿 满含 幺理呢 奥呢高细及幺
结账。	계산해 주세요.	开散嗨 租塞幺
非常好吃。	아주 맛있었어요.	阿租 马西搜搜幺

购物

中文	韩语	注音
只是看看。	그냥 보고 있을 뿐이에요.	科酿 保够 一丝儿 不尼艾幺
请给我看一下这个。	이것을 보여 주세요.	一告丝儿 保幺 租塞幺
能试穿一下吗？	입어 봐도 돼요?	一包 帕都 推艾幺
太大（小）了。	너무 커요（작아요）.	脑目 科奥幺 （擦嘎幺）
我要这个。	이것을 주세요.	一告丝儿 租塞幺
多少钱？	얼마예요?	尔马耶幺

紧急短语

中文	韩语	注音
救命！	살려줘요!	撒儿流租我幺
小偷！	소매치기야 !	搜买七给呀
抢劫！	날치기 !	那儿七给
抓小偷！	도둑놈!붙잡아라!	导都脑目 不咋八啦
请报警。	경찰에 연락해 주세요.	哥英擦来 幺儿拉开 租塞幺
请叫救护车！	의사를 불러 주세요.	厄一撒乐儿 布儿楼 租赛幺
紧急状态！	긴급사태입니다.	给银个不撒太一米大
迷路了。	길을 잃어버렸어요,	给乐儿 一漏保流扫幺
这里是哪里？	여기가 어디예요?	幺给嘎 奥地耶幺
不会说韩语。	한국말 할 줄 몰라요.	韩公马儿 哈儿 租儿 毛儿拉幺
没有点这道菜。	이건 주문하지 않았어요.	一哥恩 租目恩哈吉 阿那扫幺
房间钥匙不见了。	열쇠가 없어졌어요.	幺儿岁哎嘎 偶不搜交扫幺

替换短语+替换词

……在哪里?

~어디예요?
~奥迪耶幺

替换词

免税店	银行	酒店	餐厅
면세점 免塞早目	은행 恩还恩	호텔 浩泰儿	레스토랑 来丝透浪

特产店	市场	百货大楼	高尔夫场地
선물점 森目儿早目	시장 西脏	백화점 白夸早目	골프장 高耳普脏

卫生间	旅游信息中心	繁华街道	民俗酒吧
화장실 化脏戏儿	관광안내소 观光案耐扫	번화가 波恩化嘎	민속주점 民搜租早目

入口	出口	KTV包厢	公园
입구 一步谷	출구 粗儿谷	노래방 脑来帮	공원 公玩恩

请到……

~가 주세요.
~嘎　租塞幺

有……吗?

~있어요?
~一扫幺

替换词

皮革制品	眼镜	帽子	戒指
가죽제품 卡租在普目	안경 安哥英	모자 某杂	반지 半级

包	鞋子	钱夹	耳环
가방 卡帮	구두 古都	지갑 及噶不	귀걸이 贵勾里

口红	观光地图	发票	菜单
립스틱 里普丝剃	관광지도 观光寄到	영수증 英苏曾	메뉴 买钮

烧酒	啤酒	水	茶
소주 搜租	맥주 买哥租	물 目儿	차 擦

麻烦您……

~주세요.
~租塞幺

历史和年表

年	事件	时期
20万年前	朝鲜半岛开始旧石器时代	①古朝鲜
BC195年	卫氏朝鲜建立	
BC108年	中国汉朝灭亡卫氏朝鲜	
313年	高句丽吞并乐浪、带方郡县	②三国时期
397年	百济同日本建交	
475年	高句丽攻打百济，占领汉城（首尔）	
538年	百济迁都扶余，改国号南扶余	
660年	新罗与唐朝联盟灭亡百济	
663年	白村江战役，百济复兴军与日军被唐朝与新罗联合军打败	
668年	新罗与唐朝联盟灭亡高句丽，统一全国	统一新罗时期
698年	渤海国建国	
892年	后百济、后高句丽相继成立	
918年	王建推翻弓裔，高丽建国	高丽时期
926年	渤海国灭亡	
936年	高丽吞并后百济，统一全国	
1170年	武将郑仲夫发动军事政变	
1231年	蒙古侵略高丽	
1232年	高丽迁都江华岛	
1259年	高丽降服于蒙古	
1274年	元朝、高丽联合军进攻日本	
1392年	李成桂即位国王，朝鲜王朝（李氏朝鲜）成立	③朝鲜王朝时期（李氏朝鲜）
1443年	世宗制定训民正音	
1592年	日本丰臣秀吉侵略朝鲜（壬辰倭乱）	
1597年	日本再侵略朝鲜（丁酉再乱）	
1627年	后金（后改名号为清）征伐朝鲜	
1866年	舍门将军号事件	
	欧美列强侵略朝鲜	
1875年	日军制造事端，占领永宗岛（江华岛事件）	
1876年	《朝日修好条规》签订	

年	事件	时期
1884年	金玉均领导开化派发动亲日派政变失败（甲申政变）	③朝鲜王朝时期（李氏朝鲜）
1894年	甲午战争爆发	
1895年	乙未事变	
1897年	高宗国王改国号"大韩帝国"，改称皇帝	
1904年	日俄战争爆发	
1905年	签署《第二次日韩协约》	
1906年	设立统监府，沦为日本的"保护国"	
1909年	伊藤博文被安重根刺杀	
1910年	日本吞并朝鲜	日本殖民统治时期
1919年	三一独立运动	
1923年	关东大地震，屠杀朝鲜人	
1938年	废止朝鲜语教育	
1940年	实施创氏改名制度	
1941年	太平洋战争爆发	
1945年	日本战败，朝鲜摆脱殖民统治	
1948年	大韩民国成立	大韩民国
	朝鲜民主主义人民共和国成立	
1950年	朝鲜战争爆发	
1953年	朝鲜战争停战协定签订	
1961年	五·一六军事政变，朴正熙掌握实权	
1965年	《日韩基本条约》签订，日韩恢复邦交	
1979年	朴正熙遭枪杀，全斗焕掌握实权	
1980年	光州事件	
1987年	六·二九民主化宣言	
1988年	首尔奥运会	
1991年	韩国、朝鲜同时加入联合国	
1997年	韩国陷入金融危机，向IFM申请支援	
2000年	南北首脑会谈	
2002年	日韩共同举办世界杯	
2010年	京釜高速铁路全线开通	

Key Words 关键词

①古朝鲜

据说旧石器时代朝鲜半岛已出现人类居住。约公元前1000年进入青铜器时代，公元前5世纪进入铁器时代，金属文化繁荣发展。接下来逐渐形成小国家。

②三国时期、统一新罗时期

高句丽于公元前后开始登上历史的舞台。拥有繁盛的金属文化的高句丽培育了强有力的军事力量。另一方面，南部的小国家也逐渐发展成百济和新罗，形成了高句丽、百济、新罗三国鼎立时代。

新罗和中国联盟，消灭了百济、高句丽，统一了朝鲜半岛。以庆州为中心的佛教文化繁盛发展。

③朝鲜王朝时期

朝鲜王朝成立于14世纪，崇尚儒教思想，建立了极其严格的儒教式国家。1443年，世宗国王令人创造并制定了"训民正音"。

16世纪末期，丰臣秀吉率军攻打朝鲜（壬辰倭乱）。国家虽然守住了，但生灵涂炭，民不聊生。

19世纪，欧美列强的爪牙伸向亚洲各国。当时朝鲜王朝实行严酷的锁国政策。日本取得甲午战争和日俄战争胜利后，进而获得朝鲜的支配权。为加强支配朝鲜的力量，1910年废除朝鲜王朝，开始了对朝鲜半岛的殖民统治。

乐游全球丛书
翻译委员会

丛书翻译统筹
潘寿君

翻译审订（以音序排名）
陈燕生　程长善　侯　越　潘寿君　王　怡
谢立群　张文颖　张志军　周　洁

翻译成员（以音序排名）
陈　晨　迟晓春　董娜娜　宫　静　郭攀霞　郭文雅　韩佳梅
黄叶清　黄奕纬　凌　艳　刘东婧　刘　芳　柳慕云　罗芳芳
满新茹　潘　丽　裴　玺　任二青　王丽珠　吴媛媛　徐　超
徐　琳　徐珊珊　阎婷婷　杨　欢　张静超　张　楠　张亚林
张　永　张　玉　赵　丽　钟萍萍　周　微　宗文玉

Staff

制作
メディアエナジー
菊地信行
栗原　景
清水博之
安　現美
韓　麻木
田中恵美
山下敦子
伏見友文
中野茂樹
石井克子
種村ひかり
㈲テクスタイド
aib
うらかわひろこ
高橋優希
合田万理

写真
メディアエナジー
栗原　景
清水博之
安　現美
韓　麻木
長谷川勝一
中野茂樹
田中映里
小杉久美子
丸山　力

デザイン
岡本倫幸
篠原理恵
沼田二郎
㈱アトム・スタジオ
スタジオボイル
川島勝博
アイ・デプト
伊藤明彦

イラスト
岡本倫幸

カバー・表紙デザイン
下川雅敏

カバー写真
長谷川勝一
鈴木義明
JALフォトサービス

地図デザイン
㈱チューブグラフィックス

地図制作
㈱千秋社

協力
㈲ハイフォン
高砂雄吾
韓国観光公社
京畿道観光協会
江原道観光文化局
済州特別自治道

北京市版权局著作权合同登记图字：01-2011-1604
审图号：GS（2012）215号

总 策 划：刘 权 冉 颖
执行策划：冉 颖 梁 爽 陈凤玲
责任编辑：梁 爽

图书在版编目（CIP）数据
韩国/实业之日本社海外版编辑部编著；黄奕纬，任二青，阎婷婷译. —北京：旅游教育出版社，2012.5
（乐游全球 跟团游系列）
ISBN 978-7-5637-2391-1

I.①韩… Ⅱ.①实… ②黄… ③任… ④阎… Ⅲ.①旅游指南—韩国 Ⅳ. ①K931.269

中国版本图书馆CIP数据核字（2012）第031185号

乐游全球 跟团游系列

韩 国

实业之日本社海外版编辑部 编著
黄奕纬 任二青 阎婷婷 译
潘寿君 陈燕生 张志军 审订

出版单位：旅游教育出版社
地 址：北京市朝阳区定福庄南里1号
邮 编：100024
发行电话：（010）65778403 65728372
65767462（传真）
本社网址：www.tepcb.com
E-mail：tepfx@163.com
印刷单位：北京博海升彩色印刷有限公司
经销单位：新华书店
开 本：880×1260 1/32
印 张：7.25
字 数：268千字
版 次：2012年5月第1版
印 次：2012年5月第1次印刷
定 价：40.00元

（图书如有装订差错请与发行部联系）